统计学基础

主　编　房红霞　王广田
副主编　刘　佳　薛　刚　韩启赋
参　编　刘洋洋　刘婷婷

北京理工大学出版社
BEIJING INSTITUTE OF TECHNOLOGY PRESS

版权专有　侵权必究

图书在版编目（CIP）数据

统计学基础/房红霞，王广田主编. —北京：北京理工大学出版社，2019.8
ISBN 978－7－5682－6975－9

Ⅰ.①统⋯　Ⅱ.①房⋯ ②王⋯　Ⅲ.①统计学－高等学校－教材　Ⅳ.①C8

中国版本图书馆 CIP 数据核字（2019）第 077503 号

出版发行 / 北京理工大学出版社有限责任公司
社　　址 / 北京市海淀区中关村南大街 5 号
邮　　编 / 100081
电　　话 / （010）68914775（总编室）
　　　　　（010）82562903（教材售后服务热线）
　　　　　（010）68948351（其他图书服务热线）
网　　址 / http://www.bitpress.com.cn
经　　销 / 全国各地新华书店
印　　刷 / 北京国马印刷厂
开　　本 / 787 毫米 × 1092 毫米　1/16
印　　张 / 16.5　　　　　　　　　　　　　责任编辑 / 申玉琴
字　　数 / 390 千字　　　　　　　　　　　文案编辑 / 申玉琴
版　　次 / 2019 年 8 月第 1 版　2019 年 8 月第 1 次印刷　责任校对 / 周瑞红
定　　价 / 65.00 元　　　　　　　　　　　责任印制 / 施胜娟

图书出现印装质量问题，请拨打售后服务热线，本社负责调换

前 言

统计是关于数据搜集、整理和分析的科学方法及实践活动,能为管理者提供基础数据和分析方法,是人们认识事物的工具。学习统计有助于读者正确处理数据,提高分析问题的能力。本书在编写过程中,本着理论够用、强化应用、培养技能的原则,结合教师的教学经验进行了探索和精心设计,每个"子情境"通过情境引例,提出问题,设置了任务实训、综合训练、拓展阅读等小栏目,利于学生对知识点的学习。

本书具有如下三个方面的特点:

1. 操作性。以 Excel 为数据处理工具,将统计方法与 Excel 操作相结合,遵从统计工作过程,阐述了数据的搜集、整理和分析方法,使统计方法与数据处理有机结合,提高了教材的实用性。

2. 新颖性。编写体例新颖,通过情境引例,提出问题,引导学生对所学内容思考,运用所学知识解析案例;通过任务实训和综合训练,检验学生的学习效果,引导学生学以致用。

3. 扩展性。将辅助教学的内容通过小卡片和二维码、"拓展阅读"形式展现,方便学生根据自身需要进行扩展性学习。

房红霞、王广田为本书主编,刘佳、薛刚、韩启斌为副主编,参编人员刘洋洋、刘婷婷。编写人员的具体分工如下:房红霞编写情境三,刘佳编写情境一、情境二,薛刚编写情境六,刘洋洋编写情境四,韩启斌编写情景七,刘婷婷编写情境五,王广田编写情境八。

在本书编写过程中,参阅了大量同行的教材和网上资料,在此向各位作者表示衷心感谢!

由于编者水平有限,书中不妥和差错之处,恳请读者指正!

编者

目 录

情境一 统计基础知识	1
子情境一 认识统计	2
一、统计的产生与发展	3
二、统计的概念与含义	4
三、统计学的研究对象及其特点	6
四、统计学的研究方法	8
五、统计学的应用	9
六、统计的职能	12
子情境二 识记统计中的基本概念	13
一、统计总体和总体单位	13
二、统计标志	15
三、统计指标	17
四、变异和变量	18
情境二 统计调查	29
子情境一 认识统计调查	30
一、什么是统计调查	31
二、对统计调查的要求	31
三、统计调查的种类	32
四、统计调查方案设计	33
子情境二 统计调查方法	36
一、定期统计报表	37
二、统计专门调查	38
子情境三 设计调查问卷	41
一、什么是问卷调查	42
二、问卷调查的类型	43

  三、问卷设计的原则 ……………………………………………………… 43
  四、问卷设计的程序 ……………………………………………………… 43
  五、问题的设计 …………………………………………………………… 44
  六、回答的设计 …………………………………………………………… 45
  七、问卷的结构 …………………………………………………………… 48
  八、问卷设计应注意的问题 ……………………………………………… 49

情境三　统计整理 …………………………………………………………… 55
 子情境一　数据的预处理 …………………………………………………… 56
  一、统计整理的含义及内容 ……………………………………………… 57
  二、统计资料的审核与筛选 ……………………………………………… 57
  三、数据的排序 …………………………………………………………… 62
 子情境二　统计分组与分配数列 …………………………………………… 64
  一、统计分组的作用及原则 ……………………………………………… 65
  二、统计分组的类型 ……………………………………………………… 66
  三、统计分组中的几个概念 ……………………………………………… 68
  四、分配数列 ……………………………………………………………… 69
 子情境三　品质数据的整理与展示 ………………………………………… 71
  一、频数、频率与频数分布 ……………………………………………… 72
  二、用 Excel 制作分类数据的频数分布表 ……………………………… 73
  三、品质数据的图示 ……………………………………………………… 75
 子情境四　数值型数据的整理与展示 ……………………………………… 79
  一、数值型数据整理步骤 ………………………………………………… 80
  二、次数分布的主要类型 ………………………………………………… 81

情境四　静态指标分析 ……………………………………………………… 89
 子情境一　计算总量指标与相对指标 ……………………………………… 90
  一、总量指标 ……………………………………………………………… 91
  二、相对指标 ……………………………………………………………… 93
 子情境二　计算平均指标和变异指标 ……………………………………… 98
  一、平均指标 ……………………………………………………………… 98
  二、计算标志变异指标 …………………………………………………… 114

情境五　动态指标分析 ……………………………………………………… 131
 子情境一　动态数列概述 …………………………………………………… 132
  一、动态数列的概念 ……………………………………………………… 133
  二、动态数列的种类 ……………………………………………………… 133
  三、动态数列的编制原则 ………………………………………………… 134
 子情境二　动态数列的水平分析 …………………………………………… 136

一、发展水平 ………………………………………………………… 137
　　二、平均发展水平 …………………………………………………… 137
　　三、增长量 …………………………………………………………… 141
　　四、平均增长量 ……………………………………………………… 142
　子情境三　动态数列的速度分析 ………………………………………… 143
　　一、发展速度 ………………………………………………………… 143
　　二、增长速度 ………………………………………………………… 144
　　三、平均发展速度和平均增长速度 ………………………………… 145
　　四、增长1%的绝对值 ……………………………………………… 146
　子情境四　动态数列的趋势分析 ………………………………………… 148
　　一、动态数列的因素构成 …………………………………………… 148
　　二、长期趋势分析 …………………………………………………… 149
　　三、季节变动分析 …………………………………………………… 152

情境六　抽样推断 …………………………………………………………… 161

　子情境一　抽样推断 ……………………………………………………… 162
　　一、抽样推断的含义 ………………………………………………… 162
　　二、抽样推断的特点 ………………………………………………… 163
　　三、抽样推断的作用 ………………………………………………… 164
　　四、抽样推断中的基本概念 ………………………………………… 165
　　五、抽样方法和样本数目 …………………………………………… 166
　　六、抽样的组织方式 ………………………………………………… 167
　　七、用Excel来选择样本 …………………………………………… 168
　子情境二　抽样误差 ……………………………………………………… 172
　　一、抽样误差的含义及其产生原因 ………………………………… 173
　　二、抽样平均误差 …………………………………………………… 173
　　三、抽样极限误差 …………………………………………………… 175
　　四、抽样误差的概率度与置信度 …………………………………… 175
　子情境三　假设检验 ……………………………………………………… 177
　　一、假设检验的定义 ………………………………………………… 177
　　二、假设检验的步骤 ………………………………………………… 180
　　三、假设检验的两类错误 …………………………………………… 181
　　四、双侧检验与单侧检验 …………………………………………… 181
　　五、假设检验应注意的问题 ………………………………………… 182
　　六、单样本平均数的假设检验 ……………………………………… 182
　子情境四　抽样估计 ……………………………………………………… 185
　　一、抽样估计的特点 ………………………………………………… 186
　　二、抽样估计的理论基础 …………………………………………… 186
　　三、抽样估计方法 …………………………………………………… 187

四、必要样本容量的确定 …………………………………………………… 190
　　五、利用 Excel 进行区间估计 ……………………………………………… 191

情境七　相关与回归分析 …………………………………………………………… 201
子情境一　相关分析 …………………………………………………………… 202
　　一、确定自变量与因变量 …………………………………………………… 204
　　二、确定变量间相关类型 …………………………………………………… 204
　　三、确定变量之间相关的密切程度 ………………………………………… 205
子情境二　线性回归分析 ……………………………………………………… 210
　　一、回归分析概述 …………………………………………………………… 211
　　二、回归分析步骤 …………………………………………………………… 212
　　三、回归建模注意要点 ……………………………………………………… 213
　　四、回归分析模型的检验方法 ……………………………………………… 214
　　五、进行预测分析 …………………………………………………………… 217

情境八　常用统计指数 ……………………………………………………………… 231
子情境一　统计指数概述 ……………………………………………………… 232
　　一、统计指数的含义 ………………………………………………………… 232
　　二、统计指数的作用 ………………………………………………………… 233
　　三、统计指数的特点 ………………………………………………………… 234
　　四、统计指数与相对数的区别 ……………………………………………… 234
　　五、统计指数的分类 ………………………………………………………… 235
子情境二　经济指数应用 ……………………………………………………… 237
　　一、股票价格指数 …………………………………………………………… 238
　　二、居民消费价格指数（CPI）……………………………………………… 241
　　三、商品零售价格指数（RPI）……………………………………………… 242
　　四、生产物价指数（PPI）…………………………………………………… 243
　　五、采购经理指数 …………………………………………………………… 243
　　六、工业生产指数 …………………………………………………………… 244

附表一　正态分布概率表 …………………………………………………………… 247
附表二　标准正态分布表 …………………………………………………………… 249
附表三　t 分布临界值表 …………………………………………………………… 251

情境一

统计基础知识

很多人在学习统计时都认为统计仅仅由一系列枯燥的数字、公式和图表组成，十分繁杂无味。然而，随着对统计学的深入理解，不知不觉中会逐渐体会到统计的趣味性。我国著名学者马寅初说过："学者不能离开统计而研究，政治家不能离开统计而施政，事业家不能离开统计而执业。"统计学产生于应用，在应用过程中发展壮大。随着经济社会的发展、各学科相互融合趋势的发展和计算机技术的迅速发展，统计学的应用领域、统计理论与分析方法也将不断发展，在新的领域展现它的生命力和重要作用。

传统的统计是对已经发生和正在发生的事物进行统计，提供统计资料和数据。20世纪30年代以来，特别是第二次世界大战以来，由于经济、社会、军事等方面的客观需要，统计预测和统计决策科学有了很大发展，统计走出了传统的领域而被赋予新的意义和使命。

子情境一　认识统计

情境引例

城乡居民收入的各项统计数据是我国国民经济核算体系中重要的基础数据之一，它不仅是衡量国家和各地区居民生活水平的基本指标，而且在宏观经济学理论和实践研究中也有着非常重要的地位，对国家宏观经济政策的制定有着重要的作用。从2013年起，国家统计局开展了城乡一体化住户收支与生活状况调查，表1-1列出了2013—2017年的城乡居民基本收支数据。

表1-1　2013—2017年城乡居民基本收支表

指　　标	2017年	2016年	2015年	2014年	2013年
居民人均可支配收入/元	25 973.79	23 820.98	21 966.19	20 167.12	18310.76
居民人均可支配收入同比增长/%		8.4	8.9	10.1	
城镇居民人均可支配收入/元	36 396.19	33 616.25	31 194.83	28 843.85	26 467.00
城镇居民人均可支配收入同比增长/%		7.8	8.2	9.0	
农村居民人均可支配收入/元	13 432.43	12 363.41	11421.71	10 488.88	9 429.59
农村居民人均可支配收入同比增长/%		8.2	8.9	11.2	
居民人均消费支出/元	18 322.15	17 110.75	15 712.41	14 491.40	13 220.42
居民人均消费支出同比增长/%		8.9	8.4	9.6	
城镇居民人均消费支出/元	24 444.95	23 078.90	21 392.36	19 968.08	18 487.54
城镇居民人均消费支出同比增长/%		7.9	7.1	8.0	
农村居民人均消费支出/元	10 954.53	10 129.78	9 222.59	8 382.57	7 485.16
农村居民人均消费支出同比增长/%		9.8	10.0	12.0	

案例思考

上述资料是国家统计局官方网站发布的统计信息，列出了城镇和农村居民收支的各项数据，通过给出的这些简单的数字，我们可以分析出哪些国民生活的基本信息呢？

知识目标

1. 理解统计的含义。
2. 明确统计活动的特点和统计的职能。
3. 了解统计学的研究对象和方法。

能力目标

1. 能够认识基本的统计现象。
2. 能够理解并描述统计学的研究对象、特点和研究方法。

知识阐述

一、统计的产生与发展

统计作为一种社会实践活动已有悠久的历史。据历史记载，我国早在公元前21世纪（夏朝）就有了人口和土地数字的记载。春秋战国时，诸侯以兵员、乘骑、车辆比较各自军事实力，开始有了军备统计。西周时就已建立了统计报告制度。中华人民共和国成立以来，我国的统计工作取得了重大成就。在全国范围内建立了统计机构，培养了一支统计队伍，成功地进行了六次人口普查，三次工业普查及农业、第三产业等行业的调查研究工作，积累并向有关部门提供了大量统计资料。

在英文中，"统计"写作statistics，它与"国家"为同一词根。可以说，自从有了国家，就有统计实践活动。最初统计只是为统治者了解国家的情况、管理国家提供数量依据。随着社会经济和科技的进步以及统计学自身的发展，统计的应用领域不断扩大。为了满足资产阶级及其国家追求利润、争夺市场和对外扩张的需要，统计由一般的政治和军事统计扩展到工业、农业、贸易、银行、保险、交通、邮电和海关等各个方面，形成了各种专业统计。

小知识   **"统计"一词的由来**

统计已经有几千年的历史。不过在早期还没有出现"统计"这样的用语。"统计"最早出现于中世纪拉丁语的status，意思指各种现象的状态和状况。由这一语根组成意大利语stato，表示"国家"的概念，也含有国家结构和国情知识的意思。根据这一语根，最早作为学名使用的"统计"，出现于德国政治学教授阿亨瓦尔（G. Achenwall, 1719—1772）1749年所著的《近代欧洲各国国家学纲要》的绪言中，把国家学名定为"statistika"（统计）这个词。原意是指"国家显著事项的比较和记述"或"国势学"，认为统计是关于国家应注意事项的学问。此后，各国相继沿用"统计"这个词，并把这个词译成各国的文字，法国译为statistique，意大利译为statistica，英国译为statistics，日本最初译为"政表""政算""国势""形势"等，直到1880年在太政官中设立了统计院，才确定以"统计"二字正名。1903年（清光绪二十九年）由钮永建、林卓南等翻译了日本横山雅南所著的《统计讲义录》一书，把"统计"这个词从日本传到我国。1907年（清光绪三十三年）彭祖植编写的《统计学》在日本出版，同时在国内发行，这是我国最早的一本"统计学"书籍。"统计"一词就成了记述国家和社会状况的数量关系的总称。

统计学的发展大致可以分为以下几个学派。

（一）政治算术学派

最早的统计学源于17世纪英国的政治算术学派。其代表人物是威廉·配第（William Petty, 1623—1687）。威廉·配第在《政治算术》（1672年）一书中写到"不用比较级、最高级进行思辨或议论，而是用数字来表达自己想说的问题，借以考察在自然中有可见的根据的原因。"政治算术学派主张用大量观察和数量分析等方法对社会经济现象进行研究，为统计学的发展开辟了广阔的前景。但是当时并没有提出统计学的概念。

(二) 国势学派

最早使用"统计学"这一术语的是德国国势学派的阿亨瓦尔。国势学派虽然创造了"统计学"这一名词，但他们主要使用文字记述的方法对国情国力进行研究，其学科内容与现代统计学有较大的差别。

(三) 社会统计学派

1850 年，德国的统计学家克尼斯（K. G. A. Knise，1821—1898）发表了题为"独立科学的统计学"的论文，提出统计学是一门独立的社会科学，是一门对社会经济现象进行数量对比分析的科学，他主张以"国家论"作为国势学的科学命名，而以"统计学"作为"政治算术"的科学命名。在德国、日本和俄罗斯，社会统计学派都曾有相当大的影响。

各国学者在社会经济统计指标的设定与计算、指数的编制、资料的搜集与整理、统计调查的组织和实施、经济社会的数量分析和预测等方面做出的贡献已成为现代统计学的重要组成部分。例如"恩格尔系数"至今仍为人们广泛使用。

(四) 数理统计学派

数理统计学派创始人是比利时统计学家凯特勒（Adolphe Quetelet，1796—1874）。他的代表作《概率论书简》《社会物理学》等将概率论和统计方法引入社会经济方面的研究。在学科性质上，凯特勒认为统计学是一门既研究社会现象又研究自然现象的方法论科学。从 19 世纪中叶到 20 世纪中叶，数理统计学得到迅速发展。英国生物学家高尔顿（Francis Galtn，1822—1911）提出并阐述了相关的概念；皮尔逊（Karl Pearson，1857—1936）提出了计算复相关和偏相关的方法；戈塞特（Willian Sealy Gosset，1876—1937）建立了"小样本理论"，即所谓的"t 分布"；费希尔（R. A. Fisher，1890—1962）在样本相关系数的分布、方差分析、实验设计等方面的研究中做出了重要贡献。

到 20 世中期，数理统计学的基本框架已经形成。数理统计学派成为英美等国统计学界的主流。历经 300 多年的发展，目前统计学已经成为横跨社会科学和自然科学领域的多科性的科学。

二、统计的概念与含义

统计是一种社会调查活动，也是处理数据的一门科学，不论是宏观社会的整体调查研究，还是微观事物的观察分析，都需要统计。在日常生活中，人们对于"统计"这一术语常常有不同的理解。综合来说，统计就是收集、整理、分析、解释以及预测数据的一系列方法与工作，其内容包括数据收集、数据整理、数据分析和数据解释等。例如，开学时，大学里的辅导员要统计一下报到的学生人数；NBA 赛后要统计每个队员的投篮命中率；钢铁企业每年要统计其产量；交通运输企业要统计一段时期内的客货运输量等。

"统计"一词来源已久，它的含义历史上也屡有变化。在我国古代，"统计"一词，仅仅具有数字总计的意思。而现代的统计在不同的场合被赋予了三种含义，即统计工作、统计资料和统计科学。

（一）统计工作

统计工作，是指统计的实践活动，是对社会经济现象、科学技术、自然现象等方面大量数据资料进行设计、调查、整理、描述和分析，从而探索数据内在的数量规律的活动过程。例如，近几年由于电商的发展，每隔一段时间就会出现一个购物的高峰，"双十一""双十二"购物狂欢节等活动层出不穷。每次高峰过后我们都要进行一次"统计"，来计算这一天某网站的销售额是多少；一年一度的高考结束后要"统计"考生的分数等，这些都是将统计作为一种工作来看待的。

统计工作是"统计"一词最基本的含义，是人们对客观事物的数量表现进行描述和分析的一种计量活动。统计工作的内容包括四个阶段，如图1-1所示。

统计设计 → 统计调查 → 统计整理 → 统计分析预测

图1-1 统计工作内容的四个阶段

统计设计要求我们对统计活动的各个方面作出通盘安排与规划，并拟订出设计方案。统计调查是搜集资料的过程，其成果是各种形式的调查资料。统计整理是对调查得到的资料进行整理，其成果是各种形式的统计数字或统计图表。统计分析预测是对整理后的资料进行分析，其成果是计算出来的各种分析指标和对这些指标的分析说明。以上四个阶段是按顺序进行的。

（二）统计资料

统计资料，即统计数据或称统计信息，是统计工作过程中所取得的各项数字资料以及相关分析、说明、图表等其他各项资料的总称。它是统计工作的成果，是集中、全面、综合地反映国民经济、科学技术和社会发展变化状况及过程的数字资料。其表现形式为各种统计表、统计图、统计报告、统计公报、统计年鉴等。统计资料不是对单个事物的个别数据，而是对大量同类现象的个别数据经过统计汇总之后得到的综合数据。

例如，中国国家统计局发布《中华人民共和国2016年国民经济和社会发展统计公报》（以下简称《公报》）。《公报》显示，初步核算，2016年全年国内生产总值744 127亿元，比上年增长6.7%。其中，第一产业增加值63 671亿元，增长3.3%；第二产业增加值296 236亿元，增长6.1%；第三产业增加值384 221亿元，增长7.8%。第一产业增加值占国内生产总值的比重为8.6%；第二产业增加值比重为39.8%；第三产业增加值比重为51.6%，比上年提高1.4个百分点。全年人均国内生产总值53 980元，比上年增长6.1%。全年国民总收入742 352亿元，比上年增长6.9%。……图1-2所示为《公报》中的统计图。

这些由文字、数字或图表共同组成的数字化的信息就是统计资料。

（三）统计科学

统计科学即统计学，是指系统阐述统计工作的理论与方法的科学。它告诉人们如何进行统计工作，如何分析统计数据，是统计工作的经验总结和理论概括。

统计工作、统计资料、统计学三者之间存在密切的关系，是一个事物的三个方面。三者的关系可以通过图1-3直观地看出来。一方面，统计工作和统计资料是过程和成果的关系，

图 1-2 《公报》中的统计图

没有统计工作，就无法得到有用的统计资料，统计工作过程的好坏直接影响到统计资料的质量。另一方面，统计学与统计工作是理论和实践的关系，理论来源于实践，统计学可以说是统计工作实践经验的系统化、条理化，同时统计学反过来指导实践，为统计工作提供理论和方法的指导。

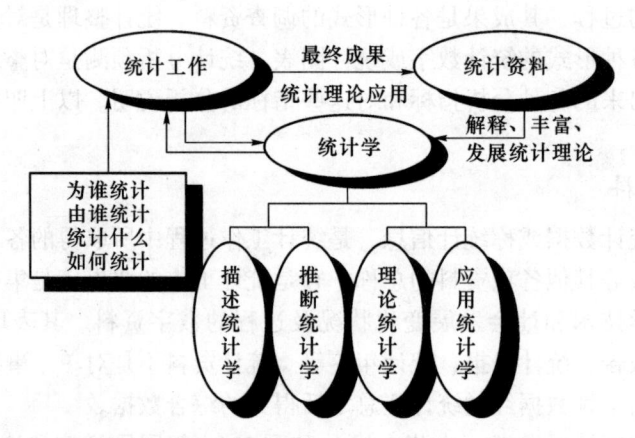

图 1-3 统计工作、统计资料、统计学三者的关系

三、统计学的研究对象及其特点

一般来说，统计学的研究对象是自然、社会客观现象总体的数量关系。不论是自然领域，还是社会经济领域，客观现象总体的数量方面，都是统计学所要分析和研究的。

统计学是人们认识客观世界的一种有力工具，与其他认识活动相比，统计学的研究对象具有以下几方面的特点。

（一）数量性

统计学的研究对象是自然、社会经济领域中现象的数量方面，通过数量研究来解释自然和社会现象的本质和发展规律。这一特点是统计学与其他学科的分界线。数量性是统计学研究对象的基本特点。"数字是统计的语言""数据是统计的原料"指的正是这个意思。事物的数量是我们认识客观现实的重要方面，通过分析研究统计数据资料，研究和掌握统计规律性，就可以达到统计分析研究的目的。

社会经济现象的数量方面包括：规模、水平、大小、内部结构、比例关系、平均水平、差别程度、普遍程度、相关关系、发展速度等。

例如，《公报》显示，2016年全年国内游客44亿人次，比上年增长11.2%；国内旅游收入39 390亿元，增长15.2%。入境游客13 844万人次，增长3.5%。其中，外国人2 813万人次，增长8.3%；香港、澳门和台湾同胞11 031万人次，增长2.3%。国际旅游收入1 200亿美元，增长5.6%。国内居民出境13 513万人次，增长5.7%。其中因私出境12 850万人次，增长5.6%；赴港澳台出境8 395万人次，下降2.2%。

又如，山东省2007年实现GDP 25 887.7亿元，比上年增长14.3%；其中第一产业增加值2 509.1亿元，第二产业增加值14 773.4亿元；第三产业增加值8 605.2亿元；三大产业比例为9.7∶57.1∶33.2……

（二）总体性

统计学的数量研究是对现象总体中各单位普遍存在的事实进行大量观察和综合分析，进而得出反映现象总体的数量特征。统计研究虽然从个别单位入手，但目的是研究总体的数量特征。

自然、社会经济现象的数据资料和数量对比关系等一般是在一系列复杂因素的影响下形成的。在这些因素当中，有起着决定和普遍作用的主要因素，也有起着偶然和局部作用的次要因素。由于种种原因，在不同的个体中，它们相互结合的方式和实际发生的作用都不可能完全相同。所以，对于每个个体来说，就具有一定的随机性质，而对于有足够多数个体的总体来说，又具有相对稳定的共同趋势，显示出一定的规律性。

例如，进行城镇居民家庭调查，需要对具体的居民家庭进行调查，但是其目的并不在于了解个别居民家庭的生活状况，而是要反映一个国家、一个城市的居民收入水平、收入分配、消费水平、消费结构，等等。再比如，对工资的统计分析，我们并不是要分析和研究个别人的工资，而是要反映、分析和研究一个地区、一个部门、一个企业事业单位的总体的工资情况和规律性。

（三）具体性

统计学研究对象是自然、社会经济领域中具体现象的数量方面，即它不是纯数量的研究，是具有明确的现实含义的，这一特点是统计学与数学的分水岭。数学是研究事物的抽象空间和抽象数量的科学，而统计学研究的是自然或社会现象在一定时间、空间条件下的数量，不仅仅是针对纯数量。例如，山东省统计局公布的经济数据。2016年山东居民人均可支配收入24 685元，比上年增长8.7%，比全国平均水平高864元，居全国第9位；扣除价格因素影响，实际增长6.5%，比全国平均水平高0.2个百分点。这些数据都有明确的时间、地点等条件。

统计资料作为主观对客观的反映，只有如实地反映具体的已经发生的客观事实，才能为统计分析研究提供可靠的基础。虚假的数据资料是不能成为统计数据资料的，因为它违背了统计学研究对象的具体性特点。

（四）变异性

统计学研究对象的变异性是指构成统计学研究对象的总体各单位，除了在某一方面必须是同质的以外，在其他方面又要有差异，而且这些差异并不是由某种特定的原因事先给定的。就是说，总体各单位除了必须有某一共同标志表现作为它们形成统计总体的客观依据以外，还必须要在所要研究的标志上存在变异的表现。否则，就没有必要进行统计分析研究了。统计研究的前提是总体各单位的特征表现必须存在着差异。

例如，研究某高校教师队伍状况，教师在年龄、工作年限、学历、职称、工资报酬等方面存在差异，由于这些差异的存在，有必要进行该高校教师的平均年龄、平均工资等的研究，如果个体不存在差异，就没必要统计了。

每天金融行业中各种股票的价格和成交量都不同，为此，才需要对其进行统计，编制股票指数等指标。

四、统计学的研究方法

统计学根据研究对象的性质和特点，形成了它自己专门的研究方法，这些基本方法是：实验设计法、大量观察法、统计描述法和统计推断法。

（一）实验设计法

所谓实验设计就是指设计实验的合理程序，使搜集得到的数据符合统计分析方法的要求，以便得出有效的客观的结论。它主要适用于自然科学研究和工程技术领域的统计数据搜集。

（二）大量观察法

大量观察法是统计学所特有的方法。所谓大量观察法，是指对所研究的事物的全部或足够数量进行观察的方法。社会现象或自然现象都受各种社会规律或自然规律相互交错作用的影响。在现象总体中，个别单位往往受偶然因素的影响，如果任选其中之一进行观察，其结果不足以代表总体的一般特征；只有观察全部或足够的单位并加以综合，影响个别单位的偶然因素才会相互抵消，现象的一般特征才能显示出来。大量观察的意义在于可使个体与总体之间在数量上的偏误相互抵消。

（三）统计描述法

统计描述是指对由实验或调查而得到的数据进行登记、审核、整理、归类，计算出各种能反映总体数量特征的综合指标，并加以分析，从中抽出有用的信息，用表格或图形把它表示出来，如图1-4所示。

统计描述是统计研究的基础，它为统计推断、统计咨询、统计决策提供必要的事实依据。统计描述也是对客观事物认识不断深化的过程。它通过对分散无序的原始资料的整理归纳，运用分组法、综合指标法和统计模型法得到现象总体的数量特征，揭露客观事物内在数量规律性，达到认识的目的。

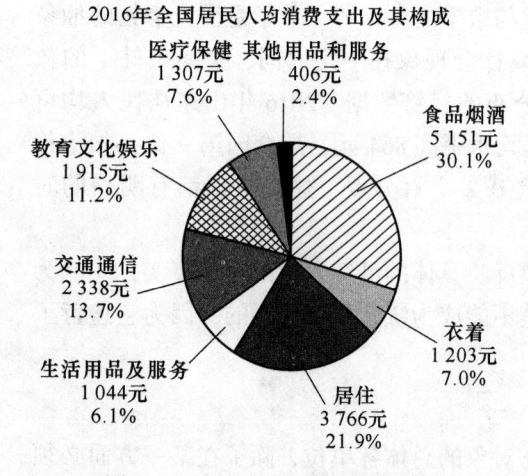

图1-4 用图形进行统计描述举例

（四）统计推断法

统计学在研究现象的总体数量关系时，需要了解的总体对象的范围往往是很大的，有时甚至是无限的，而由于经费、时间和精力等各种原因，以致有时在客观上只能从中观察部分单位或有限单位进行计算和分析，根据局部观察结果来推断总体。在一定置信程度下，根据样本资料的特征，对总体的特征做出估计和预测的方法称为统计推断法，如图 1-5 所示。

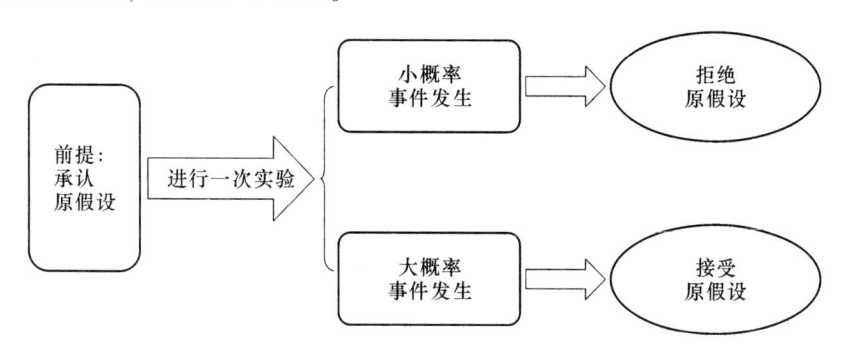

图 1-5 统计推断法

统计推断法是现代统计学的基本方法，在统计研究中得到了极为广泛的应用，它既可以用于对总体参数的估计，也可以用作对总体某些分布特征的假设检验。从这种意义上来说，统计学是在不确定条件下做出决策或推断的一种方法。

五、统计学的应用

近二十年来，随着计算机的发展以及各种统计软件的开发，作为一门基础学科的统计学在金融、保险、生物、医学、经济、体育、运筹管理和工程技术等领域得到了广泛应用。许多领域因为运用了统计工具及统计思想而得到了延伸。虽然在应用统计学知识的过程中仍然存在一些问题或者误差，但是统计学还是在很多方面起了很大的帮助，没有它，很多问题是得不到解决的。

（一）统计学在社会生活中的应用

统计学是为研究国家状况而产生的，譬如统计全国人口状况、农业收成、经济情况等数据，对一国经济与社会发展做统计性调查与研究。经过多年的发展，统计学在社会生活中的应用被专家学者们系统化、专业化，形成了不同流派不同类别的统计学。而现在的人文社会统计分类便是对社会生活中统计学应用的专业化成果。

前面提到过的人口普查、经济情况调查等都是统计学在社会生活中的应用。早在 17 世纪，统计学在社会生活中的应用就被提出了。在约翰·格朗特（John Graunt，1620—1674）1662 年出版的《关于死亡率的自然观察和政治观察》一书中，格朗特通过观察客观现象的数量关系，揭示出一系列统计规律，如男婴出生率高于女婴，男性死亡率高于女性等，同时他还用最新颖的方法编制出了死亡率表。18 世纪中末叶到 19 世纪中末叶，概率论与统计学成功结合，使得统计学在生活中的应用更加被重视。

在当代社会，统计学的应用越来越普及，人口学中的统计学应用（进行优生优育）、社会发展与评价、持续发展与环境保护、资源保护与利用、宏观经济监测与预测、政府统计数据搜集与质量保证等都依赖于各类科学的统计方法。

（二）统计学在金融和经济领域的应用

统计学在企业生产、经济生活中的应用很广，其中包括了保险精算、金融业数据库建设与风险管理、宏观经济监测与预测等一系列经济研究应用问题。

在金融业的统计学应用方面，运用统计方法研究金融风险，建立风险监测系统，不仅能够为管理层宏观调控金融市场提供科学的理论依据，而且对投资个人和机构实施风险控制具有重要指导作用。我们可以举个例子来看看：如金融顾问们利用各种统计信息来引导投资这件事，拿股票投资来说，顾问们检查包括市盈率和红利在内的一系列金融数据。通过将某只个股的数据与股票市场平均数进行比较，金融顾问们就能够判断该只股票的价值是被高估还是低估了。就像道·琼斯30家工业股票平均数的市盈率是20.1，同一天，菲利浦·莫里斯公司股票的市盈率是14。因此，关于市盈率的统计信息就表明：与道·琼斯30家股票平均数相比较，菲利浦·莫里斯股价偏低。金融顾问们可以得出这样的结论：菲利浦·莫里斯的市价被低估了。这方面和其他一些有关菲利浦·莫里斯公司信息还将帮助顾问们做出买入、卖出还是继续持有该股的建议。

企业经济管理对统计学的运用也是必不可少的。其中，统计方法在企业质量管理中的应用研究就是一个典型的应用实例。"九五"期间，ISO9000认证成为国际贸易中所要求的供方质量保证能力和水平的标志。ISO9000族标准中有许多要素涉及统计技术与方法的应用，例如，紧密结合某企业或某产品的生产过程，运用统计方法，实施产品设计、生产的全过程控制，同时还可将统计学中的"6σ"质量标准应用于企业的质量管理中。

统计学知识在企业生产管理中的应用当然不只限于企业质量管理。利用统计学知识还可以进行企业财务风险分析、顾客行为分析、商品市场的变化趋势及经济环境的研究等。在进行企业的财务分析时，可使用统计数量方法，提供精确的采取比率与衡量指标，从而对企业的偿债能力、盈利能力和抵抗风险能力作出评价并找出存在的问题；在顾客行为分析方面，利用市场调查、资料采矿技术及资料库行销功能，强化行销及客服能力，提供满足顾客需求的产品及服务。

目前，统计学研究还渗透到国家经济安全、金融危机的预警系统，投资项目的风险管理问题也依赖统计学者研究解决。

此外，统计学在旅游经济、假日经济和休闲时间方面的研究应用也被凸显出来。此领域统计指标体系的建立问题的研究包括旅游客流量，宾馆入住率，景点门票收入，餐饮业收入，航空、铁路等运输客流量的预测研究等，根据对人民生活水平、生活质量及其休闲时间的规律研究，制定有关政策，进而开发经济市场。

统计学在我国居民消费模式的量化研究方面也有重要意义：研究我国居民消费与收入之间的关系；考虑影响消费的众多因素，利用统计数据，建立消费模型，量测我国居民的消费水平，探讨影响居民消费的主要因素。

（三）统计学在医学中的应用

医学研究的对象主要是人体以及与人的健康有关的各种因素。生物现象的一个重要特点就是普遍存在着变异。所谓变异（个体差异），系指相同条件下同类个体之间某一方面发展的不平衡性，系偶然因素起作用的结果。例如，同地区、同性别、同年龄的健康人，他们的身高、体重、血压、脉搏、体温、红细胞、白细胞等数值都会有所不同。又如在同样条件下，用同一种药物来治疗某病，有的病人被治愈，有的疗效不显著，有的可能无效甚至死亡。引起客观现象差异的原因是多种多样的，归纳起来，一类原因是普遍的、共同起作用的主要因素，另一类原因则是偶然的、随机起作用的次要因素。这两类原因总是错综复杂地交织在一起，并以某种偶然性的形式表现出来。科学的任务就在于，要从看起来是错综复杂的偶然性中揭露出潜在的必然性，即事物的客观规律性。这种客观规律性是在大量现象中发现的，比如临床要观察某种疗法对某病的疗效时，如果观察的病人很少，便不易正确判断该疗法对某病是否有效；但当观察病人的数量足够多时，就可以得出该疗法在一定程度上有效或无效的结论。所以，统计学是医学科学研究的重要工具。

医学统计学在 21 世纪 20 年代以后逐渐形成一门学科。它是运用概率论与数理统计的原理及方法，结合医学实际，研究数字资料的搜集、整理分析与推断的一门学科。医学统计学的内容包括统计研究设计，总体指标的估计，假设检验，联系、分类、鉴别与检测等研究。而电子计算机的作用，更促进了多变量分析等统计方法在医学研究中的应用。

（四）统计学在竞技体育中的应用

众所周知，在竞技体育比赛中，通过统计数字可以很好地反映一名运动员或是一支运动队在各方面的情况。下面就以 NBA 为例来浅论一下统计学在竞技体育中的应用。

作为全球顶级的职业篮球联赛，NBA 除了为广大球迷推出一道道明星荟萃的竞技盛宴外，也巨细无遗地留下了海量的技术统计资料，诸如得分、篮板、助攻、胜率等技术指标令人眼花缭乱。在这个数字的茫茫大海中，难道真的是杂乱无章、毫无规律可循吗？其实不然，就篮球这项运动的本质而言，从统计科学的角度来看无非是一种概率的集体博弈，从比赛双方的每一次进攻或防守，到球队的每一次选秀或交易，甚至是球员的每一次伤病，都可以看作是一次随机事件，因此涉及的种种技术指标也就成了随机变量。既然如此，那么作为统计学中最重要的概率分布规律，其中正态分布就像一只无形的手，操纵着 NBA 的方方面面。例如，NBA 球员某项技术指标的稳定性是由该技术指标分布的标准差决定的，这个值越小，那么他的这项技术指标越稳定。姚明在三个赛季常规赛每场比赛中的得分分布如表 1-2 所示。

表 1-2 姚明在 2003—2006 三个赛季常规赛得分指标

赛季	平均值	标准差
2003—2004	17.54	6.901
2004—2005	18.34	6.801
2005—2006	19.91	6.309

可见姚明 2005—2006 赛季在得分的稳定性方面有明显的进步，因为他在比赛中得到 20 分左右的概率增大了，而拿 10 分以下或拿 30 分以上的概率则相应地减少，不再大起大落了，这就是稳定性的体现。

（五）统计学的其他应用

利用统计学预防犯罪，应用的研究方法是相关回归分析法。利用统计学侦破案件（"语言 DNA"），应用的研究方法是聚类分析。

民调在选举中的预测功能：通过选择民调模式与应用时机进行民调，对民调结果进行推估预测。

六、统计的职能

统计要达到认识社会的目的，不仅需要科学的方法，而且需要强有力的组织领导。因此统计兼有信息、咨询、监督三种职能。

1. 信息职能

统计的信息职能是指统计部门根据科学的统计指标体系和统计调查方法，灵敏、系统地采集、处理、传输、存储和提供大量的以数据描述为基本特征的社会经济信息。

2. 咨询职能

统计的咨询职能指利用已经掌握的丰富的统计信息资源，运用科学的分析方法和先进的技术手段，深入开展综合分析和专题研究，为科学决策和管理提供各种可供选择的咨询建议与对策方案。

3. 监督职能

统计的监督职能指根据统计调查和分析，及时、准确地从总体上反映经济、社会和科技的运行状态，并对其实行全面、系统的定量检查、监测和预警，以促使国民经济按照客观规律的要求，持续、稳定、协调地发展。

这三种职能是相互联系、相辅相成的。统计信息职能是保证咨询和监督职能有效发挥的基础；统计咨询职能是统计信息职能的延续和深化；而统计监督职能则是信息、咨询职能基础上进一步拓展并促进统计信息和咨询职能的优化。

问题解决

现在我们已经对统计的基本知识有了一定的了解，大家一起分析"情境引例"中统计局发布的数据。

从总体上来看，2013—2017年的年平均增长率为7%~12%，维持了较高水平的增长；但从具体年份来看，2013—2014年的增长最高，之后逐年降低；从结构上来看，城镇居民的收入和支出都明显高于农村居民，这点与城镇和农村的经济发展水平是成正比的。我们掌握了统计学，就可以运用统计方法分析数据，通过数据掌握事物发展的客观规律。

子情境二　识记统计中的基本概念

情境引例

2015年，全社会物流总费用额为10.8万亿元。其中，运输市场份额最大，费用额为5.8万亿元；保管费和管理费分别为3.7万亿元和1.4万亿元。2015年物流业总收入7.6万亿元，比上年增长4.5%。其中德邦快递作为中国零担企业的龙头老大，2015年总收入111.5亿元，全国转运中心总面积160万余平方米，网点10 000余家，覆盖全国96%的区县、94%的乡镇。

请分析在上述报告中的总体、总体单位、样本、指标、标志。

案例思考

统计学在研究社会经济现象时，统计总体、总体单位、标志、变量、统计指标体系等基本概念贯穿于各个部分，要解决上面的问题，需要我们对以上概念有个清晰的认识。

知识目标

1. 掌握总体与总体单位的概念。
2. 掌握标志与指标的区别。
3. 了解变异与变量的概念。

能力目标

1. 能区分标志与指标，并判断出标志的类型。
2. 能够分辨常见社会经济现象中的统计指标。

知识阐述

一、统计总体和总体单位

（一）总体

1. 总体的概念

总体是指客观存在的、具有某种共同性质的许多个别事物组成的整体。

在统计研究过程当中，统计研究的目的和任务居于支配和主导的地位，有什么样的研究目的就应该有什么样的统计总体与之相适应。例如，要研究某学院教师的工资情况，那么全体教师就是研究的总体，其中的每一位教师就是总体单位；如果要了解某班50个学生的学习情况，则总体就是该班的50名学生，每一名学生是总体单位。根据研究目的的不同，要选取的研究对象，也就是研究总体，相应地要发生变化。

2. 总体的分类

总体根据总体单位是否可以计量分为有限总体和无限总体。

有限总体是指总体中包含的总体单位数量是有限的。如研究某地某年 7 岁正常男童身高，如果有 5 万名男童，则总体包括 5 万名男童，更确切地说，包括 5 万个身高值，为有限总体。再如全国人口普查，尽管我国有 13 亿多人，但数量是有限的，所以是有限总体。

无限总体是指总体单位数目无限。无限总体是假想的，其个体数或个体值个数是无限的。例如，研究采用某药治疗某种疾病的疗效，总体为假想的包括所有使用该药治疗的病人，没有空间范围和时间范围限制，为无限总体。另外，当有限总体所包括的个体的总数很大时，可以近似地将它看成是无限总体。划分有限总体和无限总体对于统计工作的意义就在于可以帮助我们设计统计调查方法。很显然，对于有限总体，可以进行全面调查，也可以进行非全面调查；但对于无限总体不能进行全面调查，只能抽取一部分单位进行非全面调查，据以推断总体。

3. 总体的特征

（1）大量性。大量性是指构成总体的单位数要足够多，总体应由大量的单位构成。大量性是对统计总体的基本要求。个别单位的现象或表现有很大的偶然性，而大量单位的现象综合则相对稳定。因此，现象的规律性只有在大量个别单位的汇总综合中才能表现出来。只有数量足够多，才能准确地反映我们要研究的总体的特征，达到研究目的。

（2）同质性。同质性指总体中各单位至少在某一个方面性质相同，使它们可以结合起来构成总体。同质性是构成统计总体的前提条件。

（3）变异性。变异性即构成总体的各个单位除了至少在某一方面具有共同性质外，在其他方面具有一定的差异。差异性是统计研究的主要内容。如以一个班级的所有学生作为一个总体，则"专业"是该总体的同质性，而"性别""籍贯"等则是个体之间的变异性；以一个学院全体教师为一个总体，则"工作单位"是其同质性，而"学历""月工资"等则是它的变异性。

需要特别说明的是，变异是客观存在的，没有变异的事物是不存在的；变异对于统计非常重要，没有变异就没有统计。这是因为，如果总体单位之间不存在变异，我们只需要了解一个总体单位的资料就可以推断总体情况了；变异性和同质性之间相互联系、相互补充，是辩证统一的关系。用同质性否定变异性或用变异性否定同质性都是错误的。

（二）总体单位

总体单位（简称单位），是指构成总体的个别事物，简称个体，它是总体的基本单位。例如，要研究全省的工业生产情况，那么全省的工业企业是总体，每个工业企业是总体单位；再如，我们要研究山东省居民购买商品房的支出状况，那么山东省所有购买商品房的家庭就组成研究的总体，而每个购买商品房的家庭就是研究的个体。

（三）总体和总体单位的关系

在统计研究中，确定统计总体和总体单位是十分重要的，它决定于统计研究目的和认识对象的性质。在一次特定范围、目的的统计研究中，统计总体与总体单位是不容混淆的，二者的含义是确切的，是包含与被包含的关系。但是应该注意的是，总体和总体单位是相对而言的，是根据统计研究的目的来确定的。随着统计研究任务、目的及范围的变化，统计总体和总体单位是可以转化的，即同一事物，在一定条件下是总体，在另一条件下可以是总体单位。如要研究全国工业企业的经营状况，则全国所有的工业企业为统计总体，中国石化公司是其中的一个总体单位。而如果要研究中国石化公司的经营状况，则中国石化公司为统计总体。所以一个事物在一种情况下是单位，但在另一种情况下又是总体。总体和总体单位随着研究目的、研究范围的变化可以转化。

二、统计标志

（一）统计标志的概念

标志是说明总体单位属性或特征的名称。每个总体单位从不同角度考虑，都具有许多属性和特征。例如，工人作为总体单位，他们都具备性别、工种、文化程度、年龄、工龄、工资等属性或特征；企业作为总体单位，具有所有制类型、职工人数、工资总额、产值、成本利润等属性和特征。

标志是一个重要的概念，统计就是通过总体单位标志值的汇总综合得到所研究现象总体的数量特征。

可以看出，总体单位与统计标志的关系是十分明确的。如果没有标志就无法表现总体单位的特征；反过来，如果没有总体单位，标志也就失去意义。所以总体单位是标志的直接承担者，标志是依附于总体单位的。

（二）标志的种类

1. 按标志表现能否量化，可把标志分为品质标志与数量标志两种

在上述标志及标志表现的例子中，我们看到"性别"和"民族"的标志表现是用文字来说明的，而"年龄"及"工资"的标志表现则可以用数值来反映。因此，我们根据标志表现能否量化，把标志分为品质标志与数量标志两种。

品质标志表明总体单位的品质属性，它不能用数值表示，只能用文字说明。如工人的性别、民族等，"男""汉族"则为品质标志表现。数量标志表明总体单位的数量特征，它可以用数值表示。如工人的年龄、工资等，"40 岁""1 520 元"则为数量标志表现，也可称为标志值。

2. 按标志表现是否完全相同，可把标志分为不变标志和可变标志

在一个总体的单位中，不管是品质标志或是数量标志，它的具体表现在所有单位都是相同的，就把这种标志称为不变标志。例如，在 2016 级营销班同学构成的总体中，每一个同学是总体单位。由于每一个同学都是 2016 级市场营销班的一分子，因此这些同学的班级属性是相同的，即每个同学的"班级属性"这个品质标志的表现都是"2016 级市场营销班"，所以，班级属性就是不变标志。

在一个总体中，当一个标志在各个单位的具体表现不完全相同时，这个标志便被称为可变标志。在上例中，年龄、身高、籍贯、住址这些标志在各单位的具体表现不完全相同，所以它们在这个总体中便是可变标志。

注意：不变标志是总体同质性的基础，在一个总体中，至少具有一个不变标志；而可变标志即变异性，是构成总体的必要条件。例如，某高校物流管理专业学生的生源地调查统计如表 1-3 所示。

大家都是同一个专业的，就是不变标志；每一个学生的生源地都不同，就是可变标志。

表1-3　某高校物流管理专业学生的生源地调查统计

代码	生源地	代码	生源地
371005	山东省威海市工业园	370283	山东省平度市
371399	山东省临沂市经济开发区	370300	山东省淄博市
371298	山东省莱芜市高新区	370321	山东省桓台县
370104	山东省济南市槐荫区	370400	山东省枣庄市
370123	山东省济南市长清区	370481	山东省滕州市
370206	山东省青岛市李沧区	370502	山东省东营市东营区
370282	山东省青岛市即墨区	370503	山东省东营市河口区
370306	山东省淄博市周村区	370521	山东省东营市垦利区
370406	山东省枣庄市山亭区	370612	山东省烟台市牟平区
370522	山东省利津县	370685	山东省招远市
370523	山东省广饶县	370725	山东省昌乐县
370600	山东省烟台市	370784	山东省安丘市
370611	山东省烟台市福山区	370811	山东省济宁市任城区
370686	山东省栖霞市	370100	山东省济南市
370702	山东省潍坊市潍城区	370102	山东省济南市历下区
370781	山东省青州市	370105	山东省济南市天桥区
370785	山东省高密市	370125	山东省济阳县
370830	山东省汶上县	370204	山东省青岛市高科园
370832	山东省梁山县	370207	山东省青岛市开发区
370881	山东省曲阜市	370285	山东省莱西市
370882	山东省济宁市兖州区	370302	山东省淄博市淄川区
370902	山东省泰安市泰山区	370323	山东省沂源县
371002	山东省威海市环翠区	370402	山东省枣庄市市中区
371082	山东省荣成市	370602	山东省烟台市芝罘区
371122	山东省莒县	370634	山东省长岛县
371300	山东省临沂市	370682	山东省莱阳市
371321	山东省沂南县	370683	山东省莱州市
371326	山东省平邑县	370681	山东省蓬莱市
371481	山东省乐陵市	370687	山东省海阳市
372321	山东省惠民县	370700	山东省潍坊市
372325	山东省滨州市沾化区	370704	山东省潍坊市坊子区
372328	山东省博兴县	370705	山东省潍坊市奎文区

续表

代码	生源地	代码	生源地
372330	山东省邹平县	370724	山东省临朐县
372502	山东省临清市	370783	山东省寿光市
372522	山东省阳谷县	370800	山东省济宁市
372922	山东省曹县	370802	山东省济宁市市中区
372926	山东省巨野县	370828	山东省金乡县
370699	山东省烟台市开发区	370883	山东省邹城市
372599	山东省聊城市经济开发区	370921	山东省宁阳县
370199	山东省济南市高新区	370982	山东省新泰市
370697	山东省烟台市高新区	370983	山东省肥城市
371299	山东省莱芜市雪野旅游区	371000	山东省威海市
370103	山东省济南市市中区	371003	山东省威海市经济技术开发区
370124	山东省平阴县	371100	山东省日照市
370202	山东省青岛市市南区	371202	山东省莱芜市莱城区
370205	山东省青岛市四方区	371324	山东省兰陵县

三、统计指标

（一）指标的概念

统计指标的含义有两种理解与使用方法。一种理解是：指标是反映总体现象数量特征的概念（或名称），如国内生产总值、居民消费水平等。另一种理解是：指标是说明总体数量特征的名称和具体数值，如 2004 年我国国内生产总值为 136 515 亿元，2004 年年末全国总人口为 129 988 万人，2004 年人均国内生产总值 10 502.12 元。

对指标含义的两种理解都可以成立，前一种理解适用于统计理论和统计设计，是从统计指标的设计形态定义的；后一种理解适用于实际统计工作，是从统计指标的完成形态定义的（即作为统计工作成果的一项指标应包括指标名称和指标数值）。

（二）指标的分类

（1）统计指标按所反映的数量特点不同可分为数量指标和质量指标。

数量指标，即反映事物总体绝对数量多少的统计指标，如国内生产总值、钢产量、商品零售额、粮食总产量、职工人数、工资总额、人口总数等，一般用绝对数来表示。数量指标所反映的是总体的外延数量，其数值随总体范围的大小而增减，故又称外延指标。

质量指标，即反映总体内部结构、比例、单位水平、现象之间的内在联系和对比关系等内涵数量的统计指标，如经济增长速度、人口自然增长率、城镇居民人均可支配收入、职工平均工资、学生平均成绩、人口密度、出生率、死亡率、工人出勤率、设备利用系数、单位产品原材料消耗、利润率等，一般用相对数或平均数来表示。质量指标的数值不随总体范围的大小而增减，因此，质量指标又称内涵指标。

(2) 统计指标按其作用和表现形式不同，可分为总量指标、相对指标和平均指标。

总量指标是反映总体现象规模的统计指标，如上面提到的总人口、国内生产总值等。它表明总体现象发展的总成果，其数值表现是绝对数。

相对指标是两个有联系的总量指标或平均指标相比较的结果，如人口增长率、成本降低率等。其数值表现是相对数。

平均指标是按某个数量标志说明总体单位一般水平的统计指标，如平均工资、平均分数等。其数值表现为平均数。

这一部分的内容我们会在后面的章节中进行详细介绍。

(三) 统计指标的特点

1. 数量性

所有的统计指标都是可以用数值来表现的，这是统计指标最基本的特点。统计指标所反映的就是客观现象的数量特征，这种数量特征是统计指标存在的形式，没有数量特征的统计指标是不存在的。

2. 综合性

综合性是指统计指标既是同质总体大量个别单位的总计，又是大量个别单位标志差异的综合，是许多个体现象数量综合的结果。统计指标的形成都必须经过从个体到总体的过程，它是通过个别单位数量差异的抽象化来体现总体综合数量的特点的。

3. 具体性

统计指标的具体性有两方面的含义。一是统计指标不是抽象的概念和数字，而是一定的具体的社会经济现象的量的反映，是在质的基础上的量的集合。这一点使社会经济统计和数理统计、数学相区别。二是统计指标说明的是客观存在的、已经发生的事实，它反映了社会经济现象在具体地点、时间和条件下的数量变化。这点又和计划指标相区别。

(四) 标志与指标的关系

1. 指标与标志的区别

(1) 指标是说明总体特征的，而标志则是说明总体单位特征的。

(2) 标志有不能用数值表示的品质标志与能用数值表示的数量标志，而指标都是用数值表示的，没有不能用数值表示的统计指标。

2. 指标与标志的联系

(1) 有许多统计指标的数值是从总体单位的数量标志值汇总而来的。如一个煤炭工业局（公司）的煤炭总产量，是从所属各煤炭工业企业的产量汇总出来的。

(2) 指标与标志（数量标志）之间存在着变换关系。由于研究的目的不同，原来的统计总体如果变成总体单位，则相对应的统计指标也就变成数量标志，反之亦然。

四、变异和变量

(一) 变异

可变标志的属性或数值表现在总体各单位之间存在的差异，统计上称之为变异。这是广义上的变异，即包括了品质标志和数量标志，有时仅指品质标志在总体单位之间的不同表现。

变异产生的原因是总体具有变异性。例如，对某地区所有工业企业这个总体来说，其不变标志是"某个地区""工业"，这两个标志对总体各单位包括的范围进行了具体的界定。而总体单位则常常具有不同的具体表现，"变异"就是用来描述同一总体下不同总体单位之间的品质标志的差别。例如，以这个工业企业的每个职工为总体单位时，性别就是用来描述每个职工（总体单位）的品质标志的变异。

（二）变量

变量是说明现象某种属性和特征的名称，它包括标志和指标。变量可分为品质变量和数值变量。在数量标志中，不变的数量标志称为常量或参数，可变的数量标志称为变量。由可变数量标志构造的各种指标也称为变量。它可以是定性的也可以是定量的，一个定量变量要么是离散的，要么是连续的。故变量也可分为离散变量和连续变量。社会科学中研究变量的关系，通常把一个变量称为自变量（独立变量），另一个变量称为因变量（依赖变量）。

1. 离散变量

离散变量亦叫离散指标，是指仅能表现为整体取值的指标，如职工人数、企业数。可通过数数得到，最小单位只能是整数；只能被有限次分割。

2. 连续变量

连续变量亦叫连续指标，如人的身高，通过计算得到，最小单位可以是小数，能被无限次分割。

问题解决

我们已经学习了标志和指标的相关知识，下面，我们就用这些知识来解决前面的"情境引例"中的问题吧。

在这份统计资料中，我们要研究的是我国物流企业的情况，所以我国全部的物流企业构成了一个总体，而其中的每家物流企业就是一个总体单位，比如说德邦物流。能反映总体情况的称为指标，在本例中指标有：2015 年，全社会物流总费用额为 10.8 万亿元；运输费用额为 5.8 万亿元；保管费和管理费分别为 3.7 万亿元和 1.4 万亿元；2015 年物流业总收入 7.6 万亿元，比上年增长 4.5%。标志反映的是总体单位的情况，所以在本例中的标志是：德邦快递 2015 年总收入 111.5 亿元，全国转运中心总面积 160 万余平方米，网点 10 000 余家，覆盖全国 96% 的区县、94% 的乡镇。

拓展阅读

奋进中的中国统计：我国统计队伍日益发展壮大

中国信息报　2010 - 10 - 29 11:03:31

统计服务科学发展、推动科学发展的水平，取决于广大统计人员的素质和能力。高质量的统计数据和良好的统计公信力是由高素质的统计人才队伍创造的。目前，我国统计队伍与中国统计事业同发展，共进步。

政府统计队伍不断成长

我国统计事业的发展也体现在统计队伍的不断壮大方面。国家统计局 1978 年 3 月恢复成立，紧随着国家改革开放的前进步伐，统计的重要作用与日俱增，献身政府统计事业的人才数量也显著增长。

资料显示，1991 年年底，全国政府统计部门（含统计事业单位和地方调查队系统）有统计人员58 180人；1999年年底，这个数字增加到61 126人；而到了2009年年底，全国政府统计部门实有统计人员91 778人。20年间，统计人员数量增长了55.9%。尤其是最近10年，政府统计人员数量的增长呈加速趋势，超过期间全国人口的增长速度。国家公务员制度的建立，使公务员录用工作逐步规范。从2002年起，国家统计局机关通过统一考试方式录用公务员，至今，国家统计局行政机关（含参照公务员管理事业单位）本科及以上人员的比例已达到87.2%。

各省、市、县党委政府日益重视统计工作，在机构、编制、领导干部配备等方面给予所属统计局大力支持，为统计部门拓展了机构，扩大了编制，增加了领导职数，大大加强了政府统计部门的力量。省及省以下政府机构统计人员数量在此前基础上又有了大量增加。

在统计队伍规模壮大的基础上，各级统计部门通过讲座、论坛、培训、调研、学历学习以及工作交流、基层锻炼等方式提高了干部的业务素质；制定《统计职业道德规范》，加强干部职工的思想道德建设。

此外，国家统计局坚持"走出去，请进来"的人才培养模式，每年都派出一批业务骨干去境外著名学府深造，先后派遣多名高层次专业技术人员赴联合国统计机构工作，邀请或聘请国外优秀专家来局访问、合作、讲学。这些举措，加深了政府统计的国际交往，扩大了统计人员的视野，提高了他们的业务素质。

国家调查队伍得到有效整合

20世纪80年代，国家统计局陆续在各地组建了城市调查队、农村调查队和企业调查队三支调查队伍。三支调查队在开展抽样调查工作、保证国家统计调查任务完成、积极为地方党委政府提供调查服务方面做出了巨大贡献，调查队伍也在调查事业的发展中得到发展。但经过长期运行，受体制因素的影响，队伍建设存在着机构重复设置、力量使用分散、人员管理和使用脱节，机构规格制约干部发展等弊端。经国务院批准，2005年起对原有调查队进行"整编"，撤销原有建制，将分设、委托管理的农、城、企三支队伍合并重新组建为垂直统一管理的队伍，提升了机构规格，明确了新的职能。共组建32个省级调查总队、15个副省级城市调查队、333个地市调查队和887个县区调查队。新的体制运行，不但强化了多项调查职能，工作效率进一步提升，而且有效克服了原有队伍建设存在的弊端。新的管理体制运行后，国家统计局抓好机构的科学设置和人员的合理配置，努力使人事配置达到最优，努力打造全新的统计调查队伍。

经过公务员招考和严格调配规定，队伍结构也更加优化：2009年年底，全国调查队系统35岁及以下年龄段人数占人员总数的比重为28.31%，比2006年提高了7.5个百分点；从学历层次看，2006年，本科和研究生学历人员占总人数的比例分别为41.03%、2.48%，到2009年，分别增长为55.37%和5.02%，其中本科及以上学历人员超过了60%，短短4年间增长了17个百分点。年龄结构和学历结构的优化促进了队伍建设的专业化和可持续性，为提供真实准确的数据信息奠定了重要基础。调查队系统从2002年开始实行公务员统一招录方式，实现了凡进必考。截至2010年，各级调查队新录用人员3 000余人，占在职总人数的19.2%。

通过整合队伍，优化职能，调查队系统向政治强、业务精、指挥畅通、行动快捷，能打大仗硬仗的建队目标迈出了可喜的步伐。

统计专业技术人才素质不断提升

统计专业技术人才评价工作从1990年起进行改革，实行初级、中级资格考试，实现了以考代评。2006年，统计高级人才评价实行考评结合制度。

这项改革贯彻和体现了公开、平等、竞争的原则，促使优秀人才脱颖而出。20年间，全国共有150余万人次参加报考，43万名统计人员获得相应专业技术资格。为了进一步深化改革，解决高级统计人才队伍不足、高级统计师分布不均衡的矛盾，自2006年起，陆续在部分省区市开展了高级统计师资格考评综合试点工作。截至2009年，共有9 000多人次报名考试，其中3 208人取得了高级统计师的评审资格。

通过新的专业技术评价模式取得各级统计专业技术资格的人员在统计工作岗位尤其是政府部门统计中发挥着不可替代的作用。通过统计专业技术资格考试和各种专业培训，使统计队伍的整体职业素质和业务素质得到提升。

领导干部队伍建设不断加强

国家统计局党组长期以来高度重视各级局队领导班子建设。在组建省、市、县三级调查队领导班子的过程中，国家统计局及各调查总队严格按照有关规定认真组织各级调查队领导班子的选拔配备工作。在调查总队班子组建工作基本完成后，国家统计局党组先后召开领导班子建设经验交流会议和领导班子思想政治建设研讨会议，马建堂局长作重要讲话，对加强调查总队领导班子建设和领导干部能力建设作出部署。为了加强对调查总队领导班子年度考核的力度，国家统计局连续两年派出由局领导带队的10个考核组到各总队实施考核。通过听取述职和谈话了解，具体翔实地掌握了各总队班子和个人的实际工作情况，发现存在的问题，通过反馈意见督促整改，有效推动了领导班子建设，带动了各地对市县队领导班子年度考核工作。

为了进一步加强总队领导班子，近年来国家统计局陆续向调查总队选派14名纪检组长，部分派任总队长、副总队长，并进行调查总队主要负责人的横向交流。

国家统计局党组重视内设司局和事业单位领导班子建设和领导干部能力建设。5年来，国家统计局选派16名优秀干部到市（地级）政府挂职锻炼；在晋升司级领导职务中坚持实行并不断完善竞争上岗制度。尤其注重加强各级调查队领导班子建设，共选派53名负责人到中央党校、国家行政学院、浦东、井冈山、延安干部学院学习。每年都多次组织各级统计机构领导干部综合素质、业务素质、能力建设培训班。

青年人才建设蓬勃开展

国家统计局围绕青年成才工程和青年文明工程建设，组织开展全国统计系统"视统计信誉为生命"主题实践活动，开展以坚守统计职业操守为主要内容的青年统计者宣誓活动。组织社会主义价值体系教育，帮助干部职工特别是青年干部树立正确的世界观、人生观、价值观。组织青年理论培训、青年论坛，创办《年轻》杂志等，通过组织开展青年统计入职宣誓活动、"根在基层"调研活动以及统计建模大赛等活动，进一步提升青年统计人才的综合素质和创新能力，激励青年统计人才尽快成长。

统计队伍管理机制不断完善

为推动人才建设，国家统计局先后制定了《统计专业技术资格考试暂行规定》《国家统计局人才工作规划（2005—2010年）》《专业技术职务评聘工作的实施意见》。为了加强党政干部管理，出台了《干部交流工作实施办法（试行）》《竞争上岗暂行规定》等有关规定。调查队体制改革后，根据中央的规定，结合调查队干部的实际情况，制定了《调查队系统人员录用管理暂行规定》等9项人事管理的规定，规范各调查总队的干部人事工作。重新修订了《在职学历教育学费报销暂行规定》，激励了广大在职人员学业务、强素质的积极性。为了提高高层次人才的管理和有效利用，制定了《统计专家信息库管理办法》。

通过坚持不懈地努力，统计队伍不断壮大，人员素质不断提升，专业技术水平明显提高，促进了统计工作的改革与发展，统计队伍为我国经济和社会的发展做出了卓有成效的贡献。

任务实训 2016年全国GDP总量分析

至诚财经网　2017—2—28

在刚刚过去的2016年，我国GDP增速为6.7%。这一增速水平虽然比2015年放缓0.2个百分点，仍然圆满完成了《政府工作报告》提出的"国内生产总值增长6.5%~7%"的预期目标。

6.7%的经济增速，是在国际国内经济环境错综复杂的背景下取得的，来之不易。

从总量规模看，我国已经是全球第二大经济体，在GDP总量早已达到11万亿美元的庞大规模基础上，要实现6.7%的经济增速，难度要比过去大得多。而且，如此庞大的总量规模，每增长1个百分点，相应的经济增量也要比过去大得多。

如果以2010年作为不变价格计算，2016年我国GDP增量突破了4万亿元。这样的增量规模是中国经济发展史上的一次重大突破。

从经济增长的质量和效益看，在过去的一年里，我国工业企业效益明显好转，服务业比重继续提高，消费对GDP增长的贡献率占到近三分之二，新经济、新动能也在明显积聚，高技术产业加快增长，装备制造业的增加值明显增加，单位GDP能耗下降5%，清洁能源比重上升。此外，从与民生相关的指标看，居民消费价格总体上温和上涨，居民收入稳定增长，城乡差距继续缩小。

从对全球经济增长的贡献看，在全球经济增长动力不足的背景下，6.7%的经济增速在全球主要经济体中位居第一，而且中国对当年全球经济增长的贡献率已经达到34%。

在"三驾马车"中，2016年，我国全年对外投资超过1700亿美元，远远超过我国实际利用外资规模；我国消费升级带来的出境旅游人数快速增加，出境旅游和购物消费的快速增长，带动了很多国家商品消费市场和服务业增长；尽管我国进出口增长率在下降，但进出口占全球的份额持续上升。

总的来说，6.7%的经济成绩单有着较高的含金量，不仅经济运行处在合理区间，经济增长的质量和效益稳步提高，经济增长的新动能加快成长，中国经济对全球经济增长贡献也在稳步提升。

我们也要看到，当前我国经济运行中仍然存在不少突出矛盾和问题，产能过剩和需求结构升级矛盾突出，经济增长内生动力不足，金融风险有所积聚，部分地区困难增多，等等。

因此，中国经济仍然面临着较大的下行压力。在新的一年里，仍要坚持稳中求进工作总基调，坚持以推进供给侧结构性改革为主线，适度扩大总需求，加强预期引导，深化创新驱动，全面做好增长、促改革、调结构、惠民生、防风险各项工作，促进经济平稳健康发展和社会和谐稳定。

实训要求：

本实训的目的在于通过对统计学相关知识的学习，使学生进一步了解统计在经济生活中的作用，并能分析经济发展的基本情况。请结合所给资料说一说统计的含义以及统计在国民经济发展中的重要性，指出资料中给出的各类指标。

综合训练

一、单项选择题

1. 研究某市全部工业企业的产品生产情况，总体单位是（　　）。
   A. 每一个工业企业　　　　　　　B. 全部工业企业
   C. 每一个产品　　　　　　　　　D. 全部工业产品

2. 统计有三种含义，其中（　　）是基础、是源。
   A. 统计学　　　　　　　　　　　B. 统计资料
   C. 统计工作　　　　　　　　　　D. 统计方法

3. 一个统计总体（　　）。
   A. 只能有一个指标　　　　　　　B. 只能有一个标志
   C. 可以有多个指标　　　　　　　D. 可以有多个标志

4. 构成统计总体的总体单位（　　）。
   A. 只能有一个标志　　　　　　　B. 只能有一个指标
   C. 可以有多个指标　　　　　　　D. 可以有多个标志

5. 要了解100个学生的学习情况，则总体单位是（　　）。
   A. 100个学生　　　　　　　　　B. 100个学生的学习情况
   C. 每一个学生　　　　　　　　　D. 每一个学生的学习情况

6. 研究某市工业企业的生产设备使用情况，则统计总体是（　　）。
   A. 该市全部工业企业　　　　　　B. 该市每一个工业企业
   C. 该市工业企业的每一台生产设备　D. 该市工业企业的全部生产设备

7. 以全国的石油工业企业为总体，则大庆石油工业总产值是（　　）。
   A. 品质标志　　　　　　　　　　B. 数量标志
   C. 数量指标　　　　　　　　　　D. 质量指标

8. 某工人月工资1 900元，则工资是（　　）。
   A. 质量指标　　　　　　　　　　B. 数量指标
   C. 数量标志　　　　　　　　　　D. 变量值

9. 要了解某市职工情况，统计指标是（　　）。
   A. 该市每个职工　　　　　　　　B. 该市每个职工的工资
   C. 该市全部职工　　　　　　　　D. 该市职工的工资总额

10. 刘老师的月工资为4 800元，则4 800元是（　　）。
    A. 数量指标　　　　　　　　　　B. 数量标志
    C. 变量值　　　　　　　　　　　D. 质量指标

11. "统计"一词的三种含义是（　　）。
    A. 统计调查、统计资料、统计分析

B. 统计工作、统计资料、统计学

C. 统计设计、统计调查、统计整理

D. 大量观察法、分组法、综合指标法

12. 下列变量中属于连续变量的是（   ）。
    A. 职工人数　　　　　　　　　　B. 设备台数
    C. 学生的年龄　　　　　　　　　D. 工业企业数

13. 下列标志中属于数量标志的是（   ）。
    A. 人的性别　　　　　　　　　　B. 地形条件
    C. 人的年龄　　　　　　　　　　D. 工人的工种

14. 下列标志属于品质标志的是（   ）。
    A. 教师的教龄　　　　　　　　　B. 学生的成绩
    C. 商品的价格　　　　　　　　　D. 民族

15. 在全国人口普查中，（   ）。
    A. 全国的人口是统计指标　　　　B. 人的年龄是变量
    C. 人口的平均寿命是数量标志　　D. 男性是品质标志

16. 某自行车大厂要统计该企业的自行车产量和产值，上述两个变量（   ）。
    A. 二者均为离散变量
    B. 二者均为连续变量
    C. 前者为连续变量，后者为离散变量
    D. 前者为离散变量，后者为连续变量

17. 某运动队要统计运动员的年龄和体重，上述两个变量（   ）。
    A. 二者均为离散变量
    B. 二者均为连续变量
    C. 前者为连续变量，后者为离散变量
    D. 前者为离散变量，后者为连续变量

18. 数量指标是反映（   ）。
    A. 总体的绝对数量　　　　　　　B. 总体内部数量关系的指标
    C. 总体单位数量指标　　　　　　D. 总体的相对数量指标

19. 质量指标是说明（   ）。
    A. 总体内部数量关系的指标　　　B. 总体的绝对数量指标
    C. 总体单位数量的指标　　　　　D. 总体单位质量的指标

20. 其数量随总体范围的大小而增减的指标是（   ）。
    A. 数量指标　　B. 质量指标　　C. 品质指标　　D. 相对指标

21. 其数值不随总体范围的大小而增减的指标是（   ）。
    A. 数量标志　　B. 质量指标　　C. 品质指标　　D. 总量指标

22. 劳动生产率是（   ）。
    A. 数量指标　　B. 质量指标　　C. 总量指标　　D. 品质指标

23. 某高校1995年全部大学生的平均年龄为22岁，这是（   ）。
    A. 数量标志　　B. 品质标志　　C. 数量指标　　D. 质量指标

24. 某班55名学生来自不同地区，其中一名回族，其余均为汉族，男、女生的平均身高为1.6 m和1.72 m，则不变标志是（   ）。
　　A. 家庭住址　　　B. 民族　　　　　C. 身高　　　　　　D. 班级
25. 总体具有差异性的特征，差异性是指（   ）。
　　A. 标志的具体表现不同　　　　　　B. 指标和标志的名称不同
　　C. 总体单位之间的性质不同　　　　D. 总体和总体单位的性质不同

二、多项选择题

1. 下列变量中，属于连续变量的有（   ）。
　　A. 棉花产量　　　　　　　　　　　B. 棉花播种面积
　　C. 植棉专业户数　　　　　　　　　D. 单位面积棉花产量
　　E. 农业科研所数
2. 要了解100户养猪专业户的生产情况，则数量标志有（   ）。
　　A. 养猪专业户的户数　　　　　　　B. 每一个养猪户的收入
　　C. 100户养猪户的养猪头数　　　　 D. 每一养猪户的养猪头数
　　E. 100户养猪户的总收入
3. 要了解100个工业企业的生产情况，则统计指标有（   ）。
　　A. 100个工业企业的工业总产值　　 B. 每一个工人的月工资
　　C. 全部工业企业　　　　　　　　　D. 一个工业企业的工资总额
　　E. 全部工业企业的劳动生产率
4. 在全国人口普查中，（   ）。
　　A. 全国人口数是统计总体　　　　　B. 每一户是总体单位
　　C. 人的年龄是变量　　　　　　　　D. 男性是品质标志
　　E. 人口平均寿命是统计指标
5. 某家庭三位职工的工资分别为100元、160元、200元，（   ）。
　　A. 这里有三个变量　　　　　　　　B. 这里只有一个变量
　　C. 这里有三个变量值　　　　　　　D. 这里只有一个变量值
　　E. 既有变量，也有变量值
6. 一个完整的统计工作过程包括的阶段有（   ）。
　　A. 统计设计　　　B. 统计调查　　　C. 统计整理
　　D. 统计预测　　　E. 统计分析
7. 下列标志中，属于品质标志的有（   ）。
　　A. 健康状况　　　B. 性别　　　　　C. 工龄
　　D. 职称　　　　　E. 文化程度
8. 以某市工业企业为总体，则统计指标有（   ）。
　　A. 该市工业总产值　　　　　　　　B. 该市工业劳动生产率
　　C. 该市工人工资总额　　　　　　　D. 该市工业企业数
　　E. 该市某工业企业职工人数
9. 下面哪些属于变量？（   ）
　　A. 可变品质标志　　B. 质量指标　　C. 数量指标
　　D. 可变的数量标志　　　　　　　　E. 某一指标数值

10. 下列变量中，属于离散变量的有（　　　）。
    A. 机器台数　　　B. 录取人数　　　C. 数量指标
    D. 粮食产量　　　E. 自行车产量
11. 指标是说明总体特征的，标志是说明总体单位特征的，则（　　　）。
    A. 数量指标可以用数值表示
    B. 质量指标不能用数值表示
    C. 品质标志不能用数值表示
    D. 品质标志和质量指标都可以用数值表示
12. 总体和总体单位之间有下列关系（　　　）。
    A. 总体和总体单位是可以变换的
    B. 总体可能转化为总体单位
    C. 总体单位可以转化为总体
    D. 总体和总体单位是固定不变的
    E. 只能是总体转化为总体单位
13. 根据统计指标所反映的总体内容的不同，可以分为（　　　）。
    A. 总量指标　　　B. 相对指标　　　C. 平均指标
    D. 数量指标　　　E. 质量指标
14. 从统计指标的作用和表现形式来讲，可分为（　　　）。
    A. 总量指标　　　B. 相对指标　　　C. 平均指标
    D. 数量指标　　　E. 质量指标
15. 统计学最基本的几种研究方法是（　　　）。
    A. 大量观察法　　B. 综合指标法　　C. 统计模型法
    D. 归纳推断法　　E. 统计指标法

三、判断题

1. 性别是品质标志。　　　　　　　　　　　　　　　　　　　　　　　　　（　　）
2. 人口的平均寿命是数量标志。　　　　　　　　　　　　　　　　　　　　（　　）
3. 一个统计总体只能有一个指标。　　　　　　　　　　　　　　　　　　　（　　）
4. 全国人口数量是统计总体。　　　　　　　　　　　　　　　　　　　　　（　　）
5. 标志不能用数值表示，而指标都可以用数值表示。　　　　　　　　　　　（　　）
6. 数量标志可以用数值表示，质量指标不能用数值表示。　　　　　　　　　（　　）
7. 人的年龄是离散变量。　　　　　　　　　　　　　　　　　　　　　　　（　　）
8. 构成总体的总体单位只能有一个标志。　　　　　　　　　　　　　　　　（　　）
9. 随着统计研究任务、目的及范围的变化，总体和总体单位是可以变换的。（　　）
10. 人口的性别是说明总体的品质标志。　　　　　　　　　　　　　　　　（　　）
11. 统计学的研究对象是社会经济总体现象的质量方面。　　　　　　　　　（　　）

四、填空题

1. 统计一词有三种含义：＿＿＿＿、＿＿＿＿、和＿＿＿＿。
2. 指标是说明＿＿＿＿特征的，而标志则是说明＿＿＿＿特征。
3. 一个完整的统计工作过程，可分为＿＿＿＿、＿＿＿＿、＿＿＿＿、和＿＿＿＿四个阶段。

4. _____指标的数值随总体范围的大小而增减，_____指标的数值不随总体范围的大小而增减。
5. 标志按其表现形式不同，有_____标志和_____标志之分。
6. 变量值按其数值是否连续，有_____和_____之分。
7. 统计总体有有限总体和_____之分。

五、简答题

1. "统计"一词的含义是什么？
2. 什么是总体、总体单位？二者关系怎样？举例说明。

情境二

统计调查

　　统计调查内容不断充实，统计调查方式日益科学化。在我国，一个以周期性普查为基础，综合运用抽样调查、全面报表，辅之以重点调查、行政记录的国家统计调查方法体系已基本形成。

　　与改革开放初期相比，2010年国家统计局单独或与国务院有关部门共同制定的统计调查制度从17项增加到46项，由国务院有关部门自行制定报国家统计局审批或备案的统计调查制度从6项激增至300余项。根据国家宏观管理和调控的需要，国家统计局还健全了经济、社会和资源环境统计，完善了工业、农业、投资统计和价格指数编制，建立了12个服务业行业抽样调查制度、劳动力调查制度和能源统计调查体系。

　　我国的统计调查制度已经引进国际统计界广泛使用的抽样调查方法，逐步减少对于层层报表制度的依赖；已经在住户调查、农产量调查、企业调查、工业统计、人口统计、景气调查、质量控制和评估，甚至在普查中使用抽样调查技术。周期性普查制度日臻完善，从1990年开始至1999年，在普查制度的第一个周期中，我国先后开展了5次普查。2003年，国家统计局对周期性普查制度进行整合完善，形成了由人口普查、农业普查和经济普查组成的国家周期性普查制度；至2018年，已成功组织实施了四次全国经济普查和三次全国农业普查、六次全国人口普查。完整的普查制度的建立，不仅为开展经常性的非全面统计调查打下了坚实的基础，而且通过普查，摸清了我国的"家底"，完善了基本单位名录库，为各项统计调查的抽样框和字典库奠定了基础。

　　统计调查要对统计后期的工作提供数据，因此需要特别注意调查的方式方法，以免数据出现错误和纰漏，国家也出台了很多法律法规用来规范统计调查。

子情境一　认识统计调查

情境引例

两个小细节，千万大风险

普瑞辛格调研公司给《中国财富》出示了两组数据，来说明调研的严谨性。同样的调研问卷，完全相同结构的抽样，两组数据结论却差异巨大。邵志刚介绍说，国内一家知名的电视机生产企业，2004年初设立了20多人的市场研究部门，就是因为下面的这次调查，部门被注销，人员被全部裁减。调查问题：列举您会选择的电视机品牌。其中一组的结论是有15%的消费者选择本企业的电视机；另一组得出的结论却是36%的消费者表示本企业的产品将成为其购买的首选。巨大的差异让公司高层非常恼火，为什么完全相同的调研抽样，会有如此矛盾的结果呢？公司决定聘请专业的调研公司来进行调研诊断，找出问题的所在。

普瑞辛格的执行小组受聘和参与调查执行的访问员进行交流，并很快提交了简短的诊断结论：第二组在进行调查执行过程中存在误导行为。调研期间，第二组的成员佩戴了公司统一发放的领带，而在领带上有本公司的标志，其足以让被访问者猜测出调研的主办方；第二组在调查过程中，把选项的记录板向被访问者出示，而本企业的名字处在选题板的第一位。以上两个细节，向被访问者泄露了调研的主办方信息，影响了消费者的客观选择。

这家企业的老总训斥调研部门的主管："如果按照你的数据，我要增加一倍的生产计划，最后的损失恐怕不止千万。"

案例思考

市场调查是直接指导营销实践的大事，对错是非可以得到市场验证，只是人们往往忽视了市场调查本身带来的风险。一句"错误的数据不如没有数据"，包含了众多中国企业家对数据的恐慌和无奈。市场调研信息对企业有很重要的作用，本节我们主要介绍统计调查的基本内容，请大家思考该电视企业市场营销调研失败的原因。

知识目标

1. 理解统计调查的意义。
2. 熟悉统计调查方案。
3. 掌握统计调查方法。

能力目标

1. 能结合具体案例制作适合的统计调查方案。
2. 能准确使用各种统计调查方法。

知识阐述

一、什么是统计调查

统计调查是根据调查的目的与要求，运用科学的调查方法，有计划、有组织地向被调查单位搜集资料的统计工作过程。

统计调查是统计工作的第二个阶段，统计调查担负着提供基础资料的任务，是决定整个统计工作质量的重要环节，又是统计整理和统计分析的前提。

统计调查所涉及的资料有两种：一种是直接向调查对象搜集未加工整理的反映调查对象个体的、尚待汇总整理，需要由个体过渡到总体的统计资料，称为原始资料，又称为初级资料；另一种是已经加工、整理过的次级资料，也称为第二手资料。统计调查一般指的是对原始资料的搜集，并将其进行加工整理汇总，使其成为从个体特征过渡到总体特征的资料，但有时也包括对次级资料的搜集。

二、对统计调查的要求

为保证统计工作的任务，在进行统计调查时，必须坚持实事求是的原则，同时要深入实际，全面了解情况，以取得准确、及时、完整的统计调查资料。具体来说，有以下几个要求。

（1）准确性。准确性是指统计工作搜集的资料要符合客观实际情况、准确可靠。统计是实践的反映，是决策的依据，统计资料必须真实地反映客观实际，不受任何主观偏见的影响。统计资料不实，信息不准，必然会导致宏观决策的失误，国民经济核算工作和统计咨询、统计监督工作就不可能搞好。

例如，大学生就业情况调查，如果出现浮夸、虚报，没有一个准确的就业数据，我们就很难看出现今社会存在的就业问题以及将来的整改方向，对年轻一代来说，很可能影响一生的职业规划，严重者甚至可能造成社会的不稳定。

（2）及时性。及时性是指在规定的时间内尽快提供资料，包括使统计资料及时满足领导需要和及时完成各项调查资料的上报任务，使得决策者能够及时得到信息。过时的资料会贻误整个统计工作的开展。

（3）完整性。完整性也可以称为全面性，即在规定时间内对调查资料毫无遗漏地搜集起来。调查单位不重复、不遗漏，所列调查项目的资料搜集齐全。如果调查资料不齐全，就不能完整地反映被调查事物，从而给统计整理和统计分析带来困难，影响到统计工作的汇总和分析。

（4）系统性。系统性是指搜集的资料要符合事实逻辑，不能杂乱无章，要做到格式统一、条理清晰，便于后期数据的汇总整理。

（5）经济性。经济性是指以尽量少的投入获得所要求的统计资料，也就是说统计调查也要讲究经济效益。

以上几个要求中，准确性是基础，要在准确中求及时、求完整、求系统、求效益。

三、统计调查的种类

（一）按调查对象包括的范围分类

按调查对象包括的范围不同，可分为全面调查和非全面调查。

（1）全面调查是对被调查对象中所有的单位全部进行调查，其主要目的是取得总体的全面、系统、完整的总量资料，如普查。全面调查要耗费大量的人力、物力、财力和时间。

（2）非全面调查是对被调查对象中一部分单位进行调查，如重点调查、典型调查、抽样调查等。

全面调查和非全面调查是以调查对象所包括的单位范围不同来区分的，而不是以最后取得的结果是否反映总体特征的全面资料而言的。

（二）按登记时间是否连续分类

按登记时间是否连续，可分为经常性调查与一次性调查。

（1）经常性调查是随着调查对象在时间上的发展变化，而随时对变化的情况进行连续不断的登记。其主要目的是获得事物全部发展过程及其结果的统计资料。

（2）一次性调查是不连续登记的调查，它是对事物每隔一段时期后在一定时点上的状态进行登记。其主要目的是获得事物在某一时点上的水平、状况的资料。

一次性调查又分为定期和不定期两种。定期调查是每隔一段固定时期进行一次调查；不定期调查是时间间隔不完全相等，而且间隔很久才调查一次。

（三）按调查的组织方式分类

按调查的组织方式不同，可分为统计报表和专门调查。

（1）统计报表是按照国家统一规定的统计报表制度的要求（指标、表格形式、计算方法等），自上而下统一布置、自下而上逐级汇总上报的一种报表制度。

（2）专门调查是为了某一特定目的而专门组织的统计调查，包括普查、抽样调查、重点调查、典型调查等。

（四）按搜集资料的方法分类

按搜集资料的方法不同，可以分为直接观察法、报告法、采访法、通讯法、实验采集法、网络调查法等。

（1）直接观察法是由调查人员到现场对调查单位直接查看、测量和计算。这种调查方法较准确，但花费人力、物力较大。

（2）报告法是以原始凭证为依据，由调查单位按规定填写调查表上报的调查方法，如我国的统计报表制度。

（3）采访法是通过面对面的采访获得资料的一种方法，包括口头询问和调查问卷两种形式。

（4）通讯法是调查人员将需要调查的问题寄给被调查者，请被调查者寄回的一种调查方式。这种方式在欧美国家比较流行。

（5）实验采集法是调查人员通过实验对比获取统计资料的调查方法，可以使用试穿、试用、试听等方法进行。

（6）网络调查法是指利用计算机网络搜集数据资料的一种调查方法。当今社会网络发达，使得这种方法非常盛行，它因方便、快速、汇总整理简便等优点受到越来越多的调查机构的欢迎。

四、统计调查方案设计

统计调查是一项复杂、严格、高度统一的工作。为了保证统计调查工作的顺利进行并达到预期的目标，在进行统计调查前，有必要对整个工作进行统一规划，包括为什么要进行调查、向谁去调查、要调查什么、怎么样去调查等内容。以使统计调查工作顺利展开。这些内容的谋划即统计调查方案。

统计调查方案需要确定下面几个方面的内容（4W，1H）。

1. 确定调查目的和任务（Why）

调查实施之前首先要明确调查所要达到的具体目标，不同的调查目的与任务，决定着不同的调查内容和范围。需要考虑以下几个问题。

（1）调查目的要明确、突出中心。

（2）要注意调查对象的特点。

（3）从实际情况出发，把需要和可能有机结合起来。

2. 确定调查对象和调查单位（Who）

明确调查对象和调查单位，是为了解决"向谁调查"，由谁来提供所需数据的问题。首先我们要明确以下几个概念。

（1）调查对象。调查对象是需要调查的那些社会现象的总体，是我们根据调查目的所确定的，是很多性质相同的调查单位的集合。

例如，人口普查对象是具有中华人民共和国国籍并在中华人民共和国境内常住的人。

（2）调查单位。调查单位是调查对象中所包含的具体单位，即总体单位，是调查项目和标志的承担体和载体，是我们搜集数据、分析数据的基本单位。

例如，要调查某大学学生手机消费情况，那么该校的全体学生就是调查对象，该校的每一个学生就是调查单位。

注意：调查单位≠从事调查工作的部门或单位。

（3）填报单位。填报单位也叫报告单位，是填写调查内容、提交调查资料的单位。

思考：

①如果要了解全国工业企业的生产情况，则调查对象是谁？（全国所有工业企业）调查单位是谁？（每一个工业企业）填报单位是谁？（每一个工业企业）

②如果要了解全国工业企业设备情况，则调查对象是谁？（工业企业的所有设备）调查单位是谁？（每一台设备）填报单位是谁？（每一个企业）

——调查单位和填报单位有时一致，有时不一致，要根据调查对象的特点和调查任务的要求来确定。

3. 拟定调查项目，设计调查表（What）

调查项目是调查的具体内容，由调查的目的、任务和调查对象的性质所决定。调查项目是调查方案的核心部分,包括调查单位所须登记的标志及其他有关情况。

调查项目可以是调查单位的数量标志,如一个人的年龄、收入,一家企业的产量、产值等,也可以是调查单位的品质标志,如一个人的性别、职业,一家企业所有制性质等。

确定调查项目应注意的几个问题:

(1) 本着"少而精"的原则——必要性。

(2) 本着"需要和可能"的原则——可能性。

(3) 调查项目的内容含义要明确、肯定,必要时附以解释。

(4) 调查项目之间要尽可能保持一定的联系,便于有关项目之间相互进行核对和校验。

在大多数统计调查中,为了填写和整理汇总的方便,调查项目通常以表格的形式来表现,即调查表。

调查表是将调查项目按照一定的顺序排列起来形成的表格形式,是统计工作搜集资料的基本工具。

调查表的内容:

◆表头:在调查表的上方,主要有调查表名称、填报单位名称等。

◆表体:由表格、调查项目等组成。

◆表脚(表外附加):包括调查人员或填表人员签名、审核人员签名、填报日期等。

调查表的形式:

◆单一表:一张调查表上只登记一个调查单位,一般可以容纳较多的调查项目,适用于比较详细的调查,如各类的市场调查问卷、学生的学籍信息表等,如表2-1所示。

表2-1 某校小学生信息登记表

姓　名			性别		出生年月			籍贯	省　　　(县)市	民族		户口类别	
入过何幼儿园					爱好和特长			健康状况			年　　月入少先队		
家庭住址								家庭地属　　区(县)　　街(镇)　　居委(村)					
家庭情况	关系	姓名		年龄	政治面貌	工作单位		单位地址		职务		电话	
	父												
	母												
家庭其他成员	关系	姓名	性别		工作(学习)单位		职务	关系	姓名	性别	工作(学习)单位		职务
年度	学期	班级		学业成绩					在校表现		奖励与处分		班主任
			语文	数学	英语	科学	品德	音乐	体育	美术			
学年度	1												
	2												
学年度	1												
	2												
学年度	1												
	2												

◆一览表:一张调查表上登记若干个调查单位,容纳的调查项目有限,如学校对学生生源地进行调查所使用的调查表,如表2-2所示。

表2-2 在校学生生源地调查

序 号	姓 名	性 别	学 号	生源地

调查人员: 　　　　　　　　　　　填表时间:

两种类型调查表的应用原则:

◆看项目的多少,调查项目多时一般用单一表,反之用一览表。

◆看填报单位与调查单位是否一致,一致时常用单一表,不一致时用一览表。

4. 确定调查时间和调查期限(When)

(1) 调查时间是指调查资料所属的时间,可以是一个时间段上的资料,也可以是一个时间点上的资料,要根据调查项目确定。

例如,要调查某工业企业2016年产品产量,就要登记从2016年1月1日至12月31日所生产的全部产品的产量,该项调查的调查时间就是一个时间段。而第六次人口普查,登记"2010年11月1日零时"这一时点上的人口情况。

(2) 调查期限是指进行调查工作所要经历的时间,包括搜集资料、登记调查表和报送资料等整个调查工作过程所需的时间。

例如,第一次全国经济普查规定2004年12月31日为普查的标准时点,时期资料为2004年度。要求2005年1—4月为普查登记阶段;2005年2—7月为普查数据处理和上报阶段。调查时间为一年,即2004年。调查期限为7个月,即从2005年1月至7月。

5. 制订调查工作的组织实施计划(How)

统计调查需要有严密细致的组织工作,一个好的调查实施计划是调查工作能够顺利进行的保证。需要制订计划的具体内容包括:

(1) 领导机构组建。

(2) 调查人员的选择、组织和培训。

(3) 调查方式和方法的确定。

(4) 调查经费的预算和筹集。

(5) 工作进度的安排。

(6) 监督检查等。

随着统计工作的现代化,调查方案也要求日趋周密,要实行各个环节的质量控制,层层把关,以保证调查工作顺利进行。

问题解决

"情境引例"中对电视机的调查是有问题的,调查人员的领带上出现了品牌的信息,对被调查者产生了误导。实际上就是调查人员在一开始设计调查方案的时候出现了失误。

子情境二　统计调查方法

情境引例

统计调查在行动

2016-01-15　来源：中国吉林网（长春）

国家统计局吉林调查总队，坚持采用"面对面"和"一对一"的调查方式，深入基层一线现场走访调查户和调查企业，每年累计近20万人次，获取第一手调查数据几百万笔。

一叶知秋，见微知著。

统计之于百姓，住房、医疗、教育、消费等领域的统计数据可以作为生活参考。统计之于政府，其数据又将以政策参考、决策依据的形式，作用于百姓生活。

记者见到农村调查员小李时，他裹着厚厚的冬装，背包里有登记表、卷尺、GPS设备、面包和水。他说，这是一名统计调查员出去调查、测量的标配。

在吉林省，大约有3 000名像小李这样的调查员，每天坚持采用"面对面"和"一对一"的调查方式，从调查对象直接获取第一手调查数据。关心老百姓的房子、车子、菜篮子、账本子……国家统计局吉林调查总队主动作为，勇于创新，统计服务民生的领域不断拓展，力度不断加大。

统计数据不仅是百姓生活的体温计、体检表，更是国家和地方政府进行宏观调控、出台各项惠民政策的重要决策依据。吉林调查总队充分发挥了调查"轻骑兵"的快速反应和一线调查优势，围绕百姓关心的焦点问题，积极以统计数据为支撑，以实地调研为手段，组织调研组深入基层一线，足迹遍布全省9个市州30个县市，先后撰写了百余篇调研报告上报"两办"和省委、省政府；开展课题研究和统计科研项目18项；确立重点分析题目27篇；完成吉林调查和调查专报59篇；上报经济信息和约稿273篇；获省领导批示29篇次，国务院领导批示4篇。同时先后承担了全国文明城市测评、党风廉政建设民意调查、简政放权专项调查、网购情况调查等各类专项调查，及时准确地提供调查数据，反馈调查信息，为省委、省政府科学决策，合理调控提供了高质量的咨询建议。

案例思考

我们国家每年都有大量的统计工作要做，在国民经济领域、企业生产领域、医药、工业、农业等领域都要进行。如此大量的工作，都是谁去做的呢？他们都采取了什么样的方法将如此庞大的数据统计出来的？这就是本节我们要学习的内容。

知识目标

1. 了解定期统计报表。
2. 了解普查、典型调查、重点调查等专门调查。
3. 熟悉抽样调查的特点。

能力目标

1. 掌握各类调查方法的使用特点和使用范围。
2. 能够进行简单的抽样调查。

知识阐述

我国《统计法》规定：统计调查应当以周期性的普查为基础，以经常性的抽样调查为主体，以必要的统计报表、重点调查、综合分析等为补充，搜集、整理基本统计资料。

我国的统计调查方法主要有定期统计报表和统计专门调查两大类。

一、定期统计报表

定期统计报表是依照国家有关法规，自上而下地统一布置，以一定的原始记录为依据，按照统一的表式、统一的指标项目、统一的报送时间和报送程序，自下而上逐级地定期提供统计资料的一种调查方式。它是基于统计报表制度的一种调查方式，是在政府引导下强制执行的，独具中国特色。

统计报表的格式结构分为：

（1）表名：表的名称。

（2）表衔：是报表区别于一般统计表的部分，包括表号、制表机关、文号等。

（3）表体：表的主体，包括格线、行标目、列标目。

（4）表注（表脚）：一般包括单位负责人、填表人、报出日期，或对表中某些指标的特殊说明和规定等。

（一）定期统计报表的主要特点

（1）报表资料来源于各个基层单位的原始记录，基层单位可利用其对生产、经营活动进行监督管理。

（2）由于统计报表是逐级上报和汇总的，各级领导部门能获得所管辖范围内的报表资料，从而了解本地区相关情况。

（3）定期统计报表属于经常性调查，内容稳定，通过研究历史资料，可以发现被调查对象的发展变化规律。

（二）定期统计报表的分类

我国现行的统计报表，分为国民经济基本报表、专业统计报表和地方统计报表三种。

国民经济基本统计报表是根据有关的国家统计项目和计划制定的报表，按国民经济部门（农业、工业、基建、物资、国内商业、外贸、劳动工资、交通运输）划分。

专业统计报表也叫部门统计报表，是根据有关部门统计调查项目和计划制定的报表，在各业务主管部门系统内，搜集各级主管部门所需的专门统计资料。

地方统计报表是根据地方统计调查项目和计划制定的报表，在各省、市、自治区内实施，满足地方专门需要。

按照报送周期可以将统计报表分为日报、旬报、月报、季报、半年报、年报等。

按调查范围不同可以将统计报表分为全面统计报表和非全面统计报表。全面统计报表调查对象的全部单位均要填报。非全面统计报表由调查对象中的部分调查单位填报。

根据填报的单位不同可以分为基层统计报表和综合统计报表。基层统计报表由基层企事业单位填报。综合统计报表由主管部门根据基层报表逐级汇总填报。

二、统计专门调查

（一）普查

普查是为了某种特定的目的而专门组织的一次性的全面调查，它主要是用以搜集某些不能或不宜用定期报表搜集的统计资料。对国情国力的调查一般采用普查。普查一般是调查属于一定时点上的社会经济现象的总量，但也可以调查某些时期现象的总量，乃至调查一些非总量的指标。普查涉及面广，指标多，工作量大，时间性强。为了取得准确的统计资料，普查对集中领导和统一行动的要求最高。

普查的组织形式有两种：一种是通过组织的普查机构，配备一定数量的普查人员，对调查单位直接进行登记，如我国人口普查就是采用这种形式；另一种是利用调查单位的原始记录和核算资料，结合清库盘点，由调查单位自行填报调查表格，如我国物资库存普查就是采用这种形式。

普查作为一种特殊的数据搜集方式，是非经常性的调查，一般间隔较长的时间才进行一次，但是它比其他任何一种调查形式更能掌握大量、详细、全面的统计资料。普查具有以下几个特点。

1. 普查通常是一次性的或周期性的

由于普查涉及面广、调查单位多，需要耗费大量的人力、物力和财力，通常需要间隔较长的时间，一般每隔10年进行一次。如我国的人口普查从1953年至2018年共进行了六次。今后，我国的普查将规范化、制度化，即每逢末尾数字为"0"的年份进行人口普查，每逢"3"的年份进行第三产业普查，每逢"5"的年份进行工业普查，每逢"7"的年份进行农业普查，每逢"1"或"6"的年份进行统计基本单位普查。

2. 规定统一的标准时点

标准时点是指对被调查对象登记时所依据的统一时点。调查资料必须反映调查对象的这一时点上的状况，以避免调查时因情况变动而产生重复登记或遗漏现象。例如，我国第六次人口普查的标准时点为2010年11月1日零时，就是要反映这一时点上我国人口的实际状况；农业普查的标准时点定为普查年份的1月1日0时。

3. 规定统一的普查期限

在普查范围内各调查单位或调查点尽可能同时进行登记，并在最短的期限内完成，以便在方法和步调上保持一致，保证资料的准确性和时效性。

4. 规定普查的项目和指标

普查时必须按照统一规定的项目和指标进行登记，不准任意改变或增减，以免影响汇总和综合，降低资料质量。同一种普查，每次调查的项目和指标应力求一致，以便于进行历次调查资料的对比，分析和观察社会经济现象发展变化情况。

5. 普查数据准确、规范

普查的数据一般比较准确，规范化程度也较高，因此它可以为抽样调查或其他调查提供基本依据。

普查的使用范围比较窄，只能调查一些最基本及特定的现象。

普查既是一项技术性很强的专业工作，又是一项广泛性的群众工作。我国历次人口普查都认真贯彻群众路线，做好宣传和教育工作，得到群众的理解和配合，因而取得令世人瞩目的成果。

普查需要注意的原则是：

（1）必须统一规定调查资料所属的标准时点。

（2）正确确定调查期限、选择登记时间。为了提高资料的准确性，一般应选择在调查对象变动较小和登记、填报较为方便的时间，并尽可能在各普查地区同时进行，力求最短时间完成。

（3）规定统一的调查项目和计量单位。同种普查，各次基本项目应力求一致，以便历次普查资料的汇总和对比。

（4）普查尽可能按一定周期进行，以便于研究现象的发展趋势及其规律性。

由于是调查某一群体的所有成员，所以在确定调查对象上比较简单；所获得的资料全面，可以知道全部调查对象的相关情况，准确性高；普查所获得的数据为抽样调查或其他调查提供基本依据。以上都是普查的优点。缺点是：普查的工作量大，花费大，组织工作复杂；调查内容有限；易产生重复和遗漏现象；由于工作量大而可能导致调查的精确度下降，调查质量不易控制。

（二）抽样调查

抽样调查是一种非全面调查。它是按随机原则从调查对象中抽取一部分单位作为样本进行观察，然后根据样本数据去推算调查对象的总体特征。

1. 抽样调查的特点

（1）样本单位按随机原则抽取，排除了主观因素对选样的影响。

（2）根据部分调查的实际资料对调查对象总体的数量特征作出估计。

根据数理统计的原理，抽样调查中样本指标和相对应的总体指标之间存在着内在联系，而且两者的误差分布也是有规律可循的，因而抽样调查提供了一种用实际调查所得的部分信息来推断总体数量特征的科学方法。

（3）抽样误差可以事先计算并加以控制。

以样本资料推算总体数量特征，不可避免地会产生误差。但这种误差与其他统计估算所产生的误差不同，它可以根据有关资料事先加以计算，并且通过一定的途径来控制误差的范围，保证抽样推断结果达到预期的可靠程度。

2. 抽样调查的适用范围

（1）用于不能进行全面调查的无限总体。

（2）用于不能进行全面调查而又需要了解全面情况的现象。

（3）用于不必要进行全面调查的现象。

（4）用于对全面调查的资料进行评价与修正。

（5）用于工业生产过程中的质量控制。

3. 抽样调查必须遵循的原则

（1）随机原则。所谓随机原则就是要使所有调查单位都有同样的被抽取的概率。只有按随机原则抽取调查单位，才能保证抽样法符合概率论和数理统计有关定理的要求，从而才能运用这些定理去进行推断。

（2）最大抽样效果原则。所谓最大的抽样效果，就是在既定的调查费用下使抽样估计误差最小，或者是在给定的精确度下，使调查费用最少。调查费用是从人力、物力、财力等方面保证调查工作顺利进行的物质基础。提高抽样调查结果的精确度与节省调查费用的要求往往是矛盾的，抽样误差要求越小，调查费用要求就越大。从经济角度看，并非任何一种抽样误差最小的方案都是最优的方案。因此，为遵循上述原则，一般要求在给定的误差条件下，选择费用最少的抽样设计方案。

（三）重点调查

重点调查是指在调查对象中，只选择一部分重点单位进行的非全面调查。所谓重点单位，是着眼于现象的量的方面而言，尽管这些单位在全部单位中只是一部分，但它们在所研究现象的标志总量中却占有绝大的比重，在总体中具有举足轻重的作用。对这些单位进行调查，能够从数量上反映整个总体在该标志总量方面的基本情况。重点单位的确定，是组织重点调查的一个重要问题，重点单位的选择主要着眼于它在所研究现象的标志总量中所占的比重。重点单位可能是一些企业，也可能是一些地区、城市。

重点调查由于选择的单位较少，因此调查项目就允许多一些，所了解的情况也可以详细一些。通常，当调查任务只要求掌握基本情况，而部分单位又能比较集中地反映研究的项目时，采用重点调查比较适宜。

（四）典型调查

典型调查是一种专门组织的非全面调查。它是根据调查的目的，在对所研究的对象进行初步分析的基础上，有意识地选取若干具有代表性的单位进行调查和研究，借以认识事物发展变化的规律。

典型调查的优点在于调查范围小，调查单位少，灵活机动，具体深入，节省人力、财力和物力等，特别适用于对新情况和新问题的调查研究。但在实际操作中选择真正有代表性的典型单位比较困难，而且还容易受人为因素的干扰，从而可能会导致调查的结论有一定的倾向性。典型调查的结果一般情况下不适宜推算全面数字。

一般来说，典型调查有两种类型：一种是一般的典型调查，即对个别典型单位的调查研究。在这种典型调查中，只需在总体中选出少数几个典型单位，通过对这几个典型单位的调查研究，用以说明事物的一般情况或事物发展的一般规律；第二种是具有统计特征的划类选点典型调查，即将调查总体划分为若干个类，再从每类中选择若干个典型进行调查，以说明各类的情况。

典型调查经常和重点调查配合使用，以便得出更为准确、更为细致的数据。

问题解决

统计调查的方法有很多。大型企事业单位一般报送资料都采用定期统计报表的形式。而情境引例中提到的各种调查数据来自各种专门调查方法。对这种调查工作量巨大的任务，我们一般不采取普查的方法。各种专门调查中非全面调查应用更为广泛，尤其是抽样调查的使用最为广泛。

子情境三　设计调查问卷

情境引例

食品安全问卷调查报告

近些年来，随着科学技术的发展和社会的进步，百姓不用再为温饱问题而担忧。但食品的安全问题却愈显突出。从"瘦肉精"到"染色馒头"，从"毒血旺"到最近的"黑心烤鸭"，此起彼伏的食品安全事件刺痛了我们的神经。

为此，我们9位同学组成了食品安全问卷调查实践小组，利用假期时间，查找相关书籍，并与网络上热点问题相结合，制作出一份有关食品安全的调查问卷，向各高校学生发放。

经过5天的问卷调查发放和数据汇总，我们整理出一份翔实的食品安全问卷调查报告。本次实践共发放调查问卷335份，有效收回320份。通过比较，我们选取了以下12个典型问题进行重点分析。

第1题：您的专业是什么？（单选题）

A. 文科类专业　　B. 理科类专业　　C. 工科类专业　　D. 其他

第2题：您用于食品的月支出是多少？（单选题）

A. 100～300元　　B. 300～500元　　C. 500～1 000元　　D. 1 000元以上

第3题：您选购食品时主要关心：（多选题）

A. 价格　　B. 品牌　　C. 生产日期、保质期

D. 配料表　　E. 产品认证标志　　F. 商家促销

G. 食品色泽、外观等感官方面　　H. 其他

第4题：您一般是从哪些途径得到食品安全消费的知识？（多选题）

A. 报刊等平面媒体　　　　　　B. 电视、广播

C. 网络　　D. 有购买经验的人　　E. 相关知识讲座

第5题：下面食品安全事件您听过的是：（多选题）

A. 广东河源饲料公司购买"瘦肉精"

B. 烟台开发区用工业染料浸泡花生进行染色

C. 安徽阜阳假奶粉事件（大头奶粉）　　D. 杭州市畅销"毒海带"

E. "苏丹红"事件　　F. "龙凤""思念"速冻食品检出致病菌

G. "三聚氰胺"事件

第6题：对于食品添加剂，您的观点是：（单选题）

A. 添加剂都有害，食品中不该用

B. 凡列入国家标准中的添加剂都是安全的

C. 只有列入国家标准中的添加剂，按适用范围和限量，才是安全的

D. 即使是天然食品添加剂，食品中也应少用

E. 为了色香味，使用添加剂无所谓

第7题：就目前您所学知识，您认为食品安全最主要的问题有哪些？（多选题）

A. 食品添加剂超量使用问题

B. 农药、抗生素、重金属、防腐剂等高残留问题
C. 散装食品卫生问题　　　　　　　D. 食品过期变质问题
E. 假冒知名品牌，宣传虚假夸大　　F. "三无"产品　　G. 食物中毒

第8题：您认为目前中国不断出现食品安全问题的主要原因是什么？（单选题）
A. 政府部门监管不力　　　　　　　B. 相关法律不健全
C. 不法食品生产加工企业和个人利欲熏心　D. 对失信企业和个人的惩罚力度不够
E. 购买者假冒伪劣鉴别能力不高

第9题：就您所学专业知识，对于目前的食品安全问题，您采取什么方法避免？（单选题）
A. 不吃路边小摊上的食品
B. 购买时注意生产日期、保质期及包装等
C. 尽量在食堂吃饭，不去无证餐馆就餐
D. 选择净菜或有包装的食品

第10题：您遇到食品安全问题是否向有关部门投诉？（单选题）
A. 是　　　　　　B. 否

第11题：不投诉的原因有：（单选题）
A. 不知道如何投诉　　　　　　　B. 认为投诉不能解决问题
C. 不愿意花费精力和时间去投诉　D. 自认倒霉

第12题：对于目前的食品安全环境，您的看法是：（单选题）
A. 逐渐好转　　　B. 这些年都差不多　　C. 越来越差

案例思考

以上是某高校几名学生对食品安全事件做的一个调查问卷。通过阅读该问卷的12道问题，我们可以了解他们此次调查的目的。我们要通过这些问题的答案了解情况，发现问题。那么这些问题设计是否合理，内容是否全面呢，这就是我们本节要学习的内容。

知识目标

1. 了解调查问卷的设计方法。
2. 明确问卷中问题和答案设计的原则。

能力目标

能独立设计出针对某一特定问题的调查问卷。

知识阐述

一、什么是问卷调查

问卷调查是用书面形式间接搜集研究材料的一种调查手段，通过向调查者发出简明扼要的征询单（表），请示、填写对有关问题的意见和建议来间接获得材料和信息。

二、问卷调查的类型

问卷调查按照问卷填答者的不同，可分为自填式问卷调查和代填式问卷调查。其中自填式问卷调查按照问卷传递方式的不同，可分为报刊问卷调查、邮政问卷调查和送发问卷调查；代填式问卷调查按照与被调查者交谈方式的不同，可分为访问问卷调查和电话问卷调查。

三、问卷设计的原则

（1）相关性原则，即设计的答案必须与询问问题具有相关关系。
（2）同层性原则，即设计的答案必须具有相同层次的关系。
（3）完整性原则，即设计的答案应该穷尽一切可能的、起码是一切主要的答案。
（4）互斥性原则，即设计的答案必须是互相排斥的。
（5）可能性原则，即设计的答案必须是被调查者能够回答、也愿意回答的。

四、问卷设计的程序

1. 确定调研目的、信息来源及限制因素

确定所需信息是进行问卷设计的前提工作，即要把握所有达到研究目的和验证假设所需要的信息，并要确定预算限制。

2. 确定问卷的类型

即确定搜集数据资料的方法及相应的问卷类型，如送发式问卷、邮寄式问卷、报刊式问卷、人员访问式问卷、电话访问式问卷或网上访问式问卷。问卷类型的选择取决于调研费用、时效性要求、被调查对象的特点、调查内容等因素。

3. 确定问题的回答形式

基于研究的要求，考虑到问题的难易程度，并尽量让每一个问题传达更多的有用信息，以确定问题的类型，主要有开放式问题、封闭式问题、混合型问题三类。其中，开放式问题的设计方式主要有自由回答法、词语联想法、文章完成法、角色扮演法；封闭式问题的设计方式主要有两项选择题、多项选择题、填入式问题、顺位式问题、态度评比测量题、矩阵式问题和比较式问题等几类。

4. 确定问题的措辞

问卷设计的问句应简明、清晰、浅显易懂；语言文字要保持客观性，避免应答者误差；应考虑应答者回答问题的能力和回答问题的意愿；避免使用否定句、引导性语句、断定性语句及假设性问题。

5. 确定问卷流程和编排

问卷每一部分的位置安排要有一定的逻辑性，问题的排列顺序应便于被调查者的回答，便于资料的整理分析。具体来说，首先运用过滤性问题以识别合格应答者；接下来以一个能引起应答者兴趣的问题开始；然后按先易后难及其内在的逻辑、按问题的时间先后顺序排序；相同性质或同类问题尽量集中排列；把需要思考的问题放在问卷中间；把敏感性、威胁性问题和人口统计问题放在最后。

6. 问卷的评估

问卷的草稿设计好之后，设计人员应做一些批评性评估，主要考虑：问题是否必要；问卷是否过长；问卷是否回答了调研目标所需的信息；邮寄和自填式问卷的外观设计是否正规；问题之间的间隔、卷面的安排是否适当；编号、字体及其印刷是否清楚；开放式问题的答题空间是否足够；等等。

7. 获得各方面的认同

将草稿的复印件分发到直接有权管理这个项目的各部门，以获得经理的认同。

8. 预先测试和修订

预先测试应以最终访问的相同形式进行，对任何需要改动的地方都要切实修改；如果改动过大，应进行第二次测试。

9. 问卷的定稿

印刷问卷定稿后，就可以交付印刷。

10. 实施调研

可根据不同的数据搜集方式，并配合一系列的形式和过程，以确保问卷数据可靠、高效、合理，这些过程包括管理者说明、访问员说明、过滤性问题、记录纸和可视辅助材料。

五、问题的设计

1. 问题的种类

（1）背景性问题：主要是被调查者个人的基本情况。

（2）客观性问题：给出所提问问题的答案，让被调查者从所给的答案中进行选择。

（3）主观性问题：没有给出所提问问题的答案，需要调查者自己写出答案。

（4）检验性问题：为检验回答是否真实、准确而设计的问题。

2. 设计问题的原则

（1）相关原则。调查问卷中除了少数几个提供背景的题目外，其余题目必须与研究主题直接相关。

（2）简洁原则。调查问卷中每个问题都应力求简洁而不繁杂、具体而不含糊，尽量使用简短的句子，每个题目只涉及一个问题，不能兼问。违反这一原则的例子如："你是否赞成加强高中的学术性课程和教师的竞争上岗制度？"

（3）礼貌原则。调查问卷中尽量避免涉及个人隐私的问题，如收入来源；避免那些会给答卷人带来社会或职业压力的问题。问题的措辞礼貌、诚恳，人们才能愿意合作。

（4）方便原则。调查问卷中题目应该尽量方便调查对象回答，不必浪费过多笔墨，也不要让调查对象觉得无从下手，花费很多时间思考。

（5）定量准确原则。调查问卷中如果要收集数量信息，则应注意要求调查对象答出准确的数量而不是平均数。例如，"在您的班级中六岁入学的有几人"和"在您的班级里学生平均几岁入学"，前者能够获得班级六岁入学儿童的准确数字，而后者则无法得到这样的信息。

（6）选项穷尽原则。调查问卷中题目提供的选择答案应在逻辑上是排他的，在可能性上又是穷尽的。例如，"您的最后学历是什么"的备选答案有：A. 中专 B. 本科 C. 硕士研究生三个答案，显然没有穷尽学历类型。有的题目应提供中立或中庸的答案，如"不知道""没有明确态度"等，这样可以避免调查者在不愿意表态或因不了解情况而无法表态的情况下被迫回答。

（7）拒绝术语原则。调查问卷中避免大量使用技术性较强的、模糊的术语及行话，以便使被调查对象都能读懂题目。违反这一原则的例子如"您认为您的孩子社会智力如何？"

（8）适合身份原则。调查问卷中题目的语言风格与用语应该与调查对象的身份相称。因此在题目编拟之前，研究者要考察调查对象群体的情况，如果对象身份多样，则在语言上尽量大众化；如果调查对象是儿童、少年，用语要活泼、简洁、明快；如果调查对象是专家、学者，用语应该科学、准确，并可适当运用专业语言。

（9）非导向性原则。调查问卷中所提出的问题应该避免隐含某种假设或期望的结果，避免题目中体现出某种思维定式的导向。例如："作为教师，您认为素质教育能够更好地促进学生的健康成长吗？"

3. 特殊问题的表述方式

（1）释疑法，即在问题前面写一段消除疑虑的功能性文字。

（2）假定法，即用一个假言判断作为问题的前提，然后再询问被调查者的看法。

（3）转移法，即把回答问题的人转移到别人身上，然后再请被调查者对别人的回答做出评价。

（4）模糊法，即对某些敏感问题设计出一些比较模糊的答案，以便被调查者做出真实的回答。例如，个人收入是一个比较敏感的问题，许多人不愿做出具体回答。

您本人全年的收入是：
①1 000 元以下 □　　　　②1 001～2 000 元 □
③2 001～5 000 元 □　　　④5 001～10 000 元 □　　　⑤10 001 元以上 □

如果这样设计，被调查者就有可能做出比较符合实际的回答了。

六、回答的设计

回答有三种基本类型，即开放型回答、封闭型回答和混合型回答。

开放型回答是指对问题的回答不提供任何具体答案，而由被调查者自由填写。

例如：您认为加入WTO后中国面临的最大挑战是什么？您对于轿车进入家庭有何看法？

开放型回答的最大优点是灵活性大、适应性强，特别适合于回答那些答案类型很多，或答案比较复杂，或事先无法确定各种可能答案的问题。同时，它有利于发挥被调查者的主动性和创造性，使他们能够自由表达意见。一般地说，开放型回答比封闭型回答能提供更多的信息，有时还会发现一些超出预料的、具有启发性的回答。开放型回答的缺点是：回答的标准化程度低，整理和分析比较困难，会出现许多一般化的、不准确的、无价值的信息。同时，它要求被调查者有较强的文字表达能力，而且要花费较多填写时间。这样，就有可能降低问卷的回复率和有效率。

封闭型回答是指将问题的几种主要答案、甚至一切可能的答案全部列出，然后由被调查者从中选取一种或几种答案作为自己的回答，而不能做这些答案之外的回答。封闭性回答，一般都要对回答方式作某些指导或说明，这些指导或说明大都用括号括起来附在有关问题的后面。

封闭型回答的具体方式多种多样，其中常用的有以下几种：

（1）填空式，即在问题后面的横线上或括号内填写答案的回答方式。如：

您的职业（　　　）。

您有（　　　）个孩子。

这种回答方式，适用于回答各种答案比较简单的问题。

(2) 两项式，即只有两种答案可供选择的回答方式。如：

您的性别？（请在适用的括号里打√）

男（　　）

女（　　）

您家有电视机吗？（请在适当的方格内打√）

有 □

无 □

这种回答方式，适用于互相排斥的两择一式的定类问题。

(3) 列举式，即在问题后面设计若干条填写答案的横线，由被调查者自己列举答案的回答方式。如：

请问您选择职业时最看重什么条件？（请列举最重要的两个条件）

第一个条件：_____

第二个条件：_____

这种回答方式，适用于回答有几种互不排斥的答案的定类问题。

(4) 选择式，即列出多种答案，由被调查者自由选择一项或多项的回答方式。如：

您认为您所在的城镇亟须解决的社会问题是什么？（请在您选择的项目后打√，可任选3项）

住房紧张（　　）

交通拥挤（　　）

空气污染（　　）

水源不足（　　）

人口膨胀（　　）

社会秩序不好（　　）

服务设施差（　　）

管理混乱（　　）

这种回答方式，适用于有几种互不排斥的答案的定类问题，在几种答案中，可规定选择一项，也可规定选择多项。

(5) 顺序式，即列出若干种答案，由被调查者给各种答案排列先后顺序的回答方式。如：

您当前在农业生产中经常遇到哪些困难？（请按困难程度给下列问题编号，困难最大的为1，最小的为8）

□资金不足

□缺乏技术

□土地划分不当

□生产资料供应不畅

□剩余劳动力无出路

□买难卖难

□各种摊派过多

□信息闭塞

您认为当前国家公务员腐败最严重的表现是什么？（请按严格程度把下列问题的编号填写在后面的空格内，最严重的填在左边第一格，然后依次向右填写）

①借改革之名化公为私　　②行贿受贿　　　③拉帮结派　　　④公款旅游
⑤假文凭、假证件　　　　⑥贪污　　　　　⑦大吃大喝　　　⑧提干走后门
⑨私生活腐化　　　　　　⑩公款赌博
□ □ □ □ □ □ □ □ □ □

这种回答方式，适用于要表示一定先后顺序或轻重缓急的定序问题。

(6) 等级式，即列出不同等级的答案，由被调查者根据自己的意见或感受选择答案的回答方式。如：

您对您所在社区的社会治安工作是否满意？（请按您的感受在下列适当的空格内打√）

① 很满意□　　　　② 比较满意□　　　③ 无所谓□
④ 不满意□　　　　⑤ 很不满意□　　　⑥ 不知道□

您是否赞成目前正在进行的国有大型企业产权制度改革？（请按照您的看法在下列适当的括号内打√）

①非常赞成（　　）　　②赞成（　　）　　③中立（　　）
④反对（　　）　　　　⑤坚决反对（　　）⑥拿不定主意（　　）

常用的表示等级的词语还有：非常喜欢，比较喜欢，无所谓；讨厌，非常讨厌；完全同意，同意，中立，不同意，坚决不同意，无可奉告；经常，有时，偶尔，没有，不适用；很好，可以，不好，很差，无所谓；等等。此外，还可以用数字来表示等级。如：

赞成 □ □ □ □ □ 不赞成
同意 □ □ □ □ □ 不同意
满意 □ □ □ □ □ 不满意
高兴 □ □ □ □ □ 不高兴
喜欢 □ □ □ □ □ 不喜欢
　　　2　1　0　-1　-2

其中，"2"表示非常赞成，"1"表示一般赞成，"0"表示无所谓，不知道或不适用，"-1"表示不赞成，"-2"表示坚决不赞成；或者以"5""4""3""2""1"表示赞成、同意、满意、高兴、喜欢的等级，依此类推。填答者只需在适合的方格内打√就可以。

这种回答方式，适用于要表示意见、态度、感情的等级或强烈程度的定序问题。

(7) 矩阵式，即将同类的几个问题和答案排列成一个矩阵，由被调查者对比着进行回答的方式。如：

您认为当前最严重的社会问题是什么？（请在适当的方格内打√）

非常严重 比较严重 一般 不太严重 无所谓 不知道
①下岗失业问题 □ □ □ □ □ □
②社会治安问题 □ □ □ □ □ □
③贫富分化问题 □ □ □ □ □ □
④国民素质问题 □ □ □ □ □ □
⑤官员腐败问题 □ □ □ □ □ □

⑥社会公德问题 □□□□□□

您希望自己的生活在哪些方面得到改善？（请在适当的方格内打√）

非常迫切　比较迫切　不太迫切　不需要　无所谓

①吃的方面：□□□□□

②穿的方面：□□□□□

③用的方面：□□□□□

④住的方面：□□□□□

⑤行的方面：□□□□□

⑥娱乐方面：□□□□□

这种回答方式，适用于同类问题、同类回答方式的一组定序问题。

封闭型回答有许多优点，它的答案是预先设计的、标准化的，它不仅有利于被调查者正确理解和回答问题，节约回答时间，提高问卷的回复率和有效率，而且有利于对回答进行统计和定量研究。封闭型回答还有利于询问一些敏感问题，被调查者对这类问题往往不愿写出自己的看法，但对已有的答案却有可能进行真实的选择。封闭型回答的缺点是：设计比较困难，特别是一些比较复杂的、答案很多或不太清楚的问题，很难设计得完整、周全，一旦设计有缺陷，被调查者就无法正确回答问题；它的回答方式比较机械，没有弹性，难以适应复杂的情况，难以发挥被调查者的主观能动性；它的填写比较容易，被调查者可能对自己不懂、根本不了解的问题任意填写，从而降低回答的真实性和可靠性。

混合型回答是指封闭型回答与开放型回答的结合，它实质上是半封闭、半开放的回答类型。如：

您目前最迫切需要解决的问题是：（请在适合的条目前打√）

①提高专业水平

②加入中共组织

③增加收入

④改善住房条件

⑤调换工作单位

⑥找对象

⑦得到理解和支持

⑧其他（请说明）

您对解决这些问题是否有信心？为什么？

这种回答方式，综合了开放型回答和封闭型回答的优点，同时避免了两者的缺点，具有非常广泛的用途。

七、问卷的结构

1. 问卷说明（开场白或称介绍）

问卷说明意在向被调查者说明调查的意图、填表须知和时间等。有些问卷还交代交表地点及其他事项等，有些问卷开头的说明一般还加上一些宣传内容，更加直观。问卷说明一般都在问卷开头的地方，以便尽快让填表人了解调查的目标和内容。

2. 被调查者的基本情况

有些问卷在卷头说明之后，或在问卷内容之后设立题目，了解被调查者的情况，以便于分析不同消费者的消费投向和偏好。

3. 调查内容

这是调查问卷中最主要的部分，也是核心部分。它主要是以提问的形式呈现给被调查者，包括了所要调查的全部问题，要求被调查者选出能表达自己看法或态度的答案。

4. 调查者的情况

在调查表的最后，附上调查人员的姓名、访问日期、时间等，以明确调查人员完成任务的情况。

八、问卷设计应注意的问题

（1）问卷设计的语言文字应简明、清晰、浅显易懂，不要模棱两可。
（2）调查问句要保持客观性，避免有引导的含义。
（3）调查问句要有亲切感，并要考虑到答卷人的自尊。
（4）内容设计要合理，问题不宜过多或过于分散。
（5）问卷中问题之间的间隔要适当，问卷的印刷要清楚，避免出现错误或模糊不清。
（6）在格式上，每个问题都要编号，按先易后难及其内在的逻辑排序。
（7）调查问句要有时间性。

问题解决

通过本节的学习，我们了解了调查问卷的基本知识，学习了如何去设计一份好的调查问卷。经过对"情境引例"中调查问卷的分析，可以看出此次问卷调查的目的有：

第一，通过调查，了解大学生群体关于食品安全方面的知识、态度和想法。

第二，宣传食品安全方面的知识和食品安全的重要性。

第三，通过食品安全常识的宣传提高我们自身的食品安全意识。

第四，提升我们和不同类型的人们的交流沟通能力。

调查人员在每个学科中都有选取代表，相对比较均衡。这样的调查问卷能够客观反映出高校学生的真实情况，更利于数据结果的分析。从数据来看，同学们主要关心的是生产日期和保质期，而对配料表和产品认证标志的关注度却少得可怜，而且发现了食品问题即使知道了投诉方法也不愿意去有关部门进行投诉。通过一份问卷我们还可以发现很多问题，这就是为什么问卷在市场调研中的地位非常重要。

拓展阅读　一季度全国居民收入稳定增长　服务消费保持较快增长

来源：中国经济网　发布时间：2017-04-18 19:05

一季度，全国居民收入增长稳定，略快于经济增长，农村居民收入增长继续快于城镇居民；居民消费保持了平稳增长，服务消费增长较快。

一、居民收入增长稳定，略快于经济增长

居民收入增长稳定。一季度全国居民人均可支配收入7 184元，比上年同期名义增长8.5%，虽比上年同期回落0.2个百分点，但比上年全年加快了0.1个百分点；扣除价格因

素影响，实际增长7.0%，实际增速同比上升0.5个百分点，比上年全年加快了0.7个百分点。

居民收入略快于经济增长。一季度，全国国内生产总值即GDP增速为6.9%，扣除人口总量自然增长因素，按2016年人口自然增长率推算后的人均GDP增速为6.49左右。全国居民人均可支配收入实际增速高于GDP增速0.1个百分点，高于人均GDP增速0.6个百分点左右。

农村居民收入增长快于城镇居民。按常住地分，城镇居民人均可支配收入9 986元，同比名义增长79%，实际增长6.396；农村居民人均可支配收入3 880元，同比名义增长8.4%，实际增长7.2%。农村居民人均收入名义增速和实际增速分别高于城镇居民0.5和0.9个百分点。城乡居民收入比由上年同期的259下降为257，城乡居民的收入差距继续缩小。

二、工资性收入与转移净收入的较快增长支持了居民收入的稳定增长

工资性收入增速回升。一季度，全国居民人均工资性收入4 084元，同比名义增长8.7%，比上年同期加快1.0个百分点，比上年全年加快了0.7个百分点。其中，城镇居民人均工资性收入6 132元，增长79%，比上年同期加快13个百分点。多数行业工资增长情况好转或稳定，其中，来自采矿业、制造业、建筑业、批发和零售业、住宿和餐饮业等传统行业工资增长幅度均明显好于上年。一些新兴行业和服务行业工资增幅虽有回落，但仍然增长较快。农村居民人均工资性收入1 670元，增长8.9%。外出务工农村劳动力人数增加和工资水平的平稳增长是带动工资性收入增长的主要因素。据全国农民工监测调查，2017年2月未外出务工农村劳动力人数再创历史新高，同比增长2.79，月均收入增长6.4%。

转移净收入保持两位数增长。一季度，全国居民人均转移净收入1 237元，增长11.49%，比上年同期加快0.1个百分点。城镇居民人均转移净收入1 653元，增长10.69，其中养老金或离退休金增长10.696。农村居民人均转移净收入746元，增长11.796，比上年同期加快3.0个百分点。主要是各级政府大力推进精准扶贫战略，加大对低收入群体帮扶力度，居民获得的直接到户扶贫资金和惠农补贴增加较多。一季度农村居民人均从政府得到的实物产品和服务收入增长52.3%，人均社会救济和补助收入增长34.5%，人均现金政策性惠农补贴增长22.5%，人均报销医疗费增长17.7%。

三、居民消费保持平稳增长，服务消费增长较快

居民消费保持平稳增长。一季度，全国居民人均消费支出4 796元，同比名义增长7.79%，扣除价格因素影响，实际增长6.2%。其中，农村居民消费增长快于城镇居民。按常住地分，城镇居民人均消费支出6 387元，同比名义增长7.0%，实际增长5.4%；农村居民人均消费支出2 921元，同比名义增长8.0%，实际增长6.8%。农村居民人均消费名义增速和实际增速分别高于城镇居民1.0和1.4个百分点。

服务消费增长较快。一季度，居民人均食品烟酒支出1 535元，增长4.6%；人均衣着支出403元，下降0.5%；人均生活用品及服务支出277元，增长3.7%。在居民商品消费基本稳定的前提下，服务消费却保持了较快增长。人均居住、交通通信、教育文化娱乐和医疗保健支出增长较快，分别增长8.9%、12.3%、13.5%和15.8%。

居民用于个人发展和提高的消费快速增长。一季度，居民人均用于购买化妆品等个人用品的支出增长14.0%；人均用于购买汽车的支出增长18.4%；人均用于景点门票、健身活动等支出分别增长32.1%和30.8%；人均用于旅馆住宿和美容美发洗浴的支出分别增长

28.3%和10.9%；人均家政服务支出增长18.2%。

原文链接地址：http://www.gov.cn/zhengce/201704/content_5186910.htm

根据有关基础资料和国民经济核算方法，我国2017年1季度GDP（国内生产总值）初步核算主要结果如下：

2017年1季度GDP初步核算数据

	绝对额/亿元	比上年同期增长/%
GDP	180 683	6.9
第一产业	8 654	3.0
第二产业	70 005	6.4
第三产业	102 024	7.7
农林牧渔业	9 041	3.2
工业	61 919	6.5
#制造业	53 342	7.0
建筑业	8 361	5.3
批发和零售业	17 797	7.4
交通运输、仓储和邮政业	3 409	8.7
住宿和餐饮业	17 214	7.4
金融业	12 393	4.4
房地产业	6 929	7.8
信息传输、软件和信息技术服务业	5 154	19.1
租赁和商务服务业	30 360	10.2
其他服务业		6.9

注：1. 绝对额按现价计算，增长速度按不变价计算；

2. 三次产业分类依据国家统计局2012年制定的《三次产业划分规定》；

3. 行业分类采用《国民经济行业分类（GB/T 4754—2011）》；

4. 本表中国内生产总值总量数据中，有的不等于各产业（行业）之和，是由于数值修约误差所致，未作机械调整。

其他相关核算结果详见国家统计局数据库（http://data.stats.gov.cn）

任务实训

现代社会发展迅速，大学生的在校生活丰富多彩。为了解大学生在校的课余生活情况，加强大学生的德育工作，净化学校周边环境等，某大学拟进行一次抽样调查。请你设计一份有关大学生课余生活的调查问卷，并在学校内进行小规模的调查，之后对调查结果进行简单的整理说明。

要求：先独立进行设计，再小组讨论，最后小组成员在校园内进行抽样调查。

综合训练

一、单项选择题

1. 对一批商品进行质量检验，最适宜采用的调查方法是（　　）。

A. 全面调查　　　　　　　　　　B. 抽样调查

C. 典型调查　　　　　　　　　　D. 重点调查

2. 对某市自行车进行普查，调查对象是（　　）。
   A. 所有自行车车主　　　　　　　　B. 每一个自行车车主
   C. 所有自行车　　　　　　　　　　D. 每一辆自行车
3. 统计报表按填报部门不同，可以分为（　　）。
   A. 基层报表和综合报表　　　　　　B. 电讯报表和书面报表
   C. 定期报表和年报　　　　　　　　D. 基本报表和专业统计报表
4. 抽样调查与重点调查的主要区别是（　　）。
   A. 作用不同　　　B. 组织方式不同　　　C. 灵活程度不同
5. 下列哪项不是问卷调查的特点？（　　）
   A. 通俗易懂　　　　　　　　　　　B. 准确性高
   C. 适用范围广　　　　　　　　　　D. 节省调查时间，提高调查效率
6. 为了获取最新受经济危机冲击情况，调查人员专门选取山东、江苏两省，深入当地了解外贸企业受经济危机影响的严重程度，这种调查方式是（　　）。
   A. 普查　　　B. 典型调查　　　C. 抽样调查　　　D. 重点调查
7. 人口普查的调查单位是（　　）。
   A. 每一户　　　B. 所有的户　　　C. 每一个人　　　D. 所有的人
8. 全面调查是对调查对象总体的所有个体都进行调查，下述属于全面调查的是（　　）。
   A. 对某种连续生产的产品质量进行抽查
   B. 某地区对工业企业设备进行普查
   C. 对全国钢铁生产中的重点单位进行调查
   D. 抽选部分地块进行农产量调查
9. 统计调查按组织形式分为（　　）。
   A. 全面调查与非全面调查　　　　　B. 经常性调查与一次性调查
   C. 统计报表制度与专门调查　　　　D. 直接观察法

二、多项选择题

1. 专门调查是为了了解和研究某种情况或问题而专门组织的统计调查，下列属于专门调查的有（　　）。
   A. 普查　　　B. 抽样调查　　　C. 统计报表
   D. 重点调查　　　E. 典型调查
2. 普查是一种（　　）。
   A. 非全面调查　　　B. 专门调查　　　C. 全面调查
   D. 一次性调查　　　E. 经常性调查
3. 统计调查按搜集资料方法的不同，主要分为（　　）。
   A. 全面调查　　　B. 非全面调查　　　C. 直接观察法
   D. 报告法　　　　E. 采访法
4. 在实际调查中，访问调查有多种形式，概括起来主要有（　　）。
   A. 面谈调查　　　B. 专家调查　　　C. 电话调查
   D. 文案调查　　　E. 留置调查

5. 通过对开滦、大同、抚顺等几个大型矿务局的调查，了解我国煤炭生产的基本情况，这种调查属于（　　　　）。
   A. 典型调查　　　B. 重点调查　　　C. 抽样调查
   D. 全面调查　　　E. 非全面调查
6. 统计调查的基本要求（　　　　）
   A. 准确性　　　B. 及时性　　　C. 多样性
   D. 合理性　　　E. 完整性

三、判断题
1. 普查属于经常性的全面调查。（　　）
2. 经常性调查是调查时期现象，而一次性调查是调查时点现象。（　　）
3. 调查对象就是我们需要进行研究的总体范围，它是由许多性质相同的调查单位所组成的。（　　）
4. 报表的实施范围就是填报范围，必须指明每一张报表应该由哪些单位来填报，又须指明汇总时应该包括哪些单位。（　　）
5. 在统计调查中，调查标志的承担者是调查单位。（　　）
6. 制定调查方案的首要问题是确定调查对象。（　　）
7. 统计调查按登记事物的连续性不同可以分为经常调查和一次性调查。（　　）
8. 调查单位就是我们所要研究的总体单位，也即所要登记标志原始的、直接的承担者。（　　）
9. 对某地区银行职工基本情况进行调查时，银行的每个职工是调查对象。（　　）

四、简答题
1. 专门调查有哪些？简要说明每一种专门调查的含义。
2. 简述具体拟订调查项目时有哪些步骤。
3. 解释普查、抽样调查的含义、适用范围。

情境三

统计整理

通过各种渠道取得的数据是原始资料，是反映总体各个单位的资料，说明的是各个单位的具体情况，是分散、缺乏条理性的原始资料。而统计所需要的是反映总体特征的统计指标，因此必须对原始数据进行统计整理，通过分类、汇总、计算，形成统计图表，为统计分析提供基本思路，以说明总体的数量特征。统计整理属于统计工作的第三阶段，介于统计调查和统计分析之间，是统计调查的继续，为统计分析提供基础，是人们对社会经济现象从感性认识上升到理性认识的过渡阶段，在统计工作中起着承上启下的作用。

在本情境当中，主要内容包括对统计资料的审核与筛选，按一定标志进行分组，对分组、分类后的数据用统计表和统计图等方式进行展示。

子情境一　数据的预处理

情境引例

丰华机械有限公司为了制定合理的工作定额，对车间 50 名工人五个班组日加工零件的合格品数量进行了统计，得到如表 3-1 所示的一组数据。

表 3-1　五个班组加工零件合格品数　　　　　　　　　　个

工位	一组	二组	三组	四组	五组
1	24	35	13	22	26
2	22	21	25	24	23
3	16	18	30	22	20
4	15	14	12	16	24
5	16	12	15	19	19
6	28	28	31	25	19
7	19	18	17	18	32
8	25	24	30	23	21
9	13	17	15	18	31
10	24	18	20	19	14

问题：

（1）五个班组，哪个班组的平均产量最高？
（2）对各组的产量按从大到小顺序排列。
（3）每个班组产量大于 20 个的工位有哪几个？
（4）最高产量和最低产量分别是多少？

案例思考

这组数据非常杂乱，虽然只有 50 个数据，但是不经过整理，要准确回答上面的问题，还是有一定的难度。因此，必须对数据进行整理，按要求使之条理化、系统化，才能准确、迅速地解决以上问题，为管理活动提供参考。

知识目标

1. 明确统计整理的意义和内容。
2. 掌握统计资料审核的内容、方法。

能力目标

1. 能够对统计资料进行初步审核。
2. 能够按给定的条件，对统计资料进行筛选。

知识阐述

一、统计整理的含义及内容

（一）统计整理的含义

所谓统计整理就是指根据统计研究的任务与要求，对统计调查所搜集到的原始资料进行分组、汇总，使其条理化、系统化的工作过程。通过加工整理，使零星的、杂乱无章的原始资料成为能够反映总体特征的综合数字资料。对于已整理过的初级资料进行再整理，也属于统计整理。

统计整理的任务，就是对这些资料进行加工处理，借助于综合指标，对总体内部规律、相互联系、结构关系等，做出概括的说明。

统计整理实现了从个别单位的标志值向说明总体数量特征的指标值过渡，是人们对社会经济现象从感性认识上升到理性认识的过渡过程，为统计分析提供基础，在统计研究中起着承前启后的作用。

（二）统计整理的内容

统计整理的全过程包括统计资料的审核、统计分组、汇总、数据显示和保存等环节，这也是统计整理的主要内容。

1. 审核和订正统计资料

统计调查过程中由于种种原因难免会出现一些差错。为了保证统计资料的质量，在统计资料进入数据处理过程之前，必须对调查取得的资料进行审核。

2. 统计分组，编制分配数列

统计整理的关键是统计分组，统计分组是统计汇总的重要前提。

3. 统计汇总

统计整理的中心内容是统计汇总。统计汇总的方法有手工汇总和计算机汇总两种。在统计工作中，人们更多借助于计算机进行大量数据的处理，以提高信息处理的速度及准确性。

4. 编制统计表，绘制统计图，显示整理结果

统计表是统计整理的结果。为了使统计整理的结果更直观，通常还把统计整理的结果绘成统计图。

5. 保存统计资料

统计资料通过以上五个步骤已经整理完毕，出现了相应的成果，这些数据是下一步统计分析的基础资料，很多情况下已经整理好的统计数据对其他统计研究也有一定的帮助（如人口普查资料，农业产量统计资料，在校生学籍信息等），所以必须对这些统计资料进行妥善保管，形成系统性的积累，为各行各业的统计分析进行服务。

二、统计资料的审核与筛选

数据质量是保证数据应用的基础，通过调查所得到的统计数据必须进行审核与筛选。统计资料的审核包括完整性、正确性审核和适用性、时效性审核。通过调查取得的原始数据主要从完整性和准确性两个方面进行审核；通过其他渠道取得的二手资料，着重审核数据的适用性和时效性。

(一) 数据的审核

1. 完整性审核

完整性审核指的是审核数据信息是否存在缺失的状况。数据缺失的情况可能是整个数据记录缺失，也可能是数据中某个字段信息的记录缺失。不完整的数据所能借鉴的价值就会大大降低。完整性也是数据质量最为基础的标准。

数据质量的完整性比较容易去评估，一般我们可以通过数据统计中的记录值和唯一值进行评估。例如，网站日志日访问量就是一个记录值，平时的日访问量在 1 000 左右，突然某一天降到 100 了，需要检查一下数据是否存在缺失了。

对调查问卷所得的数据，其完整性审核主要是对收回的问卷或调查表填答不完整、没填答问题的审核，也称为无回答问题的审核。包括项目无回答和单元无回答两种情况。项目无回答指部分调查项目没有填答，表现为变量值的缺失，少量的缺失是正常的；单元无回答指整个问卷都没有填答，表现为整条记录的缺失。

(1) 无回答问题产生的原因。

①遗漏。在填答的过程中，没有注意到此问题。

②某些样本单元找不到，或由于一些客观原因而无法找到，或由于调查员自身的某些原因而没有找到等。

③被访者不在现场。如果调查项目涉及人，在调查中可能碰巧遇到被调查者不在调查现场的情形，由此会引起无回答现象。

④不能回答。被调查者对所调查的问题由于缺少资料或了解不多而无法回答或无法完整回答。

⑤拒绝回答。被调查者出于种种原因（如保守商业秘密、个人隐私，或调查内容过于敏感，或调查员的工作态度和访谈技术等）而拒绝回答，不愿提供资料。

(2) 完整性控制。

调查资料中存在无回答问题，会影响总体参数的估计，导致估计结果不准确，因此要尽可能控制无回答。实际调查中可以采取以下办法进行控制。

①事前控制。在问卷设计中注意问题用词的选择、问题的排列顺序、说明词的制作等，精心调查实施的时间，精心培训调查员，确定准确的调查方位，给被调查者适当的物质奖励，向被调查者预先通知、事后提醒、催促等，这些都可能在一定程度上减少无回答的产生。

②多次访问。对样本单元找不到的、遗漏的或被访者不在现场的，可反复进行多次访问。这是提高回答率的一个行之有效的办法。但多次访问也会带来一定的问题，首先是调查费用会增大，一般当调查总费用限定时，重复访问的次数就不能无限制地增加；其次是调查的时间可能会延长，以至影响整个调查研究的进度。因此，要权衡多次访问的利弊。

③替换法。如果经过努力后仍未能弥补无回答，为使样本量不低于设计要求，可以用总体中最初未被选入样本的单元去替换这些无回答单元。

④敏感问题设计。如果涉及有关商业秘密、个人隐私或政治态度等具有敏感性的问题

时，被调查者可能会基于种种原因而不愿意回答，这时，调查者可以设计一些专门的方案，以使被调查者既真实地做出回答，又不担心泄露私人秘密。

2. 准确性审核

准确性审核主要是检查资料是否存在错误和异常值。一般数据都符合正态分布的规律，如果一些占比少的数据存在问题，则可以通过比较其他数量少的数据比例，来做出判断。数据准确性可能存在于个别记录，也可能存在于整个数据集。

（1）数据不准确的类型。

①逻辑性错误，即调查资料内在的逻辑关系混乱、违背常理的情况，如资料之间相互矛盾、不合理的回答或不回答等。

②答非所问，即没有按调查项目要求回答，答和问不能对号入座。

③运算错误，即指数学运算不准确，如分量相加是不等于小计，小计相加是不等于合计，数据之间该平衡的不平衡，各项数据在计算方法、计算口径、计量单位、时间属性等方面不一致等。

（2）数据准确性控制。

在数据采集过程中，根据不同的调查目的，采用合适的调查手段，借助于先进的仪器设备（如运用系统自动记录），以提高数据的准确性。

通过调查问卷所得的数据，在资料审核过程中发现的准确性问题，可通过以下方式解决：电话核实，确认答案；对于无法确认的，视情况而定，不影响估计结果的，可按缺失值处理；对估计结果造成严重影响的，可直接剔除样本。

3. 适用性和时效性审核

二手数据可以来自多种渠道，有些数据是为特定的目的通过专门调查而取得，或为特定目的进行了加工整理。对于使用者来说，必须弄清数据的来源、调查的背景等材料，以便确定这些数据是否符合自己的需要，不能盲目生搬硬套。

时效性是指数据从产生到可以查看的时间间隔，也叫数据的延时时长。时效性对于数据分析本身要求并不高，但如果数据分析周期加上数据建立的时间过长，就可能导致分析得出的结论失去了借鉴意义。时效性审核主要是对时效性强的资料，如果取得的数据资料过于滞后，可能失去研究的意义，应予废弃。

（二）统计数据的筛选

对审核过程中发现的错误应尽可能予以纠正，若不能纠正或有些数据不符合调查要求而又无法弥补时，就需要对数据进行筛选，可借助于 Excel 进行筛选。

筛选的内容包括两方面：

（1）将某些不符合要求的数据或有明显错误的数据予以删除。

（2）找出符合特定条件的某类数据。

如找出平均分在 80 分以上的学生，年龄为 65 岁的男性，年销售收入达到一千万的企业，等等，借助于计算机可以方便地完成数据的筛选。

【例 3-1】 表 3-2 是 10 名学生 4 门课程的考试成绩。试找出英语成绩前三名的学生。

表 3-2 10 名学生考试成绩统计

A	B	C	D	E	F
序号	姓名	英语	管理学	统计	经济学
1	孟庆	85	85	93	95
2	刘国	70	79	79	85
3	施军	93	66	91	70
4	王林	75	75	78	71
5	庄海	90	65	91	88
6	徐龙	78	71	66	85
7	李亮	91	80	67	95
8	王青	86	76	65	95
9	王铸	65	68	66	95
10	周冬	78	90	82	80

筛选过程：

(1) 打开考试成绩统计表文件，用鼠标点选要筛选的列（如 C 列），选择主菜单栏的"数据"选项，执行"筛选"命令，如图 3-1 所示。

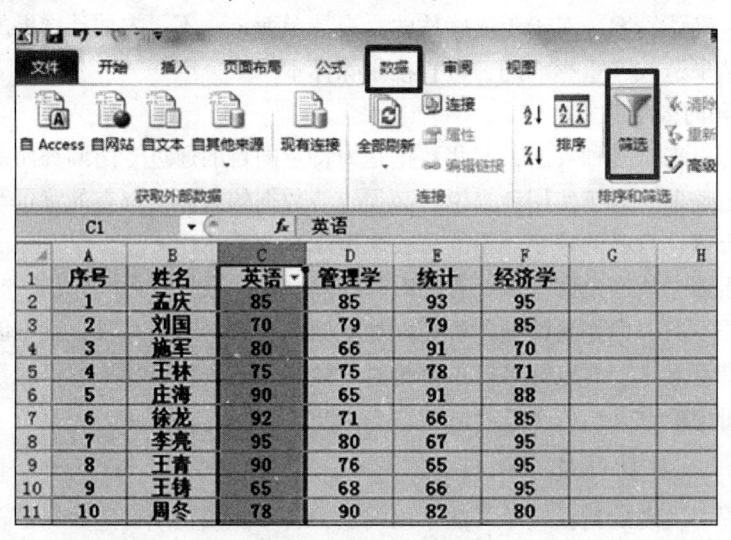

图 3-1 Excel 的数据筛选命令

(2) 单击"筛选"的下拉菜单，选择"数字筛选""10 个最大的值"选项，并在对话框中更改数据"3"，单击"确定"按钮，如图 3-2 所示。筛选结果如图 3-3 所示。未选中的数据会被隐藏。

【例 3-2】 依上例，如果要找出 4 门课程成绩都达到 75 分的学生，该如何操作？

要想筛选出四门课程的成绩均达到 75 分的学生，设定的条件多，需要使用"高级筛选"命令。使用"高级筛选"命令时，必须先建立条件区域。下面以 Excel 2010 为例，说明筛选过程。

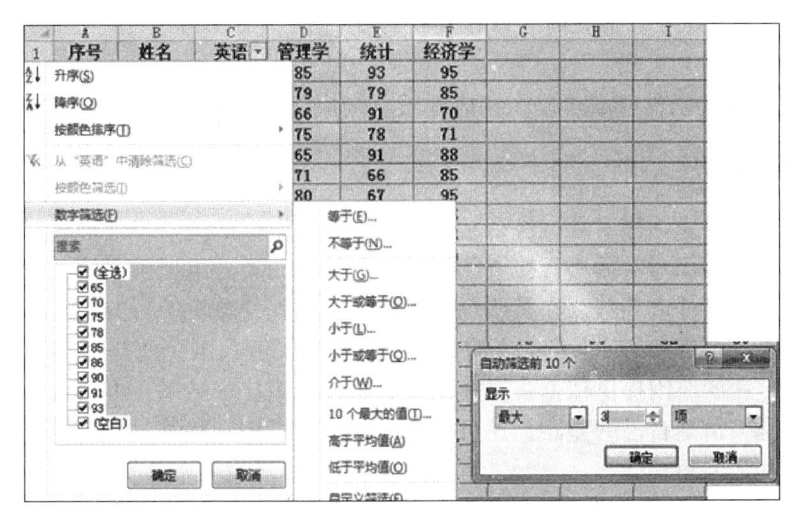

图 3-2　Excel 数据自动筛选过程

图 3-3　Excel 数据筛选结果

(1) 建立条件区域。

打开成绩统计表，插入至少三个空行，将条件标志行复制到第一个空行，再在每个条件标志下键入要匹配的条件"≥75"，如图 3-4 所示。

(2) 单击菜单栏"数据"选项下"筛选"组中的"高级筛选"按钮，弹出"高级筛选"对话框，分别设置"列表区域"和"条件区域"，如图 3-5 所示。

图 3-4　建立条件区域　　　　　　　　图 3-5　"高级筛选"对话框

(3) 单击"确定"按钮，出现如图 3-6 所示的筛选结果。

图 3-6　"高级筛选"结果

【注意】（1）筛选条件输入时，可以在拼音状态下，按"shift"键+">"键完成；勿用插入符号。

（2）数据区域和条件区域可以在相应区域直接拖动鼠标方式完成。

三、数据的排序

数据排序是按一定顺序对数据进行整理、排列，为数据的进一步处理做好准备。

数据排序，有助于对数据进行检查纠错，为数据的归类分组提供方便，方便研究人员从中发现研究对象的特征或趋势。在某些场合，排序本身就是分析的目的之一，如每年的世界500强企业排序。世界500强企业排序的结果，可以为了解我国企业与世界大企业之间的差距，分析造成差距的原因提供依据；企业层面上，通过该排序结果，不仅可以了解企业在国际市场中的地位，清楚自己的差距，还可以从一个侧面了解到竞争对手的状况，有效制定企业的发展规划和战略目标。

1. 分类数据的排序

如果是字母型数据，排序则有升序、降序之分，但习惯上升序用得更多，因为升序与字母的自然排列相同；如果是汉字型数据，排序方式很多，比如按汉字的首位拼音字母排列，这与字母型数据的排序完全一样，也可按姓氏笔画排序，其中也有笔画多少的升序、降序之分。交替运用不同方式排序，在汉字型数据的检查纠错过程中十分有用。

2. 数值型数据的排序只有两种，即递增和递减

无论是哪种类型数据，运用 Excel 排序都很方便、简单、快捷。打开文件，单击"数据""排序"选择升序（降序）即可实现。

问题解决

我们已经学习了数据审核与筛选的相关知识，下面我们就用这些知识来解决前面的"情境引例"中出现的问题。

通过审核确认各项数据均是有效的，通过数据筛选和排序可以方便找出问题的答案。

求解过程如下：

（1）各组最高产量。

打开零件加工数量统计表，单击"一组"所在列，选择"数据"选项，执行"排序"命令，工作窗如图3-7所示。选择"降序"，单击"确定"按钮，得到如图3-8所示结果。

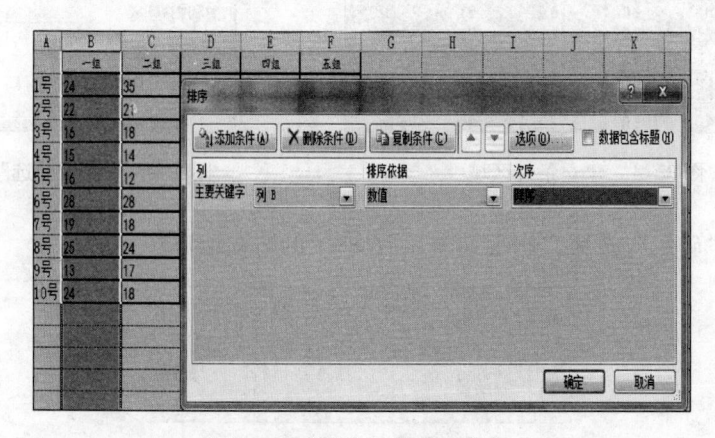

图3-7 "排序"操作工作窗

以此类推，用同样的方法，可以得到其他4组的产量排序，结果如图3-9所示。
从第一组到第五组最高产量分别是：28，35，31，25，32。

一组	二组	三组	四组	五组
28	35	13	22	26
25	21	25	24	23
24	18	30	22	20
24	14	12	16	24
22	12	15	19	19
19	28	31	25	19
16	18	17	18	32
16	24	30	23	21
15	17	15	18	31
13	18	20	19	14

图3-8　第一组产量排序

一组	二组	三组	四组	五组
28	35	31	25	32
25	28	30	24	31
24	24	30	23	26
24	21	25	22	24
22	18	20	22	23
19	18	17	19	21
16	18	15	19	20
16	17	15	18	19
15	14	13	18	19
13	12	12	16	14

图3-9　各组产量排序

（2）每个班组产量大于20个的工位有哪几个？

打开零件加工数量统计表，插入三个空行，将条件标志行复制到第一个空行，在第二空行键入条件"＞20"；点击"数据"选项下"筛选"组中的"高级筛选"按钮，弹出"高级筛选"对话框，设置"列表区域"和"条件区域"，得到图3-10，点击"确定"按钮，结果如图3-11所示。未选中的数据会被隐藏。

工位	一组	二组	三组	四组	五组
	＞20	＞20	＞20	＞20	＞20
工位	一组	二组	三组	四组	五组
1	24	35	13	22	26
2	22	21	25	24	23
3	16	18	30	22	20
4	15	14	12	16	24
5	16	12	15	19	19
6	28	28	31	25	19
7	19	18	17	18	32
8	25	24	30	23	21
9	13	17	15	18	31
10	24	18	20	19	14

图3-10　筛选下拉菜单

工位	一组	二组	三组	四组	五组
	＞20	＞20	＞20	＞20	＞20
工位	一组	二组	三组	四组	五组
2	22	21	25	24	23
8	25	24	30	23	21

图3-11　各班组产量大于20工位的筛选结果

子情境二　统计分组与分配数列

情境引例

员工向老板请假的笑话

员工：老板，今天我想请一天假。

老板：你想请一天假？

员工：嗯。

老板：你还向公司要求什么？一年里有365天，52个星期。你已经每星期休息2天，共104天，还剩下261天工作，是吧？

员工：嗯。

老板：你每天有16小时不在工作，去掉174天，还剩下87天，是吧？

员工：嗯。

老板：每天你至少花30分钟时间上网，加起来每年23天，剩下64天，是吧？

员工：……

老板：剩下64天，每天午饭时间你花掉1小时，又用掉46天，还有18天，是吧？

员工：……

老板：通常你每年请2天病假，这样你的工作时间只有16天。

员工：……

老板：每年有5个节假日公司休息不上班，你只干11天。

员工：……

老板：每年公司还慷慨地给你10天假期，算下来你就工作1天。

员工：……

老板：而你居然还要请这一天假。

问题：老板对时间的分组、计算、汇总出现了哪些错误？

案例思考

这个老板的计算方法存在很大的问题，按照老板的逻辑，工人一年只工作一天。面对强词夺理的老板，员工怎样才能理直气壮地"请一天假"？

知识目标

1. 理解统计分组的含义。
2. 掌握统计分组的原则。
3. 了解统计分组的类型。
4. 明确组距、组中值、上限与下限等概念。

能力目标

1. 能根据统计工作任务选择分组标志。
2. 能根据研究目的对数据进行分组。

知识阐述

统计分组是统计整理的主要方法，目的是观察数据的分布特征。

统计资料整理的任务是将零散的数据系统化，如何去做，取决于统计分组。不同的分组方法，目的不同，会得出不同的结论。统计分组的关键是分组标志的选择，分组标志的选择原则要依据统计研究的目的来定。

一、统计分组的作用及原则

统计分组是根据总体内在特点和统计研究目的的需要，将原始资料按照一定标准划分为若干性质不同又有联系的若干组别的过程。统计分组兼有分与合两方面的含义：将总体区分为性质相异的若干部分；将性质相同的许多个体合成一个小组。

1. 统计分组的作用

（1）划分现象的类型。

统计分组是确定社会经济现象各种类型的基础，如将顾客按性别分类，按不同的偏好分类。

（2）反映现象的内部结构、比例。

通过统计分组可以反映总体内部各部分之间的差别和相互关系，表明总体的内部结构。同时在分组的基础上计算各组所占总体的比重，从总体的构成上认识各部分的作用，并对总体做出正确的评价。

如统计近10年我国从业人员的分布情况，可通过分组表明从业人员在三次产业中的分布，以显示从业人员在三次产业中的结构比重，说明10年间中国的产业结构发生的变化（表3-3）。

表3-3 就业结构

年份	就业人数/万人				就业人员所占比重/%		
	第一产业	第二产业	第三产业	总人数	第一产业	第二产业	第三产业
2009	36 546	16 077	21 809	77 432	49.10	21.60	29.30
2010	35 269	16 920	23 011	75 200	47.38	22.73	30.92
2011	33 970	18 084	23 771	75 825	45.64	24.30	31.94
2012	32 561	19 225	24 614	76 400	43.75	25.83	33.07
2013	31 444	20 629	24 917	76 990	42.25	27.72	33.48

续表

年份	就业人数/万人				就业人员所占比重/%		
	第一产业	第二产业	第三产业	总人数	第一产业	第二产业	第三产业
2014	30 654	21 109	25 717	77 480	41.18	28.36	34.55
2015	29 708	21 684	26 603	77 995	39.91	29.13	35.74
2016	27 931	21 842	26 332	76 105	37.52	29.35	35.38
2017	26 594	22 544	27 282	76 420	35.73	30.29	36.55
2018	25 773	23 241	27 690	76 704	34.63	31.22	37.20
合计	310 449.5	201 355.1	251 746.3	763 551	—	—	—

（3）分析现象之间在数量上的相互依存关系。

社会经济现象之间存在着相互制约、相互联系的关系，通过统计分组，可以根据现象间的影响因素和结果因素的对应更好地揭示现象之间的这种依存关系。

例如，分析工时利用率与生产计划完成指标的依存关系，如表3-4所示。

表3-4 工时利用率与生产计划完成情况关系

按工时利用率分组/%	班（组）个数	各组生产计划完成/%
80以下	3	85.0
80~85	12	92.5
85~90	16	105.3
90以上	5	110.0
合 计	36	103.4

2. 统计分组的原则

无论是品质数据还是数值型数据，进行统计分组必须遵循"穷尽"和"互斥"的原则。在统计分组时要做到"不重""不漏"。

所谓穷尽原则，就是使总体中的每一个单位都应有组可归，或者说各分组的空间足以容纳总体所有的单位。所谓互斥原则，就是在特定的分组标志下，总体中的任何一个单位只能归属于某一组，而不能同时或可能归属于几个组。

统计分组的关键在于分组标志的选择。在选择分组标志时，注意结合所处的具体历史条件，考虑统计研究目的和被研究对象本身的基本性质和特点。分组的结果要做到"组内同质"和"组间差异"。组间差异就是使各组之间数据有显著的差异，如人口按年龄、性别、民族、文化程度、职业等进行分组，无论是量的差异还是质的差异，都能在一定程度上反映出不同的情况。组内同质就是使同一组内数据保持着相同的性质。例如，工业企业可以按所有制的差别分类，全民所有制可分为同一类，集体所有制可以分为同一类。

二、统计分组的类型

（一）简单分组和复合分组

1. 简单分组

简单分组是对总体按一个标志进行分组。简单分组只反映现象某一方面的特征。

对同一总体采用两个或两个以上的分组标志分别进行的简单分组，就形成平行分组体系。

例如，为了解企业职工的基本情况，分别按性别（男、女）、文化程度（研究生、本科、专科、中专、高中、初中）分组，就形成了一个平行分组体系。

2. 复合分组

复合分组是对总体按两个或两个以上的标志层叠起来进行分组。进行复合分组时，要注意先按主要标志分组，再按次要标志分组。例如，对学生先按专业分组，再按性别分组；工业企业先按经营组织形式分组，然后再按规模大小进行分组。对某企业的全部工人分组，按工种分为车工、铣工、刨工，属于简单分组；在此基础上，进一步按性别分组，分别包括男、女，此为复合分组。简单分组与复合分组关系如图 3－12 所示。

在统计实践中，究竟是采用简单分组还是复合分组，要根据研究对象的特点和研究的目的确定。复合分组一般能对研究对象做全面细致的分析研究，但在调查单位数量不多时，不宜采用复合分组。

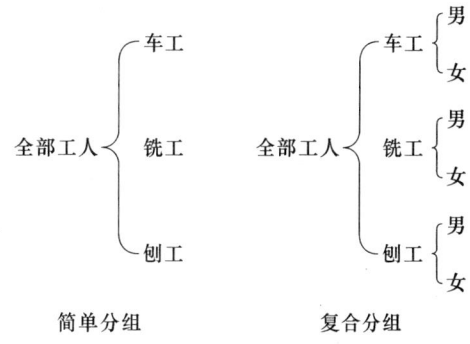

图 3－12 简单分组与复合分组关系

（二）品质标志分组和数量标志分组

品质标志是说明事物的性质或属性特征的，它反映的是总体单位在性质上的差异，它不能用数值来表现，如学生的籍贯、性别、学习的专业，企业的类别等，如表 3－5 所示。

表 3－5 某校学生性别统计

性别	人数	比率/%
男	1 368	43.85
女	1 752	56.15
合计	3 120	100

数量标志是直接反映事物的数量特征的，它反映的是事物在数量上的差异，如学生的年龄、身高，学生的考试分数，企业的销售收入、产量等，如表 3－6 所示。在数值分组中，还有离散变量分组和连续变量分组，单项式分组和组距式分组之分。

表 3－6 某市加工制造类企业职工人数统计

企业按职工人数分组	企业数/个	比率/%
99 及以下	23	6.39
100～199	108	30.00
200～299	166	46.11
300～399	48	13.33
400 及以上	15	4.17
合　　计	360	100

1. 离散变量分组和连续变量分组

（1）离散变量。其数值只能用自然数或整数单位计算的变量则为离散变量。例如，企业个数、职工人数、设备台数，只能按计量单位数计数，这种变量的数值一般用计数方法取得。例如，某市加工制造类企业职工人数统计表，属于离散变量分组结果。

（2）连续变量。在一定区间内可以任意取值的变量叫连续变量，其数值是连续不断的，相邻两个数值可作无限分割，即可取无限个数值。例如，生产零件的规格尺寸，人体测量的身高、体重、胸围为连续变量，其数值只能用测量或计量的方法取得。

如果变量可以在某个区间内取任一实数，即变量的取值可以是连续的，这随机变量就称为连续型随机变量。比如，公共汽车每 15 分钟一班，某人在站台等车时间 x 是个随机变量，x 的取值范围是 [0，15]，它是一个区间，从理论上说在这个区间内可取任一实数，如 3.5、10.8 等，因而称这随机变量是连续型随机变量。

2. 单项式分组和组距式分组

（1）单项式分组，即用单一的数值作为分组标志的分组，如表 3-7 所示的高校学生按年龄分组。

表 3-7　高校学生按年龄分组统计

年龄/岁	人数
18 岁	350
19 岁	200
20 岁	300
21 岁	250
合计	1 100

单项式分组的适用条件：离散型变量，且在变量值不多、变动范围有限的条件下采用。

（2）组距式分组，即将所有的变量值依次划分为几个区间，一个区间内的所有变量值归为一组。

一般在变量值变动幅度较大的条件下采用组距式分组，其中变量可以是连续型变量也可以是离散型变量。

在组距式分组中，涉及组限、组数和组中值等分组要素。

三、统计分组中的几个概念

1. 全距

全距也称极差，用来表示统计资料中的变异量数，其最大值与最小值之间的差距，是变量数列中所有变量变动的最大范围。

$$全距（R）= 最大标志值 - 最小标志值$$

2. 组限

组限是各组变量值变动的界限，是组与组之间的分界点。每组的起点数值称为下限，每组的终点数值称为上限。

如果前一组的上限同时也是后一组的下限，即相邻两组的上下限为同一个数值，这种组限称为重叠组限。这样，符合统计分组的穷尽原则。

在分组时，凡遇到某单位的标志值刚好等于相邻两组上下限的数值时，一般把此值归并到作为下限的那一组，这种处理方式称为"上组限不在内"原则。

连续型变量的分组也可以仅列出左端的数值，即以各组的下限来表示。如学生身高分组可以表示为150以下、150 –、160 –、170 –、180 – 等。

通常组距式分组依组限从小到大顺序排列。

组限的划分有两种方法，各自适用条件如下：

不重叠组限：下限 ≤ 每组变量值 ≤ 上限

重叠组限：下限 ≤ 每组变量值 < 上限

3. 组距与组数

组距是指分组条件下每组变量值的变化范围，即每组变量区间的距离。

$$组距 = 本组上限 - 前组上限（通用公式）$$

$$组距 = 本组上限 - 本组下限（重叠式组限）$$

组数是指将全体变量值分成多少组。

组距与组数的关系：

$$组距 = \frac{最大变量值 - 最小变量值}{组数}$$

组距与组数一般是用整数表示的。

组距的大小、组数的确定应根据研究对象的经济内容和标志值的分散程度等因素，不可强求一致。

4. 等距分组与不等距分组

等距分组是各组保持相等的组距，也就是说各组标志值的变动都限于相同的范围。不等距分组即各组组距不相等的分组。

在标志值变动比较均匀的情况下宜采用等距分组。

在标志值变动很不均匀的情况下，如急剧的增长、下降，变动幅度很大时宜采用不等距分组。不等距分组的组距和组数应根据对研究现象本身质量关系的分析来确定。

5. 闭口组与开口组

上限和下限都有的组为闭口组，如（10，60），（300，500）等。

只有上限或者只有下限的组称为开口组，如"60分以下""5 000元以上"等，一般用"＊＊＊以上""＊＊＊以下"表示。

6. 组中值

组中值指各组变量值排序的中间值，可根据上限、下限、组距求得，用以作为组内变量值的代表值。

闭口组的组中值就是上限和下限的简单算术平均，即

$$组中值 = (上限 + 下限)/2$$

开口组，由于其第一组用"多少以下"，最后一组用"多少以上"表示，这两个组的组中值可参照相邻组的组距来决定。开口组的组中值计算公式如下：

$$首组组中值 = 上限 - 相邻组组距/2$$

$$末组组中值 = 下限 + 相邻组组距/2$$

四、分配数列

在统计分组的基础上，把总体的所有单位按组归类整理，并按一定顺序排列，形成总体中各个单位在各组间的分布，称为分配数列，也称分布数列或次数分布。

分配数列在统计研究中具有重要意义。分配数列是统计分组结果的主要表现形式，也是

统计分析的一种重要方法。它可以表明总体单位在各组的分布特征、结构状况。在这个基础上可以进一步研究标志的构成、平均水平及其变动规律性。

表3-8所示为某班学生性别构成情况。

表3-8 某班学生的性别构成情况

按性别分组	绝对数人数	比重/%
男	30	75
女	10	25
合计	40	100

从表3-7可知,这个班的性别构成特点是,男生占的比重大于女生。对于品质数列来讲,如果分组标志选择得好,分组标准定得恰当,则事物质的差异表现得比较明确。品质数列一般也较稳定,通常均能准确地反映总体的分布特征。

问题解决

"情境引例"中的老板错在偷换概念!!

关键点是从这开始绕的"老板:你每天有16小时不在工作,去掉174天,还剩下87天,是吧?"。每天上班8小时,另外16小时本来就是职工个人的支配时间,而不是从工作日中换算成小时计减。这点错了,后面的计算就跟着全错,所以后面的算法就没有意义了。

子情境三　品质数据的整理与展示

情境引例

学校餐厅为了更好地了解餐厅管理存在的各种隐患，提高服务质量，为学生提供更加可口、卫生质量优良的食物，采用随机调查的方式，向100名同学进行了询问调查。学生对餐厅就餐评价的详细信息如表3-9所示。

表3-9　就餐评价统计　　　　　　　　　　　　　　　　人

项目＼评价	满意	较满意	一般	不满意
菜肴花样	15	18	48	19
饭菜数量	13	30	40	17
饭菜质量	24	28	32	16
饭菜价格	11	31	43	15
服务态度	23	46	21	10
餐厅卫生	9	35	30	16
就餐秩序	29	14	50	18

问题：（1）学生对餐厅的哪个方面意见最大？

（2）餐厅的哪个方面做得最好？

（3）将调查结果的分析数据用柱形图和饼形图表示出来。

案例思考

调查人员已经对调查所得数据进行了审核和筛选，做出了统计汇总。要解决餐厅管理的问题，需要对已经初步整理的数据按研究目的不同选取合适的标准进行分类，涉及频数和频率或比例问题；要对分析结果以图形进行显示，必须掌握Excel制作统计图的方法，以便更加直观地了解数据及其特征。

知识目标

1. 理解频数和频率的含义及计算方法。
2. 理解累积频数的含义及应用。

能力目标

1. 会用Excel求一组品质数据的频数和频率。

2. 能用 Excel 对一组品质数据绘制数据分布表。
3. 能用 Excel 对一组品质数据绘制频数分布图。

知识阐述

数据经过预处理后，在分清数据类型的基础上，对不同类型的数据，采取不同的处理方式和处理方法。品质数据主要是做分类整理，对数值型数据则主要是做分组整理。品质数据包括分类数据和顺序数据，它们在整理和图形展示的方法上大多是相同的，但也有些微小差异。

对于品质数据，分组即是分类。品质数据包括分类数据和顺序数据两种。在整理数据时除按类别分组外，要统计各类的个数（频数）、比例或比率等，形成一张频数分布表，最后根据需要选择适当的图形进行展示，以便了解数据的特征。

一、频数、频率与频数分布

1. 频数、频率、频数分布

频数，又称次数，指变量值中代表某种特征的数（标志值）出现的次数。对总数据按某种标志进行分组，统计出的各个组内含有的个体个数。

频率：每个小组的频数与数据总数的比值。

频数分布：用表格形式把每个组中的相应频数全部列出，称为频数分布。所形成的统计表为频数分布表。

数据的频数分布除了用频数分布表表示以外，还可以用比例、比率、百分比进行分析。

2. 累积频数和累积频率（百分比）

对于顺序数据，除了可使用上面的整理和显示技术，还可以计算累积频数和累积频率（百分比）。

（1）累积频数。

累积频数是将各有序类别或组的频数逐级累加起来得到的频数。通过累积频数，可以很容易看出某一类别（或数值）以下或某一类别（或数值）以上的频数之和。

频数的累积方法有向上累积和向下累积两种。

向上累积：从类别顺序的开始一方向类别顺序的最后一方累加频数。（数值型分组数据则是从变量值小的一方向变量值大的一方累加频数）

向下累积：从类别顺序的最后一方向类别顺序的开始一方累加频数。（数值型分组数据则是从变量值大的一方向变量值小的一方累加频数）

（2）累积频率。

累积频率也称为累积百分比，是将各有序类别或组的百分比逐级累加起来，它也有向上累积和向下累积两种方法。

3. 比例、比率、百分比

（1）比例与百分比。

比例也称构成比，它是一个样本（或总体）中各个部分的数据与全部数据之比，通常用于反映样本（或总体）的构成或结构。

将比例乘以 100 得到的数值称为百分比，用%表示。

（2）比率。

比率是样本（或总体）中各不同类别数据之间的比值。由于比率不是部分与整体之间的对比关系，因而比值可能大于1。

二、用 Excel 制作分类数据的频数分布表

用 Excel 制作分类数据的频数分布表可以使用 FREQUENCY 函数，为了从复杂的数据中提取有用的信息，也可以使用 Excel 提供的"数据透视表"工具。利用数据透视表，可以对数据表的重要信息按使用者的习惯或分析要求进行汇总和作图，形成一个符合需要的交叉表（列联表）。

为了更好地了解消费者的需求，研究消费者对不同类型的饮料的偏好情况，超市委托调查公司进行调查。调查公司设计了调查问卷，安排调查人员在超市随机对30名顾客进行了调查。工作人员对数据审核筛选后，有效数据26份，顾客的性别与偏好饮料类型调查数据如表3-10所示。

表3-10 顾客的性别与偏好饮料类型调查数据

序号	A	B	序号	A	B
1	性别	饮料类型	14	男	绿茶
2	男	绿茶	15	女	碳酸饮料
3	女	碳酸饮料	16	男	矿泉水
4	男	矿泉水	17	女	果汁
5	女	果汁	18	男	其他
6	女	其他	19	女	果汁
7	男	碳酸饮料	20	男	绿茶
8	女	矿泉水	21	女	碳酸饮料
9	女	绿茶	22	男	矿泉水
10	男	碳酸饮料	23	女	绿茶
11	女	矿泉水	24	女	碳酸饮料
12	男	果汁	25	男	矿泉水
13	女	其他	26	男	果汁

以 Excel 2010 为例，具体操作步骤如下：

（1）打开"插入"菜单，执行"数据透视表"命令，选择要统计的数据区域，生成"创建数据透视表"，单击"确定"按钮，如图3-13所示。

（2）"数据透视表字段列表"对话框中，将"性别"拖入"列标签"中；将要统计数据（本例为"饮料类型"）拖入"行标签"和"数值"中，同时选择"值字段设置"中的"计数"，单击"确定"按钮，如图3-14所示。

（3）得到所要的频数分布表，如图3-15所示。

图 3–13 "创建数据透视表"对话框

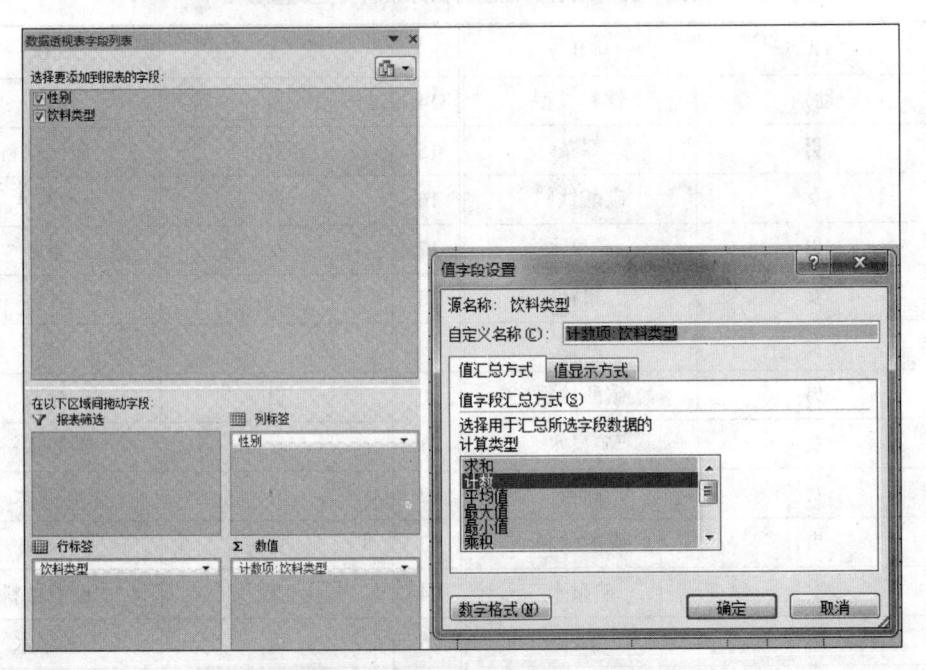

图 3–14 "数据透视表字段列表"对话框

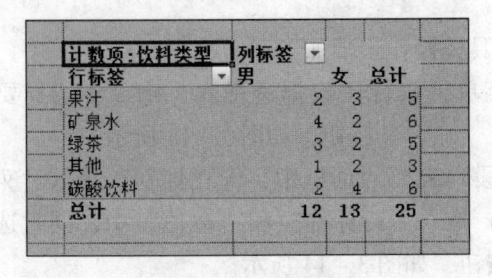

图 3–15 频数分布表

注意：(1) 在利用数据透视表时，数据源表中的首行必须有列标题。

(2) 利用数据透视表分析数据十分灵活。如果要改变分析，建立不同的数据透视表，只需要将"数据透视表字段列表"对话框中的"行""列"或"数据"区域中的变量拖出，而将需要的变量拖入，即可得到所需要的数据透视表。

三、品质数据的图示

用图形来显示频数分布情况比用频数分布表更形象、更直观。一张好的统计图表，往往胜过冗长的文字表述。

统计图的类型有很多，适用于品质数据的图示方法主要有条形图、饼形图、帕累托图等。如果有两个总体或两个样本的分类相同且问题可比，还可以绘制环形图。

1. 条形图

条形图是用宽度相同的条形的高度或长短来表示数据多少的图形。条形图可以横置或纵置，纵置时也称为柱形图。此外，条形图有简单条形图、复式条形图等形式，如图 3-16 所示。

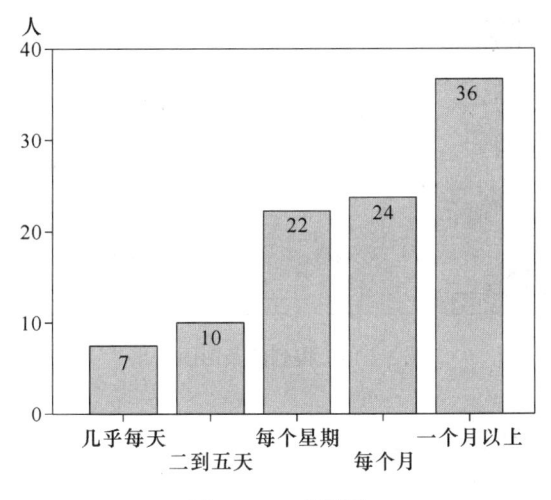

图 3-16　条形图

2. 饼图

饼图是用圆形及圆内扇形的角度来表示数值大小的图形，它主要用于表示一个样本（或总体）中各组成部分的数据占全部数据的比例，对于研究结构性问题十分有用，如图 3-17 所示。

图 3-17　饼图

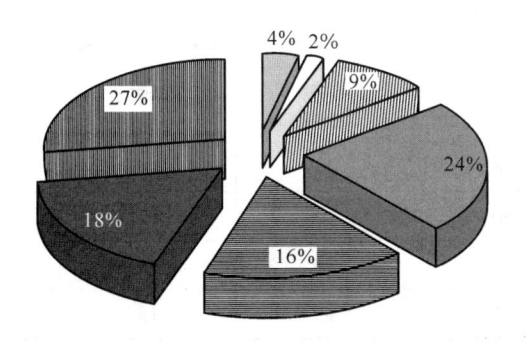

3. 以 Excel 2010 为例，绘制条形图、饼形图

操作步骤：

（1）打开已经分类整理的 Excel 表，将鼠标放在分类统计表中，单击任何位置。

（2）打开"插入"菜单，单击"条形图"或"柱形图"即可，结果如图 3 – 18 所示。

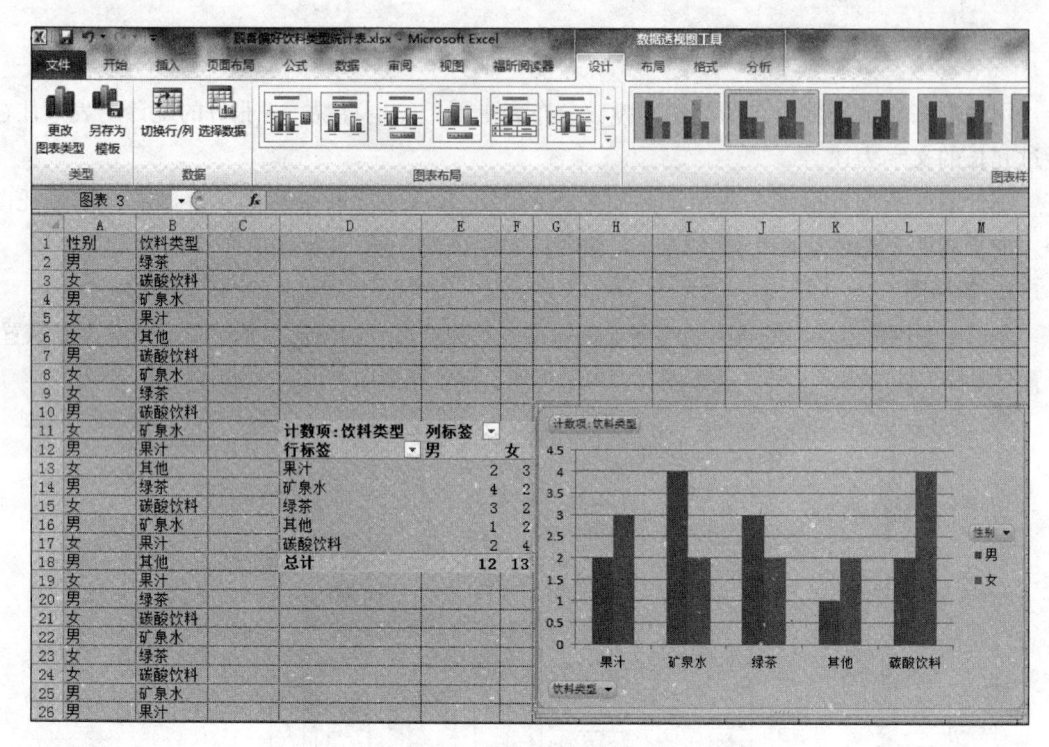

图 3 – 18 得到的条形图结果

问题解决

我们已经学习了品质数据的分类及用 Excel 制作统计图的方法，下面，我们就用这些知识来解决前面"情境引例"中的问题。

在本例中学生对餐厅的评价采用的描述是满意、较满意、一般和不满意，这样很难看出学生的态度是怎样的，实际上在研究这些品质标志时通常是给他们赋予一定的权重或者数值来进行研究的。

满意 =2，较满意 =1，一般 =0，不满意 = –1，具体如表 3 –11 所示。

表 3 –11 餐厅评价

项目 评价	满意	较满意	一般	不满意	分数
菜肴花样	15	18	48	19	29
饭菜数量	13	30	40	17	39
饭菜质量	24	28	32	16	60
饭菜价格	11	31	43	15	38

续表

项目 评价	满意	较满意	一般	不满意	分数
服务态度	23	46	21	10	82
餐厅卫生	9	35	30	16	37
就餐秩序	29	14	50	18	54

菜肴花样得分 $= 15 \times 2 + 18 \times 1 + 48 \times 0 + 19 \times (-1) = 29$（分）

由此我们可以看出其中服务态度得分最高82分，菜肴花样得分最少29分，所以餐厅在服务态度方面做得比较不错，在菜肴花样方面学生意见比较大。

调查结果用条形图和饼形图表示如图3-19～图3-22所示。

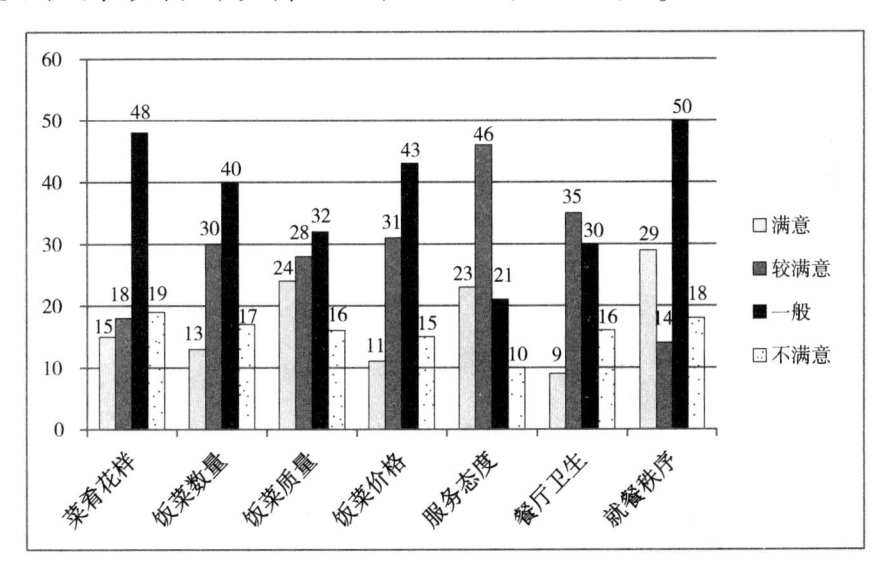

图3-19 餐厅评价统计情况

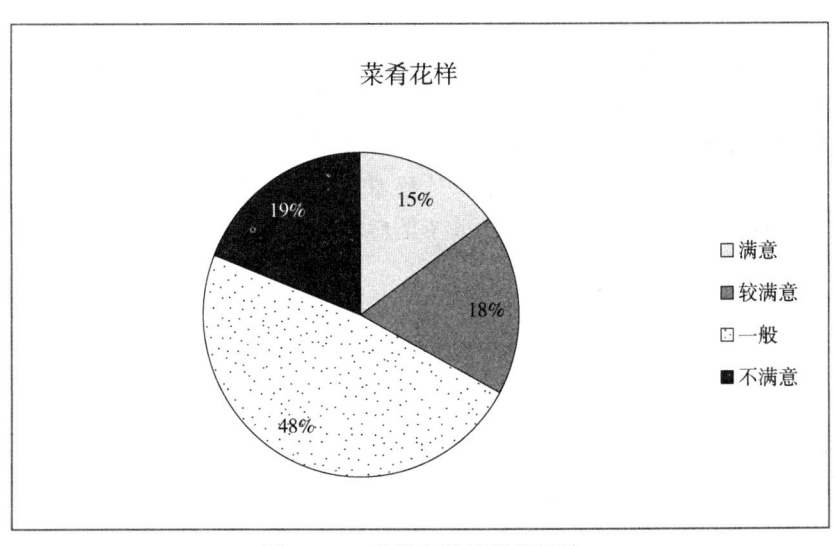

图3-20 菜肴花样满意度统计

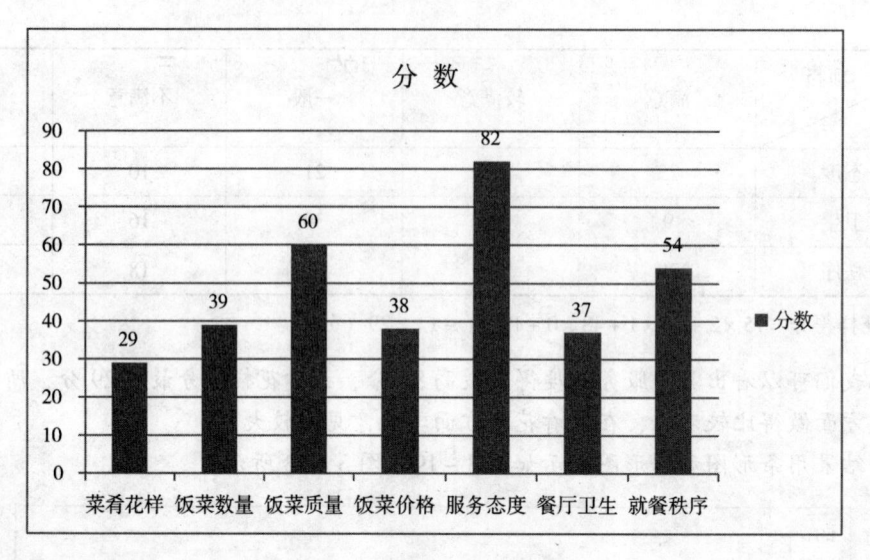

图 3-21　餐厅评价分数统计

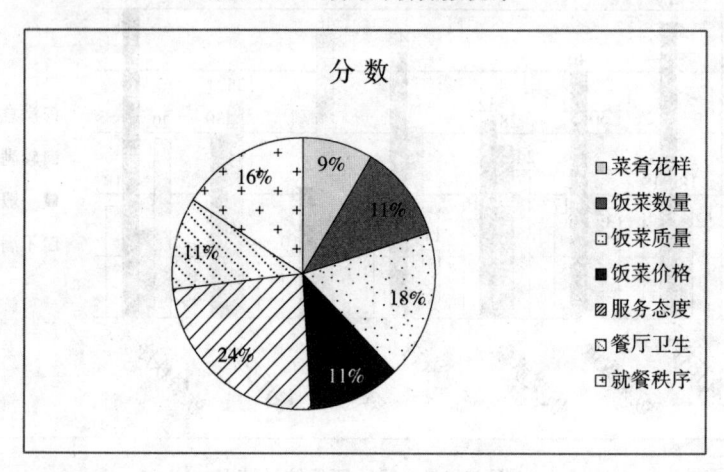

图 3-22　餐厅评价得分情况

从上面例子可以看出来：图 3-19 是将调查得到的原始数据直接用条形图表示出来；图 3-20 是将菜肴的花样单独拿出来，反映了学生对菜肴花样的态度；图 3-21 是将最后的评分用条形图表示出来，很清楚地显示出学生对各个项目的评分；图 3-22 是将最后的评分用饼图表示出来，但是并不能很清楚地看出这幅图表示的意义。所以在选择统计图时，一定要根据研究的目的和收集的资料来选择，并不是所有的统计图都适合任何情况。

子情境四 数值型数据的整理与展示

情境引例

为了掌握树苗的生长情况，星火苗圃种植园经过对110株树苗的高度进行测量，得到数据如表3-12所示。

表3-12 树苗高度统计

高度/cm	树木株数	高度/cm	树木株数
85	9	118	8
97	5	119	8
100	7	128	18
103	10	131	5
105	12	133	4
110	5	150	6
116	10	154	3

问题：

(1) 苗木高度为110 cm至120 cm范围的株数有多少？

(2) 运用FREQUENCY函数进行分组，并且计算每组的苗木各占多大比例。

案例思考

统计资料整理的任务是使零散资料系统化，但怎样使资料系统化，本着什么去归类，这就取决于统计分组。在取得完整、正确的统计资料的前提下，统计分组的优劣是决定整个统计研究成败的关键，它直接关系到统计分析的质量。

要想掌握高度在110 cm至120 cm树苗的数量，得先明确高度为110 cm和120 cm的是否包含在内。要做到正确分组，必须掌握分组的原则与方法，才能使数据分组有意义。

知识目标

1. 掌握变量分布数列的编制步骤。
2. 了解次数分布的主要类型。

能力目标

能编制变量分布数列。

> **知识阐述**

数值型数据表现为数字，在进行整理时，通常要对其进行分组。品质数据的整理与图示方法，均适用于数值型数据的整理与展示；数值型数据特定的整理与图示方法不适用于品质数据。

一、数值型数据整理步骤

1. 数据排序，即将原始资料按数值大小重新排序

只有把原始资料按其数值大小重新排序，才能发现分布的集中趋势和特点，为确定全距、组距、组数做准备。

2. 确定组数

组数的确定应以能够显示数据的分布特征和规律为目的，可以按 Sturges 提出的经验公式来确定组数 K。

$$K = 1 + \frac{\lg n}{\lg 2} \quad (n \text{ 表示数据个数})$$

这只是一个经验公式，实际应用时，可根据数据的多少和特点及分析的要求，参考这一标准灵活确定组数。

3. 确定组距

组距是一个组的上限与下限之差，可根据全部数据的最大值和最小值及所分的组数来确定。

$$\text{组距} = (\text{最大值} - \text{最小值})/\text{组数}。$$

实际应用时，组距应该为整数，最好是 5 或 10 的倍数。

4. 确定组限

组限要根据变量的性质来确定。如果变量值相对集中，无特大或特小的极端值，则采用闭口式，使最小组和最大组也都有下限和上限；反之，如果变量值相对分散，则采用开口式，使最小组只有上限（用 "*** 以下"表示），最大组只有下限（用 "*** 以上"表示）。

5. 编制分配数列

经过数据分组，把变量值进行了归类，计算各组的频数并整理成频数分布表，各组的数据经过综合后填入各组的数栏中，分配数列的编制也就完成了。

下面结合具体的例子说明频数分布表的编制过程。

例如，根据抽样调查，2015 年 6 月份某专业 50 名同学每月用于生活消费的资料如下：（单位：元）

1 152	822	794	773	670	1 063	827	798	776	746	811	950	740	775	796
824	990	629	764	788	650	771	791	819	960	600	762	786	809	920
837	580	760	784	804	863	550	759	783	803	510	753	781	801	829
520	757	781	803	832

第一步，排序，按由小到大排列结果如下。

510	520	550	580	600	629	650	670	740	746	753	757	759	760	762
764	771	773	775	776	781	781	783	784	786	788	791	794	796	798
801	803	803	804	809	811	819	822	824	827	829	832	837	863	920
950	960	990	1 063	1 152

第二步，确定组数。

组数 $$K = 1 + \frac{\lg 50}{\lg 2} \approx 7$$

第三步，确定组距。

根据排序结果，最大值为 1 152，最小值为 510，组数为 7 组，则组距 = (1 152 - 510) / 7 = 91.7，化整为 100 元。本例中变量值变动均匀，可以采用等距分组。

第四步，确定组限。

这里，最小变量值为 510 元，如果第一组下限为 500，则各组上下限化整为 500 ~ 600 元，600 ~ 700 元，700 ~ 800 元，800 ~ 900 元，900 ~ 1 000 元，1 000 ~ 1 100 元，1 100 ~ 1 200 元。

6. 编制分配数列

将总体中各单位分配到各组，计算各组次数和频率，填入表格，完成分配数列的编制，如表 3 - 13 所示。

表 3 - 13　学生月消费额分布

月消费额 /元	频数 /人	频率 /%	累计频数 向上累计	累计频数 向下累计	累计频率 向上累计	累计频率 向下累计
500 ~ 600	4	8	4	50	8	100
600 ~ 700	4	8	8	46	16	92
700 ~ 800	22	44	30	42	60	84
800 ~ 900	14	28	44	20	88	40
900 ~ 1 000	4	8	48	6	96	12
1 000 ~ 1 100	1	2	49	2	98	4
1 100 ~ 1 200	1	2	50	1	100	2
合计	50	100	—	—	—	—

从这个变量数列看出，这 50 名同学月均生活费呈现"两头小，中间大"的分布，规律性是很明显的。有时还需要观察某一数值以下或以上频数或频率之和，需要计算累计频数和累计频率。按计算方向不同，分为向上累计和向下累计。具体计算如上表。

【思考与讨论】：累计频数（频率）的意义是什么？在什么情况下你会想到计算累计频数（频率）？

二、次数分布的主要类型

由于社会经济现象性质的不同，各种统计总体都有不同的次数分布，形成各种不同类型的分布特征。概括起来，各种不同性质的社会现象的次数分布主要有三种类型：钟形分布、U 形分布、J 形分布。

（一）钟形分布

钟形分布是以某变量值为中心，其分布次数最多，而两边标志值的分配次数逐渐减少的分布形态。因其分布曲线形如一口古钟，故称钟形分布。

例如，人的身高、体重、职工工资、农作物亩产量、市场价格等现象都属于钟形分布。钟形分布又可细分为正态分布和偏态分布两种。

1. 正态分布

在社会经济现象中，许多钟形分布表现为对称分布。对称分布的特征是中间变量值分布的次数最多。以标志变量中心为对称轴，两侧变量值分布的次数随着与中间变量值距离的增大而渐次减少，并且围绕中心变量值两侧呈对称分布。这种分布在统计学中称为正态分布。社会经济现象中许多变量分布属于正态分布类型，如居民家庭人均月生活费收入、农作物的单位面积产量、工业产品的物理化学质量指标（例如零件公差的分布、细纱的拉力、尼龙丝的口径、青砖的抗压强度等）、商品市场价格，等等。正态分布在社会经济统计学中具有重要意义。一方面是因为社会经济现象中大部分分布呈现为正态分布或接近正态分布；另一方面，正态分布在抽样推断中也是最常用的分布。

2. 偏态分布

偏态分布是相对于正态分布而言的，是非对称钟形分布。

当数据向某个方向减少时，数据分布就像有一个长尾巴一样。如果分布左边是一个很长的尾巴，那么就说它是左偏的。如果分布右边是一个很长的尾巴，那么就是右偏的。

如果频数分布的高峰向左偏移，长尾向右侧延伸称为正偏态分布，也称右偏态分布；同样的，如果频数分布的高峰向右偏移，长尾向左延伸则称为负偏态分布，也称左偏态分布。

（二）U 形分布

U 形分布是与钟形分布图形相反的分布，其特点是：靠近中间的变量值分布次数较少，靠近两端的变量值分布的次数较多，形成"两头大、中间小"的 U 字形分布。

由于人口总体中幼儿和老年死亡人数较多，而中年死亡人数最少，因而死亡人数按年龄分组便表现为 U 形分布。

（三）J 形分布

J 形分布的特征是一边小一边大的单调分布，即形如字母 J。J 形分布有两种类型。

（1）正 J 形分布：次数随着变量值的增大而增多，例如，投资按利润率大小分布。

（2）反 J 形分布：在社会经济现象中，也有一些统计总体分布曲线呈反 J 形。

即次数随着变量值的增大而减少，使得图形变为倒"J"形，如商品需求量与其价格之间的关系。

问题解决

根据以上知识的学习，我们下面来解决"情境引例"中的问题。在引例中我们只是简单地将树木按照高度进行了汇总，下面利用 FREQUENCY 函数重新来分组。

（1）将数据从大到小进行排序，找出最大值 154 和最小值 85，计算全距 $R = 154 - 85 = 69$。

（2）确定组数 $K = 1 + \lg n/\lg 2 = 1 + \lg 110/\lg 2 = 7.781\,36$，这里我们可以保留计算结果，这只是理论上的组数。

（3）确定组距 $h = R/K = 69/7.781\,36 = 8.867\,345$，取 10 的倍数，这里取组距为 10。

（4）确定每组的上限和下限，因为最大值 154，最小值是 85，组距是 10，想要研究 110～120 cm 的树木数量，所以分组如下：80～90，90～100，100～110，110～120，120～130，130～140，140～150，150～160。

（5）运用 FREQUENCY 函数确定每组次数。

找出每组的上限 90，100，110，120，130，140，150，160，在运用函数计算时利用的是每组上限，但是又要遵循上限不在内原则，那么这里要找出的上限要比实际小一些。

输入数据，如图3-23所示。

图3-23　输入数据

选中"F3：F10"，然后插入FREQUENCY，在"Data_array"那个地方选择"A1：A110"，在"Bins_array"选择"E3：E10"，如图3-24所示。

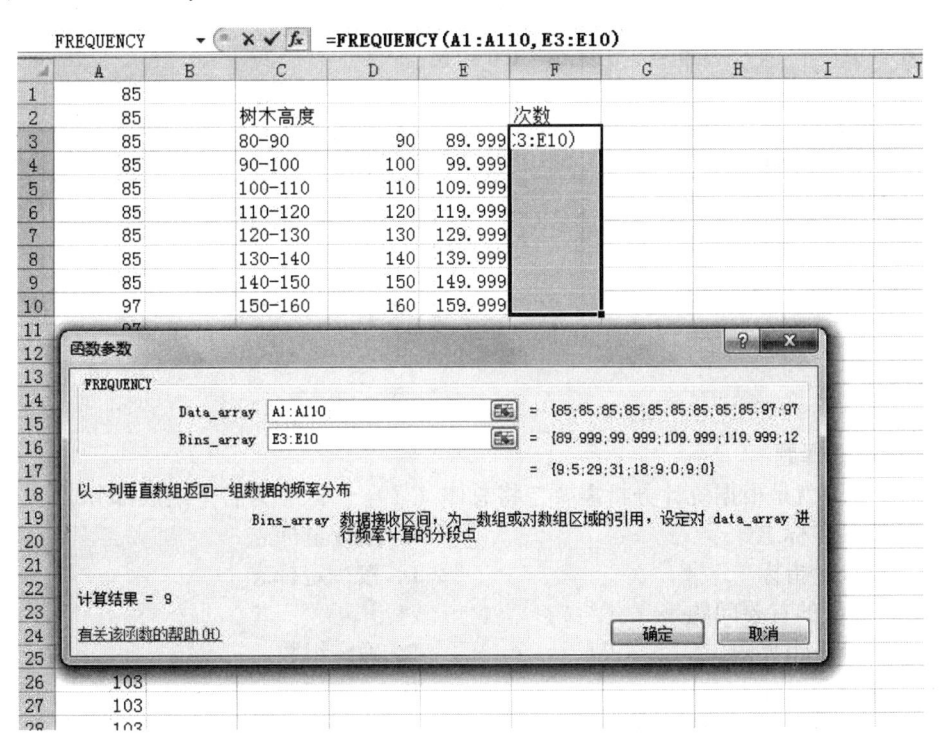

图3-24　函数参数

然后，同时按下"Ctrl+Shift+Enter"，注意一定要同时按下，结果如图3-25所示。

通过以上结果可以看出110~120 cm树木数量是31棵，也可以看出在140~150 cm这组的树木数量是0，因此我们要进行合并，最终结果如表3-14所示。

计算不同组的树苗所占的比重：90~100 cm这组树苗所占的比重=5/110=4.55%，其他组树苗所占比重，最终结果如表3-15所示。

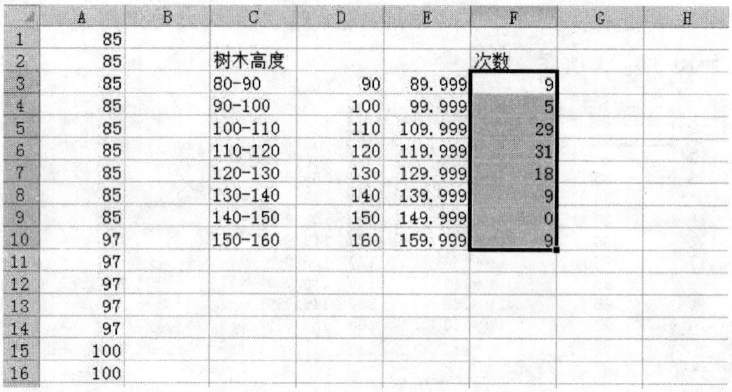

	A	B	C	D	E	F	G	H
1	85							
2	85		树木高度			次数		
3	85		80-90	90	89.999	9		
4	85		90-100	100	99.999	5		
5	85		100-110	110	109.999	29		
6	85		110-120	120	119.999	31		
7	85		120-130	130	129.999	18		
8	85		130-140	140	139.999	9		
9	85		140-150	150	149.999	0		
10	97		150-160	160	159.999	9		
11	97							
12	97							
13	97							
14	97							
15	100							
16	100							

图 3－25　计算结果

表 3－14　计算结果

树木高度	次数
80～90	9
90～100	5
100～110	29
110～120	31
120～130	18
130～140	9
140～160	9
合计	110

表 3－15　不同组树木所占比重

树木高度	次数	频率
80～90	9	8.18%
90～100	5	4.55%
100～110	29	26.36%
110～120	31	28.18%
120～130	18	16.36%
130～140	9	8.18%
140～160	9	8.18%
合计	110	100.00%

综合训练

一、单项选择题

1. 统计分组就是根据统计分析需要，将总体（　　）区分为若干组成部分。

A. 按品质标志　　B. 按数量标志

C. 按数量指标　　D. 按一定标志

2. 统计分组的首要问题是（　　）。

A. 划分各组界限　　B. 确定组数

C. 选择分组标志　　D. 确定组距

3. 简单分组和复合分组的根本区别是（　　）。

A. 分组标志是品质标志还是数量标志

B. 所用的统计表是简单表还是复合分组表

C. 分组数目的多少

D. 选择分组标志的数量

4. 当总体内最大变量值与最小变量值一定时，则意味着（　　）。

A. 组距一定　　B. 组数一定

C. 全距一定　　D. 组距大小与组数多少成正比

5. 按年龄分组的人口死亡率表现为（　　）。
   A. 钟形分布　　　B. 对称分布　　　C. J 形分布　　　D. U 形分布
6. 各组上下限简单平均等于（　　）。
   A. 组数　　　　　B. 组距　　　　　C. 组限　　　　　D. 组中值
7. 统计整理对象主要是（　　）。
   A. 统计调查的原始资料　　　　　　B. 经过加工的次级资料
   C. 经过整理的统计指标　　　　　　D. 用于统计分析的分析资料
8. 某地区人口按年龄所做的分组如下：不满周岁，1~3 岁，4~6 岁，7~12 岁，……60~64 岁，65~79 岁，80~99 岁，100 岁以上。最后一组的组中值为（　　）。
   A. 110 岁　　　　B. 109 岁　　　　C. 109.5 岁　　　D. 119 岁
9. 将统计总体按某一标志分组的结果表现为（　　）。
   A. 组内同质性，组间差异性　　　　B. 组内差异性，组间差异性
   C. 组内差异性，组间同质性　　　　D. 组内同质性，组间同质性

二、多项选择题

1. 统计整理是（　　）。
   A. 统计调查的继续　　　　　　　　B. 统计设计的继续
   C. 统计调查的基础　　　　　　　　D. 统计分析的前提
   E. 统计分析的基础
2. 统计分组是（　　）。
   A. 在统计总体内进行的一种定性分类
   B. 在统计总体内进行的一种定量分类
   C. 将同一总体区分为不同性质的组
   D. 把总体划分为一个个性质不同的、范围更小的总体
   E. 将不同的总体划分为性质不同的组
3. 统计分组体系的形式有（　　）。
   A. 数量标志分组和品质标志分组体系　　B. 简单分组和复合分组体系
   C. 简单分组和平行分组体系　　　　　　D. 复合分组和平行分组体系
4. 在组距数列中，组中值是（　　）。
   A. 上限和下限之间的中点数值
   B. 用来代表各组标志值的平均水平
   C. 在开放式分组中无法确定
   D. 在开放式分组中，可以参照相邻组的组距来确定
   E. 就是组平均数
5. 变量数列中频率应满足的条件是（　　）。
   A. 各组频率大于 1　　　　　　　　B. 各组频率大于 0
   C. 各组频率之和等于 1　　　　　　D. 各组频率之和小于 1
6. 组距数列中，影响各组次数分布的要素是（　　）。
   A. 总体单位数的多少　　　　　　　B. 变量值的大小
   C. 组距　　　　　　　　　　　　　D. 组限
   E. 组数

7. 下列分组哪些是按品质标志分组？（　　　　）
   A. 职工按工龄分组　　　　　　　　B. 科技人员按职称分组
   C. 人口按民族分组　　　　　　　　D. 企业按所有制分组
   E. 人口按地区分组
8. 下面哪些分组是按数量标志分组？（　　　　）
   A. 企业按销售计划完成程度分组　　B. 学生按健康状况分组
   C. 工人按产量分组　　　　　　　　D. 职工按工龄分组
   E. 企业按隶属关系分组
9. 将某地区国有企业按产值计划完成程度分为以下四组，正确的是（　　　　）。

A：第一种	B：第二种	C：第三种	D：第四种
100%以下	80%以下	80%以下	85%以下
100%~110%	80.1%~90%	80%~90%	85%~95%
110%以上	90.1%~100%	90%~100%	95%~105%
	100.1%~110%	100%~110%	105%~115%
	110.1%以上	110%以上	115%以上

10. 次数分配数列（　　　　）。
    A. 由总体按某标志所分的组和各组对应的单位数两个因素构成
    B. 由组距和组数、组限和组中值构成
    C. 包括品质分配数列和变量数列两种
    D. 可以用图表形式表现
    E. 可以表明总体结构和分布特征

三、判断题

1. 统计整理的关键是对各项整理的指标进行汇总。　　　　　　　　　　（　　）
2. 统计整理是统计调查的基础。　　　　　　　　　　　　　　　　　　（　　）
3. 统计分组的关键问题是确定组距和组数。　　　　　　　　　　　　　（　　）
4. 按数量标志分组的目的，就是要区分各组在数量上的差别。　　　　　（　　）
5. 单项式分组就是把一个变量分为一组。　　　　　　　　　　　　　　（　　）
6. 在确定组限时，最大组的上限应大于最大变量值。　　　　　　　　　（　　）
7. 次数分配数列是指按数量标志分组所形成的变量分配数列。　　　　　（　　）
8. 统计表的主词栏是说明总体的各种统计指标。　　　　　　　　　　　（　　）
9. 连续型变量可以作单项式分组或组距式分组，而离散型变量只能作组距式分组。
　　　　　　　　　　　　　　　　　　　　　　　　　　　　　　　　（　　）

四、简答题

1. 什么是统计分组？它的作用有哪些？
2. 如何正确选择分组标志？
3. 什么是次数分布？它包括哪两个要素？有哪些分类？
4. 统计表由哪几个主要部分组成？制作统计表应注意哪几个问题？

五、计算题

1. 某班学生统计学考试成绩（分）如下：

93 50 78 85 66 71 63 83 52 95 78 72 85 78 82 90 80 55 95
67 72 85 77 70 90 70 76 69 58 89 80 61 67 99 89 63 78 74
82 88 98 62 81 24 76 86 73 83 85 81

要求：（1）根据资料编制组距数列。
（2）计算两种累计人数，并回答60分以下及80分以上的人数。

2. 某行业管理局所属40个企业2005年的产品销售收入数据如下。（单位：万元）

152	124	129	116	100	103	92	95	127	104	105	119	114	115	87	103
118	142	135	125	117	108	105	110	107	137	120	136	117	108	97	88
123	115	119	138	112	146	113	126								

要求：（1）根据上面的数据进行适当分组，编制频数分布表，并计算出累计频数与累计频率。
（2）按规定，销售收入在125万元以上为先进企业，115万～125万元为良好企业，105万～115万元为一般企业，105万元以下为落后企业，按先进企业、良好企业、一般企业、落后企业进行分组。

情境四

静态指标分析

统计是通过其特有的一系列综合指标，如人口数、工业产值、农业产值、劳动生产率、商品销售额、国民收入等，来反映和说明社会现象及其规律性。综合指标是指说明社会经济现象总体数量的特征的统计指标。尽管具体的综合指标表现千差万别，但就其表现形式来讲，不外乎总量指标、相对指标和平均指标以及变异指标四种类型。

本章分两个子情境，主要让学生掌握总量指标、相对指标、平均指标以及变异指标的基本知识，并且对每一种指标所包含的具体内容熟练掌握，能够在实际的操作中熟练地运用四种指标方法。

子情境一　计算总量指标与相对指标

情境引例

　　某市有甲、乙两家医院，因为乙医院的医生医术高明，当地人都喜欢去那里看病。一天，一个外地人来看病，不知道内情，就咨询所住旅馆的店主。店主建议他去乙医院。外地人犹豫了一下，问："哪家医院去世的病人多？"店主说："乙医院去年去世了50人，甲医院去世了5人。"外地人听了就去了甲医院，结果病情加重了，回来责怪店主。店主说："我话没说完你就走了。乙医院去年诊治了10 000人，去世了50人；甲医院诊治了200人，去世了5人，所以建议你去乙医院。"

案例思考

　　现实生活中，火车与汽车相撞、汽车与汽车相撞的事情时有发生，却几乎没有人担心撞车事故而改用步行。因为每天这种车辆相撞事故的绝对数虽然不少，但是与世界上每天亿万次的车辆出行相比，相对数却是微乎其微。相反，人们步行遭遇车祸所占比重，通常要比车辆相撞的比重不知道大多少倍。可见，研究事物不仅仅要看总量，还要看相对数。

知识目标

1. 理解总量指标与相对指标的含义。
2. 掌握各种总量指标与相对指标的计算方法。
3. 了解总量指标与相对指标的表现形式。

能力目标

1. 能够识别总量指标与相对指标。
2. 能够计算总量指标与相对指标。

知识阐述

一、总量指标

（一）总量指标的含义

总量指标是用来反映社会经济现象总体在具体时间、地点条件下的总规模、总水平或工作总量的统计指标。总量指标用绝对数表示，也就是用一个绝对数来反映特定现象在一定时间上的总量状况，因此也被称为绝对指标，它是一种最基本的统计指标。总量指标的表现形式为绝对数，因此，总量指标又叫统计绝对数。

总量指标反映的是现象总体外延的数量特征，都带有计量单位，即都是有名数。而且其数值大小受总体范围的制约。总体范围越大，总量指标数值就越大；反之，则越小。

（二）总量指标的意义

1. 总量指标是认识社会经济现象的起点

人们要想了解一个国家或一个地区的国民经济和社会发展状况，首先就要准确地掌握客观现象在一定时间、地点条件下的发展规模或水平，然后才能更深入地认识社会。例如，为了科学地指导国民经济和社会的协调发展，就必须通过总量指标正确地反映社会主义再生产的基本条件和国民经济各部门的工作成果，即反映中国土地面积、人口和劳动资源、自然资源、国民财富、钢产量、工业总产值、粮食产量、农业总产值、国民收入额以及教育文化等方面的发展状况。

2. 总量指标是实行社会经济管理的依据之一

一个国家或地区为更有效地指导经济建设，保持国民经济协调发展，就必须了解和分析各部门之间的经济关系。它虽然可以用相对数、平均数来反映，但归根结底还是需要掌握各部门在各个不同时间的总量指标。

3. 总量指标是计算相对指标和平均指标的基础

总量指标是统计整理汇总后，首先得到的能说明具体社会经济总量的综合性数字，是最基本的统计指标。相对指标和平均指标一般都是由两个有联系的总量指标相对比而计算出来的，它们是总量指标的派生指标。总量指标计算是否科学、合理、准确，将会直接影响相对指标和平均指标的准确性。

（三）总量指标的种类

按照不同的标准，总量指标可以划分为不同类型。

1. 时期指标和时点指标

这是按总量指标所反映的时间状况不同来区分的。

（1）时期指标。

时期指标是反映时期现象在一定时期的发展过程累积起来的总量指标，如人口出生数、商品销售额、产品产量、产品产值等。

（2）时点指标。

时点指标是反映时点现象在某一时点（瞬间）上所处状况的总量指标，如年末人口数、季末设备台数、月末商品库存数等。

为了正确区分时期指标与时点指标，还须弄清它们各自的特点。

（1）时期指标无重复计算，可以累加，说明较长时期内现象发生的总量。如年产值是月产值的累计数，表示年内各月产值的总和。而时点指标有重复计算，除在空间上或计算过程中可相加外，一般相加无实际意义，如月末人口数之和不等于年末人口数。

（2）时期指标数值的大小与时期长短有直接关系。在一般情况下时期越长数值越大，如年产值必定大于年内某月产值，但有些现象如利润等若出现负数，则可能出现时期越长数值越小的情况。时点指标数值与时点间隔长短没有直接关系，如年末设备台数并不一定比年内某月月末设备台数多。

（3）时期指标的数值一般通过连续登记取得，时点指标的数值则通过间断登记取得。

2. 实物指标、价值指标和劳动量指标

这是按总量指标所采用计量单位不同来划分的。

（1）实物指标。

实物指标是用实物单位计量的总量指标。实物单位是根据事物的属性和特点而采用的计量单位，主要有自然单位、度量衡单位和标准实物单位。

（2）价值指标。

价值指标是用货币单位计量的总量指标。货币单位是用货币"元"来度量社会劳动成果或劳动消耗的计量单位，如国内生产总值、社会商品零售额、产品成本等，都是以"元"或扩大为"万元""亿元"来计量的。

价值指标从原则上说应是反映商品价值量的指标，而实际上是货币量指标。因为价值量不能计算，只能通过价格来体现，而价格围绕价值波动，并不等于价值，价格只是价值的一种货币表现。因此，价值指标又称货币指标。

（3）劳动量指标。

劳动量指标是用劳动量单位计量的总量指标。劳动量单位是用劳动时间表示的计量单位，如"工日""工时"等。工时是指一个职工做一个小时的工作；工日通常指一个职工做8小时的工作。

（四）总量指标的计算

总量指标的计算方法有直接计算法和间接推算法两种。

1. 直接计算法

它是对研究对象用直接的计数、点数和测量等方法，登记各单位的具体数值加以汇总，得到总量指标。如统计报表或普查中的总量资料，基本上都是用直接计算法计算出来的。

2. 间接推算法

它是采用社会经济现象之间的平衡关系、因果关系、比例关系或利用非全面调查资料进行推算总量的方法，如利用样本资料推断某种农产品的产量，利用平衡关系推算某种商品的库存量等。

（1）因素关系推算法。

因素关系推算法是利用社会经济现象与其各个影响因素之间的关系，根据已知因素来推算未知因素的方法。比如"总产量＝亩产量×亩数"，这一关系式中的某两项已知就可以推算另一项。

（2）比例关系推算法。

比例关系推算法是利用各种相关指标的比例关系来进行推算的一种方法。如某商业企业的流通费用率为7%，该商业企业的商品销售额为1 000万元，则该企业的流通费用额就是70万元（即1 000万元×7%）。

（3）平衡关系推算法。

平衡关系推算法是利用各种指标之间所存在的平衡关系来推算未知指标的方法。如"资产＝负债＋所有者权益"，已知该平衡式中的任意两个因素就可以推算出另一未知因素。

（4）抽样推断法。

抽样推断法是指按照随机原则，从总体中抽取一部分单位构成样本，利用样本的数据去估算总体的数据。

二、相对指标

总量指标只能表明现象总体所达到的总规模和总水平。要深入了解状况，仅有总量指标还远远不够，还要在总量指标所反映的现象总体外延数量特征的基础上，进行深入的对比分析，计算相对指标。

（一）相对指标的含义、作用和表现形式

1. 相对指标的含义

相对指标也叫相对数，是社会经济现象中两个或多个有联系的统计指标数值的对比值，它反映了客观现象之间的数量对比关系和联系程度，如产品产量计划完成程度、人口性别比、年龄构成、人口密度等都是相对指标。

2. 相对指标的作用

在国民经济管理、企业经济活动分析和统计研究中，相对指标都具有十分广泛的作用，主要表现在以下几个方面：

（1）相对指标可以反映社会经济现象之间的相对水平和联系程度。许多社会经济现象之间存在着相互联系、相互制约的依存关系，而相对指标就可以反映现象之间的相对水平和联系程度，从而为我们更全面地认识事物的状况和本质提供依据。例如，人们常用计划完成相对数判断一个企业任务的完成情况，用老龄人口占总人口的比例来判断一个国家是否步入老龄化社会，等等。虽然这些相对指标不是唯一的评判标准，但仍然为我们分析研究问题带来了方便。

(2) 相对指标通过数量之间的对比，可以表明事物相关程度、发展程度，它可以弥补总量指标的不足，使人们清楚了解现象的相对水平和普遍程度。

(3) 把现象的绝对差异抽象化，使原来无法直接对比的指标变为可比。不同的企业由于生产规模条件不同，直接用总产值、利润比较评价意义不大，但如果采用一些相对指标，如资金利润率、资金产值率等进行比较，便可对企业生产经营成果做出合理评价。

(4) 说明总体内在的结构特征，为深入分析事物的性质提供依据。例如，计算一个地区不同经济类型的结构，可以说明该地区经济的性质。又如计算一个地区的第一、第二、第三产业的比例，可以说明该地区社会经济现代化程度等。

3. 相对指标的表现形式

总量指标都带有计量单位，表现为有名数形式。而相对指标却不同，只有一部分强度相对指标采用复合单位表示，表现为有名数形式，其余强度相对指标和其他相对指标均为不具有计量单位的抽象数值，表现为无名数形式，可以用系数、倍数、成数、百分数、千分数等形式表示。

(二) 相对指标的种类以及计算

1. 计划完成相对指标

计划完成相对指标，也叫计划完成相对指数，计划完成百分比或计划完成程度指标，是社会经济现象的实际完成数与同期计划任务数对比而得到的百分数，主要用于检查计划完成情况。其基本的计算公式为：

$$计划完成相对指标 = 计划完成数/同期计划任务数 \times 100\%$$

公式中的分子、分母在指标含义、计算方法、计算单位、时间限制、空间范围等方面必须保持一致。由于该指标是以计划任务数为基准来检查计划的完成度，因此分子、分母不能调换位置。

由于上级所下达的或自行制订的计划任务数可以用绝对数、相对数或者平均数表示，所以，计划完成相对指标在计算形式上有所不同。

(1) 计划任务数为绝对数。

计划任务数为绝对数的情况，检查总量指标数计划完成程度，可按基本计算公式计算计划完成相对数。

【例 4 - 1】 某工业企业 2010 年工业总产值计划任务数为 1 500 万元，实际完成了 2 250 万元，则其计划完成相对指标为：

$$计划完成相对指标 = 实际完成总量指标数值/同期计划总量指标数值 \times 100\%$$
$$= 2\,250/1\,500 \times 100\% = 150\%$$

计算结果表明，该企业超计划 50% 完成了当年的工业总产值任务。

(2) 计划任务数为相对数。

计划任务数为相对数的情况下，并没有直接告诉检查对象的计划数字及实际数字，往往

只告诉计划提高率或降低利率,此时可以检查任何形式指标的计划完成程度。而计划完成相对指标可以用如下公式计算:

计划完成相对指标=[1±实际提高率(降低率)]/[1±计划提高率(降低率)]×100%

【例4-2】 某公司计划劳动生产率提高8%,实际提高10%,那么计划完成相对数为:

计划完成相对指标=(1+10%)/(1+8%)×100%=101.85%

计算结果表明,该公司的劳动生产率计划超额完成了1.85%。

在评价计划完成程度时,首先要判断指标的性质,对于收入、成果类指标,如产品产量、商品销售额、财政收入等,计划完成相对指标大于100%表示超额完成计划任务,计划完成相对指标小于100%表示没有完成计划任务;而对于成本、消耗类指标,如产品生产成本、商品通用费用额等,计划完成相对指标小于100%表示超额完成任务,计划完成相对指标大于100%表示没有完成任务。

2. 结构相对指标

结构相对指标,又称为结构相对数或者比重指标,是在统计分组的基础上,将总体中某组(部分)的总量指标数值与总体总量指标数值进行对比所得到的相对数。一般用百分数表示,主要说明总体内部的构成情况。其计算公式为:

结构相对指标=总体某组(部分)总量指标数值/总体总量指标数值×100%。

公式中的分子指标数值是分母指标数值的一部分,两者是从属关系,因此,它们必须在指标含义、计算方法、计量单位、时间界限等方面保持一致,并且不能互换位置。由于总体总量指标数值等于总体各组(部分)总量指标数值之和,所以总体各组(部分)的比重指标之和必然等于100%或1。

计算结构相对指标时,进行比较的分子、分母指标只能是总量指标,既可以是单位总量,又可以是标志总量。

3. 比例相对指标

比例相对指标,又称为比例相对数,也是在统计分组的基础上,将同一总体内不同组(部分)的总量指标数值进行对比所得到的相对数。一般用百分数或 $x:y$ 的形式表示,用以反映总体内各组(部分)之间的联系与比例关系。其计算公式为:

比例相对指标=总体某组(部分)总量指标数值/总体另一组(部分)总量指标数值

公式中的分子和分母分别是两个不同组(部分)的同种总量指标数值,他们是并列关系。因此,它们必须在指标含义、计算方法、计量单位、时间界限等方面保持一致,而且能够互换位置。调换之后计算的比例相对指标的结果与调换之前相对指标的结果互为倒数,但两个结果都能够反映进行比较的两个组之间的比例关系,都属于比例相对指标。

计算比例相对指标时,进行比较的分子、分母指标只能是总量指标,既可以是单位总量,又可以是标志总量。如果是多各组的总量指标进行比较,结果通常要写成 $1:x:y$ 或 $x:y:1$ 的形式。

例如,某市有202万人,其中男性102万人,女性100万人,那么,该市人口的男、女性别比为102%或者为1.02:1。

4. 比较相对指标

比较相对指标,又称为比较相对数,是将不同空间范围的同种指标数值进行比较所计算出来的相对数。一般用百分数或倍数表示,用以反映同一时间条件下同类事物在不同空间范

围的差异程度,其中的不同空间范围可指不同国家、不同地区,也可指不同单位。其计算公式为:

比较相对指标 = 某空间范围指标数值/另一空间范围指标数值 ×100%

公式中的分子和分母分别是两个不同空间范围的同种指标数值,它们是并列关系。因此,它们也必须在指标含义、计算方法、计量单位、时间界限等方面保持一致,而且也能够互换位置。调换之后计算的比较相对指标的结果与调换之前相对指标的结果互为倒数,但两个结果都能够反映进行比较的两个空间范围之间的差异程度,都属于比较相对指标。

计算比较相对指标时,进行比较的分子、分母指标既可以是总量指标,也可以是相对指标和平均指标。

例如,甲学校有 60 名教师,乙学校有 80 名教师,则甲学校教师数是乙学校教师数的 75%(即 60/80)。

再比如,甲国人均国内生产总值为 100 000 美元/人,乙国人均国内生产总值是 20 000 美元/人,则甲国人均国内生产总值是乙国的 5 倍(即 100 000/20 000)。

又比如,2005 年甲企业劳动生产率为 1.10 万元/人,乙企业劳动生产率为 1.00 万元/人。则甲企业劳动生产率是乙企业的 1.1 倍(即 1.10/1.00)。

5. 强度相对指标

强度相对指标,又称为强度相对数,是将两个性质不同但又密切联系的总量指标进行对比所计算出来的相对数,用来表明社会经济现象的强度、密度、普通程度和利用程度等状况。其计算公式为:

强度相对指标 = 某一总量指标数值/另一有联系而性质不同的总量指标数值

公式中的分子和分母分别是两个性质不同的总量指标数值,它们在指标含义、计算方法上并不相同。

在社会统计中,强度相对指标具有比较重要的作用,主要体现在以下几个方面:

(1)能够反映一个国家和一个地区的经济实力。

一个国家或一个地区的经济实力受该国家或地区的范围或人口多少指标的影响非常大,仅仅用总量指标来直接比较是很片面的,往往也得不出正确的结论,需要用强度相对指标。

(2)能够反映事物的密度和普通程度。

人民生活是否便利、舒适,经常与一些事物的密度和普通程度密切相关。例如,医疗网密度说明了人民就医便利的程度,电话普及率说明了电话的普及程度,人口密度说明了人口分布的稠密状况等,这些指标都属于强度相对指标。

(3)能够反映企业经济效益的好坏。

总量指标会受到总体范围大小的直接影响,因此,用总量指标比较企业间经济效益的好坏往往是不够准确的,而要采用强度相对指标。例如,要比较两个不同规模商业企业的经济效益,不能直接用销售总额或利税总额等总量指标,而用流通费用率或资金利税率等强度相对指标就比较恰当。

有些强度相对指标的名称中带有"均"或"人均"等字眼,但因为它们不是同一总体的标志总量与单位总量对比计算出来的,分子、分母指标之间没有一一对应关系,所谓的"标志"不能作为"总体单位"的标志,所以算不上我们在后面将要学习的平均指标。如人均粮食产量、人均钢产量、人均国民收入等。

6. 动态相对指标

动态相对指标又称动态相对数或时间相对指标，就是将同一现象在不同时期的两个数值进行动态对比而得出的相对数，借以表明现象在时间上发展变动的程度。通常以百分数（％）或倍数表示，也称为发展速度。发展速度减 1 或 100% 为增长速度指标，计算结果大于 100% 为增长多少百分数或百分点，小于 100% 为下降多少百分数或百分点。

其计算公式如下：

$$动态相对指标 = (报告期指标数值 \div 基期指标数值) \times 100\%$$

通常，作为比较标准的时期称为基期，与基期对比的时期称为报告期。例如，2001 年我国国内生产总值为 95 533 亿元，2000 年为 89 404 亿元，如果 2000 年选作基期，亦即将 2000 年国内生产总值作为 100，则 2001 年的国内生产总值与 2000 年的国内生产总值对比，得出动态相对数为 106.9%，它说明在 2000 年基础上 2001 年国内生产总值的发展速度。

问题解决

在"情境引例"中，两家医院就诊量是有很大区别的。从死亡绝对总量上看，甲医院只去世了 5 人，而乙医院却去世了 50 人，后者患者死亡率是前者的 10 倍；但是从相对指标看，甲医院的死亡率是 5/200 = 2.5%，而乙医院的死亡率为 50/10 000 = 0.5%，乙医院的死亡率要大大低于甲医院。因此我们可以得出结论，乙医院的治疗水平要更高一些。平日生活中，我们不能只看总量，还要考虑相对量的影响。

子情境二　计算平均指标和变异指标

情境引例

《中国家庭金融报告》作为我国家庭金融微观数据领域的首份报告，在全国抽取了2 585个县/区（西藏、新疆、内蒙古和港澳台地区除外）的8 438个样本后，得出中国家庭平均资产为121.69万元，城市家庭平均为247.60万元，农村家庭平均为37.70万元。城市家庭中，金融资产11.2万元，其他非金融资产145.7万元，住房资产93万元，负债资产10.1万元，净资产237.5万元。相应的农村家庭数据分别为3.1万元、12.3万元、22.3万元、3.7万元、34万元。

案例思考

报告出炉后，许多城乡居民普遍反映自己拖后腿了。报告作者坦言："城市家庭资产的中位数仅为40.5万元，与平均数247.60万元悬殊。"居民之所以感觉平均数偏高，主要原因是抽样调查的样本中，非常有钱的人居多，资产最多的10%的家庭占全部家庭总资产的比例高达84.6%。这样一来，平均数就被拉高了，所以居民普遍有被平均的感觉。

平均数和中位数都有意义。平均数反映了社会财富，中位数反映了收入的分布；从两者的比较可以看出，现在家庭之间的收入悬殊。

知识目标

1. 理解平均指标和变异指标的意义。
2. 掌握各种平均指标和变异指标的计算方法。

能力目标

1. 能够识别平均指标和变异指标。
2. 能够计算平均指标和变异指标。

知识阐述

一、平均指标

（一）平均指标的含义

平均指标，又称为平均数，是用来反映总体各单位某一数量标志值在一定时间、地点条件下所达到的一般水平的统计指标。例如，全班同学的平均成绩、全校同学的平均身高等，都是平均指标。平均指标将总体各单位标志值之间的差异抽象化了，用一个具体的数值说明了总体所有单位标志值的一般水平，它可能不等于总体内任何一个单位的具体水平，但对总体具有代表性。

平均指标可以是同一时间的同类社会经济现象的一般水平，称为静态平均数；也可以是不同时间的同类社会经济现象的一般水平，称为动态平均数。

(二) 平均指标的作用

平均指标在认识社会经济现象总体数量特征方面有重要作用。

1. 平均指标可以反映现象总体的综合特征

在对总体进行分组的基础上，应用平均指标可以分析现象之间的相互依存关系。例如，把若干块耕地的每亩施肥量与平均亩产进行比较，可以发现施肥量与农作物产量之间的正相关依存关系。

2. 平均指标可以反映各单位变量值分布的集中趋势

总体各单位的变量值往往是围绕着平均数上下波动，因此平均指标可以反映各单位变量值分布的集中趋势。比如，人的平均身高就反映了身高的集中分布，非常矮和非常高的人比较少，而大部分人的身高趋近于一般水平。

3. 平均指标可以反映现象在不同地区之间的差异，揭示现象在不同时间之间的发展趋势

平均指标经常用来进行同类现象在不同空间、不同时间条件下的对比分析，从而反映现象在不同地区之间的差异，揭示现象在不同时间之间的发展趋势。比如，评价两个同类商业企业营业员的劳动效率，就不能用销售总额这个总量指标进行比较，就可以用平均指标人均销售额来进行比较。

(三) 平均指标的种类和计算方法

根据计算方法的不同，平均指标分为算术平均数、调和平均数、几何平均数、众数和中位数等，它们都可以反映现象的一般水平。算术平均数、调和平均数和几何平均数是根据总体各单位所有标志值来计算的，故统称为数值平均数；而众数和中位数是根据标志值所具有的特殊位置来确定的，故统称为位置平均数。

1. 算术平均数

算术平均数就是通常所说的平均数，是指总体各单位的某一数量标志值之和（总体标志总量）除以总体单位数（总体单位总量）所计算的结果，其基本计算公式是：

$$算术平均数 = 总体标志总量 / 总体单位总量$$

计算算术平均数的方法统称为算术平均法。如果社会经济现象总体的标志总量等于各单位标志值的总和，就适合采用算术平均法计算平均数。

算术平均数也是两个不同性质总量指标的对比结果，因为它和强度相对指标有相似的地方，但实质上它们有很大的区别。平均指标是同一个总体的标志总量与单位总量的对比结果，分子、分母指标之间存在一一对应关系，分子指标中的"标志"就是分母指标中"总体单体"的一个数量标志。例如，计算50名工人的平均工资，作为分子的工资总额就是这50名工人各自工资的总和，与工人人数之间具有一一对应关系。

强度相对指标不是同一总体的标志总量对比计算出来的，分子、分母指标之间没有一一对应关系，分子指标中的"标志"不是分母指标中"总体单体"的标志。例如，人均粮食产量是粮食总产量与人口数量对比计算出来的，反映了人口发展对粮食生产能力的依赖程度。但并非每个人都直接从事粮食生产，粮食产量并不是每个人的有效标志，粮食总产量也不是直接依附所有人口，两个指标之间没有直接的对应关系。

由于所掌握资料的形式不同，算术平均数有两种不同的计算方法，相应的有两种不同的形式：简单算术平均数与加权算术平均数。

(1) 简单算术平均数。

当已知总体各单位的标志，且这些标志值未经分组形成变量数列时，宜采用该种形式。其计算过程是：将各单位的标志值相加得到总体标志总量，然后除以总体单位数（即总体单位总量），得到平均数。计算公式为：

$$\bar{x} = \frac{x_1 + x_2 + \cdots + x_n}{n} = \frac{\sum_{i=1}^{n} x_i}{n}$$

式中，$\bar{x}$——算术平均数；

x_i——各单位标志值；

n——总体单位数。

这种计算算术平均数的方法称为简单算术平均法。

【例4-3】 某班10个同学的成绩分别为：

58、65、72、55、89、95、85、78、90、88

则他们的平均分数为：

$$\bar{x} = \frac{\sum_{i=1}^{n} x_i}{n} = \frac{58 + 65 + 72 + \cdots + 88}{10} = \frac{775}{10} = 77.5$$

我们利用Excel操作方法演示。

方法一：

①在一张空Excel工作表中的A1：A10单元格区域输入10名学生的成绩，如图4-1所示。

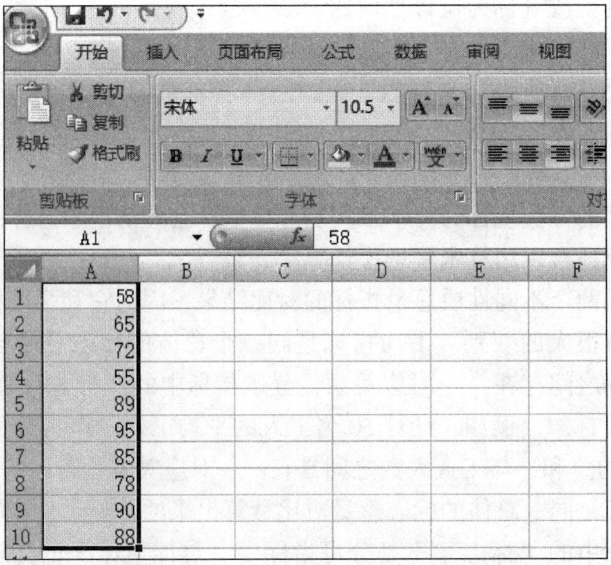

图4-1 输入10名学生成绩

②点击任意一个空单元格,在任一空单元格输入公式"=AVERAGE(A1:A10)"并按回车键,即可得到平均成绩的结果,如图4-2所示。

图4-2 10名学生平均成绩计算结果

方法二:

①在菜单栏中选择"公式",然后选择"插入函数",接着选择"AVERAGE",如图4-3所示。

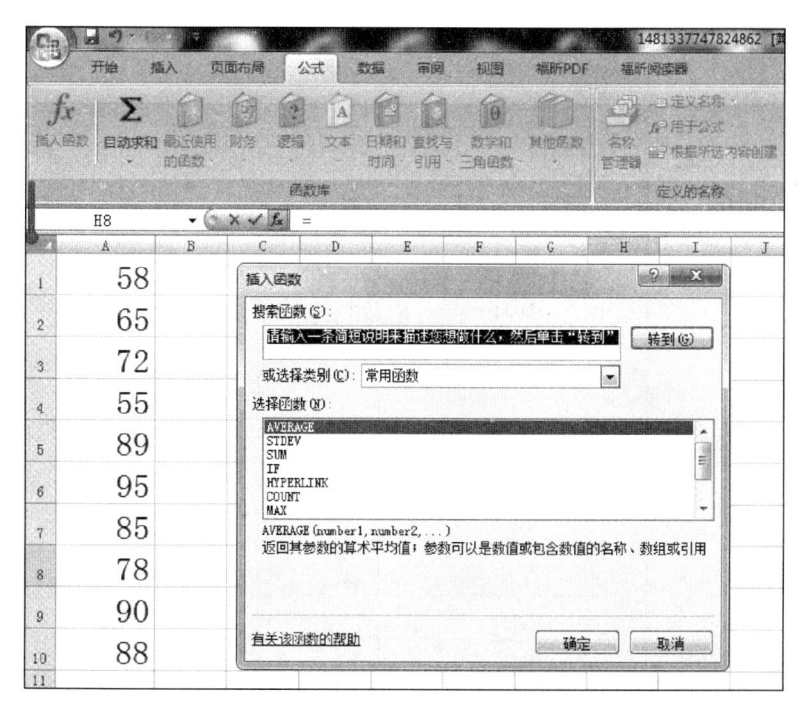

图4-3 "插入函数"对话框

②在"Number1"中选中 A1 到 A10 这 10 个数字,如图 4-4 所示。

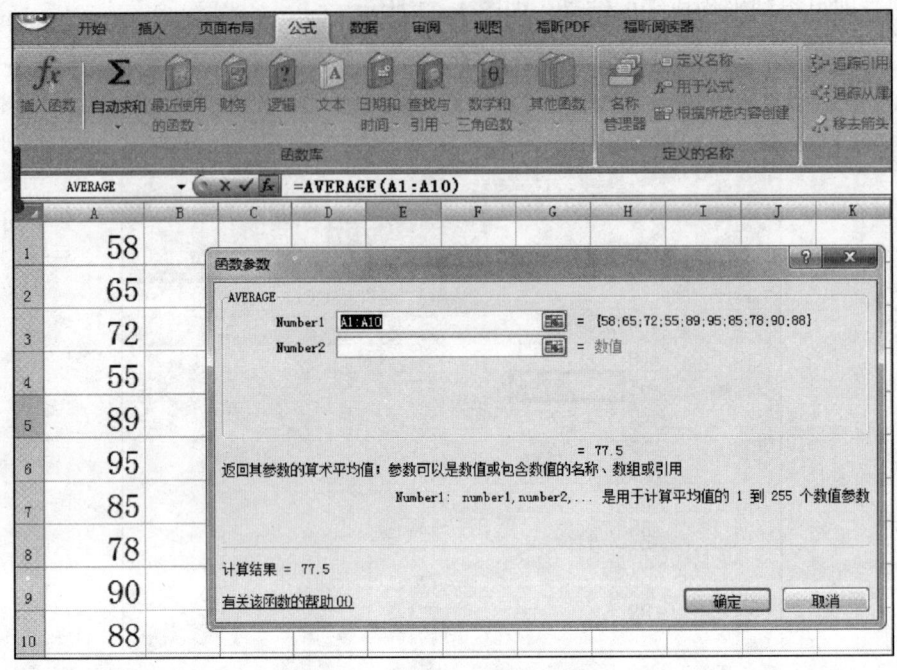

图 4-4 "函数参数"对话框

③任意选择一个空格,单击"确定"按钮,即可得到 10 个数字的平均数,即 77.5,如图 4-5 所示。

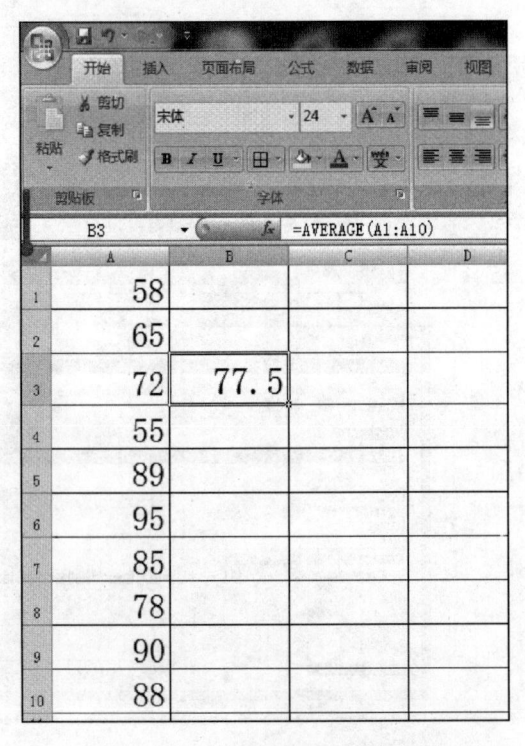

图 4-5 学生平均成绩计算结果

(2) 加权算术平均数。

加权算术平均数适用于分组的统计资料,如果已知各组的变量值和变量值出现的次数,则可采用加权算术平均数计算。加权算术平均数的大小受两个因素影响。当掌握的资料是经过加工整理的变量数列,并且各组的单位数不相等时,就需要以各组的单位数为权数,采用加权的办法计算平均指标。这样计算的平均指标称为加权算术平均数。

其计算过程是:将各组的变量值(或组中值)与各组的单位数相乘,计算出各组的标志总量,将各组标志总量相加得到总体标志总量,然后除以各组单位数之和(即总体单位总量),得到平均数。计算公式为:

$$\bar{x} = \frac{x_1 f_1 + x_2 f_2 + \cdots + x_n f_n}{f_1 + f_2 + \cdots + f_n} = \frac{\sum_{i=1}^{n} x_i f_i}{\sum_{i=1}^{n} f_i}$$

式中,x_i——各组变量值或者组中值;

f_i——各组次数;

n——组数。

【例 4-4】 某班 50 个学生成绩分组如表 4-1 所示。

表 4-1 某班 50 个学生成绩分组

按考分分组/分	人数 (f_i)	组中值 (x_i)	$x_i f_i$
60 以下	5	55	275
60~70	10	65	650
70~80	20	75	1 500
80~90	10	85	850
90 以上	5	95	475
合计	50	—	3 750

$$\bar{x} = \frac{\sum_{i=1}^{n} x_i f_i}{\sum_{i=1}^{n} f_i} = \frac{3\ 750}{50} = 75(\text{分})$$

利用 Excel 求解。

步骤:

①在任意一个空白单元格中输入函数公式(图 4-6)。乘数要输入第一个和最后一个数,中间用冒号隔开;被乘数也要输入第一个和最后一个数,中间用冒号隔开,即 SUM-PRODUCT(B3:B7,C3:C7)。

②输入总人数作分母。对于总人数求和,用 SUM 函数,输入总人数的第一个数和最后一个数,中间用冒号隔开,如图 4-6 所示,即 SUM(B3:B7)。

③按回车键,即可得到加权平均数,即 75 分。

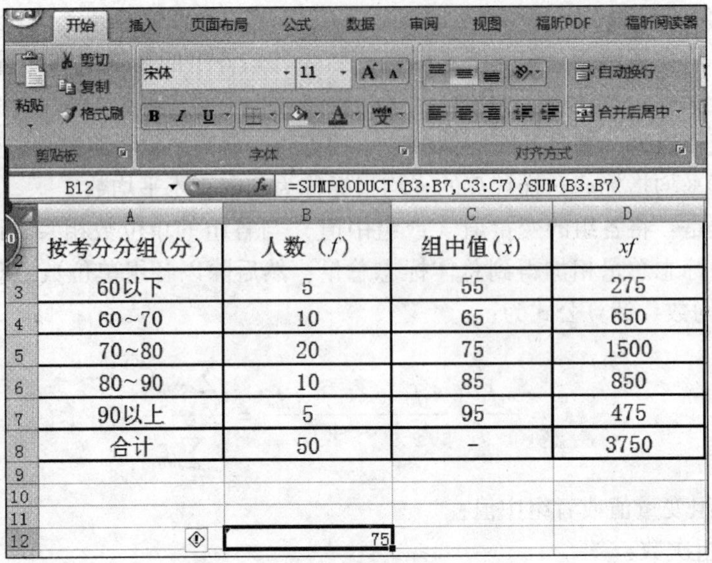

图 4-6 SUMPRODUCT 公式输入

【例 4-5】 某班 50 个同学年龄分组如表 4-2 所示。

表 4-2 某班 50 个同学年龄分组

按年龄分组	比重 $\left(\dfrac{f_i}{\sum\limits_{i=1}^{n}f_i}\right)/\%$	$\dfrac{\sum\limits_{i=1}^{n}x_if_i}{\sum\limits_{i=1}^{n}f_i}$
14	10	1.4
15	50	7.5
16	30	4.8
17	10	1.7
合计	100	15.4

$$\bar{x} = \frac{\sum\limits_{i=1}^{n}x_if_i}{\sum\limits_{i=1}^{n}f_i} = 15.4(岁)$$

【例 4-6】 某班学生平均年龄计算如表 4-3 所示。

表 4-3 某班学生平均年龄计算表

年龄 (x_i)	人数 (f_i)	年龄乘以人数 (x_if_i)
18	2	36
19	4	76
20	30	600

续表

年龄（x_i）	人数（f_i）	年龄乘以人数（$x_i f_i$）
21	11	231
22	3	66
合计	50	1 009

$$\bar{x} = \frac{\sum_{i=1}^{n} x_i f_i}{\sum_{i=1}^{n} f_i} = \frac{1\ 009}{50} = 20.18(岁)$$

从以上公式可以看出，决定加权算术平均数结果的因素有两个：各组变量值 x 和次数 f。若各组变量值（或者组中值）一定，则次数在计算加权算术平均数的过程中具有举足轻重的作用，即如果某组的次数越大，则计算出的平均数结果同该组变量值（或者组中值）的差距越小；而某组的次数越小，则计算出的平均值结果同该组变量值（或者组中值）的差距越大，所以称次数为权数。

2. 调和平均数

调和平均数又称倒数平均数，它是各个变量值倒数的算术平均数的倒数。通常用 H 表示。根据同一资料计算出的算术平均数和调和平均数是不相同的。事实上，变量值的调和平均数本身无实际意义，但在社会经济统计中，有时由于资料的原因不能直接计算出算术平均数，而采用调和平均数的形式。因此，可以把调和平均数看作是算术平均数的变形。

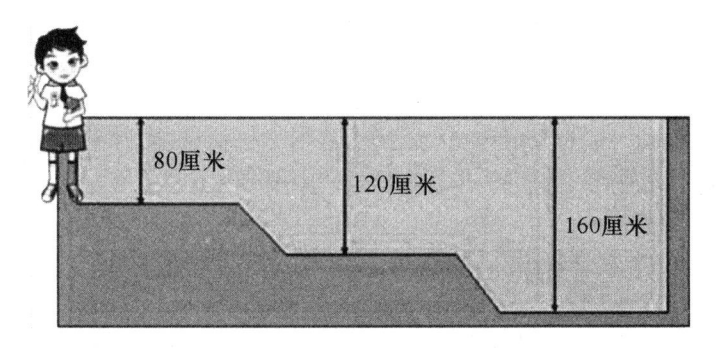

（1）简单调和平均数。

当资料为总体各单位分散的标志值，并且这些标志值未进行分组形成变量数列时，采用该种形式。

$$H = \frac{n}{\dfrac{1}{x_1} + \dfrac{1}{x_2} + \cdots + \dfrac{1}{x_n}} = \frac{n}{\sum_{i=1}^{n} \dfrac{1}{x_i}}$$

式中，H——调和平均数；

x_i——各单位标志值，即变量值；

n——总体单位总量。

(2) 加权调和平均数。

当所依据的资料是在统计分组基础上所形成的变量数列资料时,适宜采用该种形式,其计算公式为:

$$H = \frac{\sum_{i=1}^{n} f_i}{\sum_{i=1}^{n} \frac{f_i}{x_i}}$$

式中,x_i 表示标志值;f_i 代表调和平均数的权数。

实际上,在统计分析中,主要是将调和平均数的运算公式作为加权算术平均数计算公式的变形公式使用。

请注意,当各组标志总量相等并且等于 1 时,要使用简单调和平均数公式计算平均数;当各组标志总量不完全相等时,要使用加权调和平均数公式计算平均数。

【例 4-7】 班长购一批教材:在图书城用去 420 元,单价为 14 元;在一小书店用去 225 元,单价为 15 元;在新华书店用去 80 元,单价为 16 元。则平均每本多少钱?

解: 平均价格 $= \frac{购进额}{购进量} = \frac{420+225+80}{\frac{420}{14}+\frac{225}{15}+\frac{80}{16}} = \frac{725}{50} = 14.5$(元/本)

【例 4-8】 某种水果在早市、中市、晚市的销售价格分别为 3.6 元/千克、3.0 元/千克、2.4 元/千克,问:

①从早市、中市、晚市各买一元的平均单价是多少?

②从早市花 3 元购买,中市花 2 元,晚市花 1 元,则购回水果的价格是多少?

解:①各早市、中市、晚市买一元的平均单价为:

$$H = \frac{n}{\sum_{i=1}^{n} \frac{1}{x_i}} = \frac{3}{\frac{1}{3.6}+\frac{1}{3.0}+\frac{1}{2.4}} = 2.92(元/千克)$$

用 Excel 做法:在任意一个单元格中输入" =HARMEAN(B1:B3)",即可求得三个数的简单调和平均数,如图 4-7 所示。

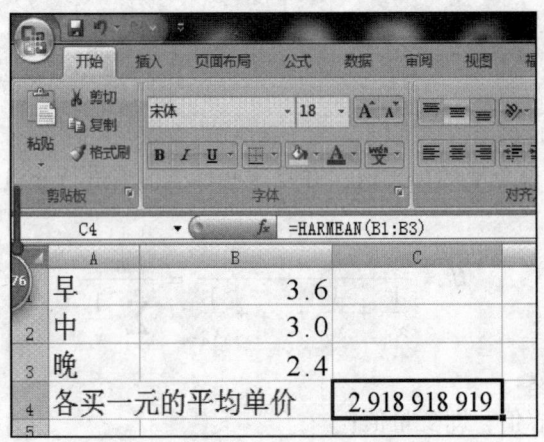

图 4-7 简单调和平均数计算结果

②从早市花3元购买，中市花2元，晚市花1元，则购回水果的价格为：

$$H = \frac{\sum_{i=1}^{n} f_i}{\sum_{i=1}^{n} x_i} = \frac{3+2+1}{\frac{3}{3.6}+\frac{2}{3.0}+\frac{1}{2.4}} = 3.13(元/千克)$$

用 Excel 求解：输入公式"= SUM（C1：C3）/SUM（C1/B1 + C2/B2 + C3/B3）"，即可求得购回水果的价格的加权调和平均数，如图 4 - 8 所示。

图 4 - 8　加权调和平均数计算结果

可以发现，加权算术平均数公式和加权调和平均数公式都可以计算一般所说的平均数，只不过依据的资料不同而已。若已知各组变量值（或组中值）及次数资料，采用加权算术平均数公式计算平均数；若已知各组变量值（或组中值）及标志总量资料，采用加权调和平均数公式计算平均数。

3. 几何平均数

几何平均数是 n 个变量值乘积的 n 次方根，通常用 G 表示。在统计中，几何平均数常用于计算平均速度和平均比率。几何平均数也有简单平均和加权平均两种形式。

几何平均数适合于计算现象比率或速度的平均值，并且还要求现象在各阶段上的比率或速度之积等于总比率或总速度。不满足上述条件计算得到的几何平均值无实际意义。

几何平均数根据资料情况，可分为简单几何平均数和加权几何平均数两种。前者适用于未分组资料，后者适用于分组后的变量数列。

（1）简单几何平均数。

当已知总体各单位的标志值，并且这些标志值未经分组形成变量数列时，采用这种形式。

简单几何平均数是 n 个变量值连乘积的 n 次方根。

计算公式为：

$$G = \sqrt[n]{x_1 \cdot x_2 \cdot x_3 \cdots x_n} = \sqrt[n]{\prod_{i=1}^{n} x}$$

式中，x_i——数列中第 i 个变量值（$i = 1, 2, \cdots, n$）；

108　统计学基础

n——变量值个数；

$\prod$——连乘符号。

【例 4-9】　生产某产品需连续经过 4 道工序，根据经验，各道工序的合格率分别为 98%、95%、92%、90%，求该产品 4 道工序的平均合格率。

解：平均合格率 $= \sqrt[4]{98\% \times 95\% \times 92\% \times 90\%}$

$= \sqrt[4]{0.770868}$

$= 93.7\%$

用 Excel 进行计算。

①在一张空 Excel 工作表中的 A1：A4 单元格区域输入 4 道工序的平均合格率，如图 4-9 所示。

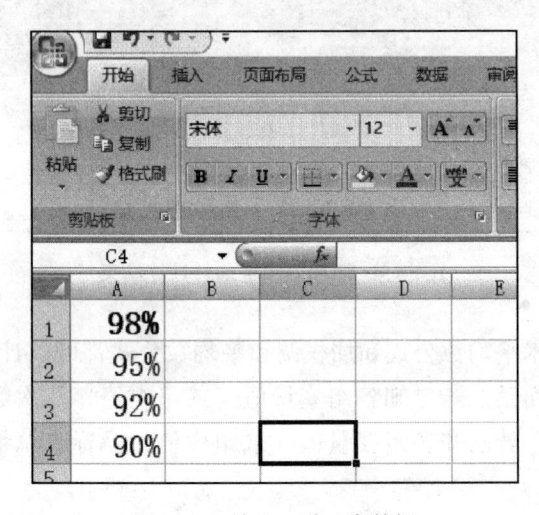

图 4-9　输入 4 道工序数据

②在任何一个单元格中输入"=GEOMEAN（A1：A4）"，即求 A1 到 A4（要求正数）的几何平均数，如图 4-10 所示。

图 4-10　几何平均数计算结果

(2) 加权几何平均数。

当各个变量值的次数（权数）不相同时，应采用加权几何平均数。

$$G = \sqrt[(f_1+f_2+\cdots+f_n)]{x_1^{f_1} \cdot x_2^{f_2} \cdot \cdots \cdot x_n^{f_n}} = \sqrt[\sum_{i=1}^{n} f_i]{\prod_{i=1}^{n} x_i^{f_i}}$$

式中，x_i 代表各组变量值；f_i 代表各组次数；n 代表组数。

【例 4 – 10】 某大型精密仪器的生产需要依次经过 10 道工序，前道工序生产的合格产品方能进入下一道工序继续进行加工。已知各工序的产品合格率如表 4 – 4 所示。求该仪器各道工序平均的产品合格率。

表 4 – 4　某仪器各生产工序产品合格率

产品合格率/%	工序数/道
91	1
92	2
93	3
94	3
95	1
合　计	10

$$产品合格率 = \sqrt[10]{91\% \times 92\%^2 \times 93\%^3 \times 94\%^3 \times 95\%} = 93.09\%$$

用 Excel 求解：

在任意一个空白的单元格中输入如图 4 – 11 所示的公式，即可得到加权几何平均数。

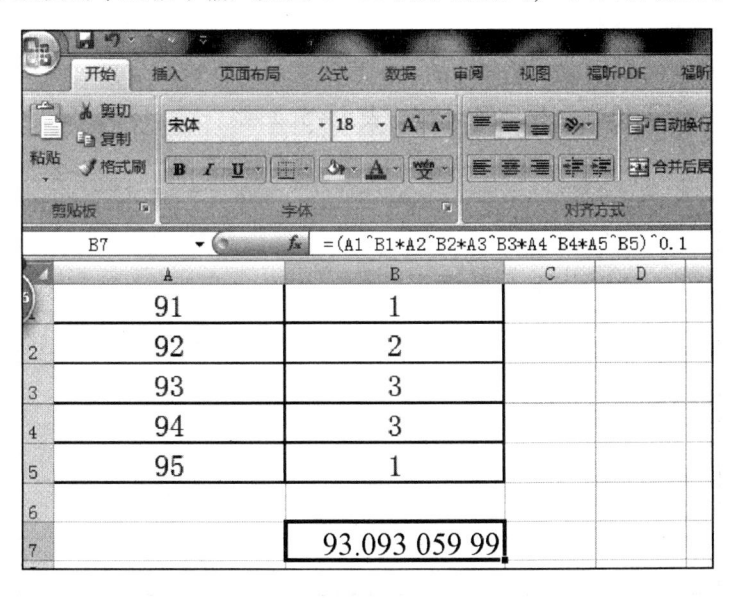

图 4 – 11　加权几何平均数计算结果

几何平均数较算术平均数的应用范围窄,它有如下特点:
①如果数列中有一个标志值等于零或负值,就无法计算几何平均数;
②几何平均数受极端值影响较算术平均数和调和平均数小;
③它适用于反映特定现象的平均水平,即现象的总标志值不是各单位标志值的总和,而是各单位标志值的连乘积的情形。对于这类社会经济现象,不能采用算术平均数反映其一般水平,而需采用几何平均数。

算术平均数、调和平均数和几何平均数三者间存在如下数量关系:

$$H \leqslant G \leqslant \bar{x}$$

并且只有当所有变量值都相等时,这三种平均数才相等。

4. 众数(Mode)

众数是指总体中出现次数最多的标志值。众数也是一种位置平均数,在实际工作中往往可以代表现象的一般水平。如市场上某种商品大多数的成交价格,多数人的服装和鞋帽尺寸等,都是众数。但只有在总体单位数多且有明显的集中趋势时,才可计算众数。

要直接确定众数,只能依据分组资料。如果是未分组资料,首先应进行统计分组。

(1) 单项式数列的众数。

确定单项式数列的众数是非常容易的,次数最多的那一组的变量值就是众数。

【例4-11】 某班50名学生年龄分布如表4-5所示。

表4-5 某班50名学生年龄分布

年龄/岁	人数/人
16	2
17	4
18	28
19	14
20	2
合计	50

从表中可以直接看出,18岁学生人数最多,为28人,因此18岁就是众数。

用 Excel 求解：

①在一张空 Excel 工作表中的 A1：A6 单元格区域输入 6 组人数值，如图 4－12 所示。

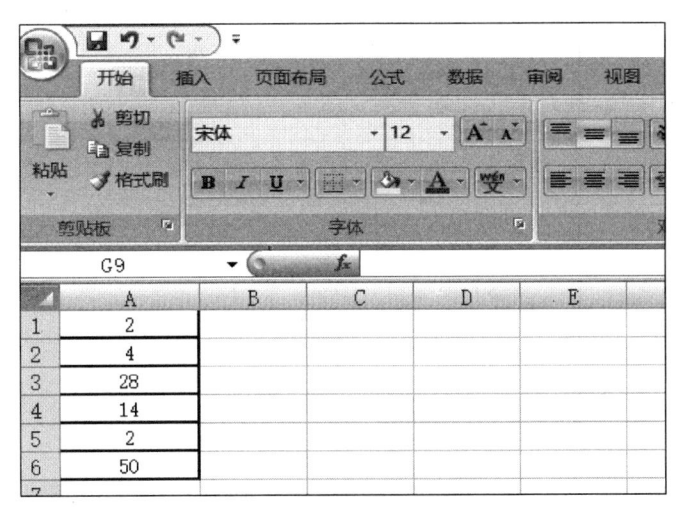

图 4－12　年龄分布人数值输入

②在任一单元格中输入公式"＝MODE（A1：A6）"，即可计算出众数，如图 4－13 所示。

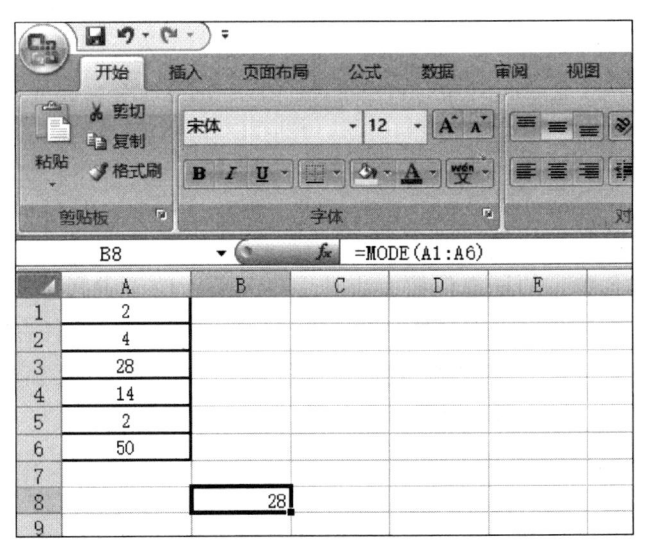

图 4－13　众数计算结果

（2）组距式数列的众数。

计算组距式数列的众数，相对来说要复杂一些，首先应将次数最多的那一组作为众数组，然后运用众数的下限公式或上限公式进行近似计算。

下限公式：
$$M_o = L + \frac{\Delta_1}{\Delta_1 + \Delta_2} \times d$$

上限公式：
$$M_o = U - \frac{\Delta_2}{\Delta_1 + \Delta_2} \times d$$

式中，M_o 代表众数；L 代表众数组下限；U 代表众数组上限；Δ_1 代表众数组次数与前一组次数之差；Δ_2 代表众数组次数与后一组次数之差；d 代表众数组组距。

【例4-12】 某班40名学生某次英语成绩分布如表4-6所示。

表4-6 某班40名学生某次英语成绩分布

成绩/分	人数/人
50~60	1
60~70	7
70~80	18
80~90	12
90~100	2
合计	40

从表4-6中可以直接看出，70~80组人数最多，为18人，因此该组最有可能是众数组。
运用下限公式计算：

$$M_o = L + \frac{\Delta_1}{\Delta_1 + \Delta_2} \times d = 70 + (18-7)/[(18-7)+(18-12)] \times (80-70) = 76.47(分)$$

运用上限公式计算：

$$M_o = U - \frac{\Delta_2}{\Delta_1 + \Delta_2} \times d = 80 - 6/(11+6) \times 10 = 76.47(分)$$

从计算结果可以看出，下限公式和上限公式的计算结果是一致的，实际统计工作中，用哪一个公式都可以。

5. 中位数（Median）

中位数是指总体各单位的标志值按大小顺序排列后，位于中间位置的标志值。也就是说，中位数是位于标志值数列中心位置的那个标志值，在它的前后各有50%的标志值。可见中位数是以处于中心位置的标志值，代表总体各单位标志值的一般水平，所以它与众数一样，代表性也较差。中位数也是一种位置平均数。

（1）未分组资料的中位数。

确定未分组资料的中位数相对来说较为容易，首先将所有标志值按大小顺序排列，然后确定数列的中点位置。不论数列项数是奇数项还是偶数项，中点位置均在第$(n+1)/2$项上。如果数列是奇数项，则中点位置上的标志值即为中位数；如果数列是偶数项，则中点位置前后两个标志值的算术平均数即为中位数。

【例4-13】 一学习组由7名学生组成，其年龄分别是21岁、21岁、22岁、22岁、22岁、23岁、24岁。则在该学习小组学生的年龄中，中点位置为$(n+1)/2 = (7+1)/2 = 4$，因为数列项数是奇数项，所以中位数就是中点位置（第4个位置）上的年龄22岁。

利用Excel求解：

①在一张空Excel工作表中的A1：A7单元格区域输入7个数值。

②在任一单元格内输入"=MEDIAN（A1：A7）"，就可计算出中位数，即中值，如图4-14所示。

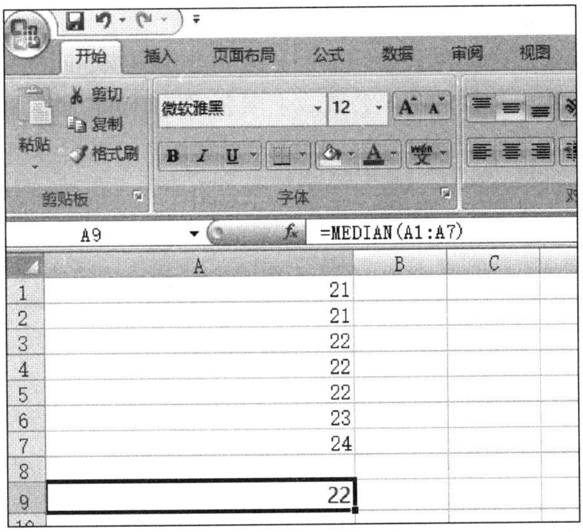

图 4-14 中位数计算结果

【例 4-14】 一学习小组由 8 名学生组成，其年龄分别为 21 岁、21 岁、21 岁、22 岁、22 岁、22 岁、23 岁、24 岁。则在该学习小组学生的年龄中，中点位置为 $(n+1)/2 = (8+1)/2 = 4.5$，因为数列项数是偶数项，所以中位数是第 4 个位置上年龄 22 岁与第五个位置上年龄 22 岁的算术平均数，结果为 22 岁。

（2）已分组资料的中位数。

已分组资料有单项式数列和组距式数列两种，它们的中位数确定方法各异。

①单项式数列的中位数。

确定单项式数列中位数时，首先用公式 $(\sum_{i=1}^{n} f_i + 1)/2$ 确定中位数位置，然后计算各组累计次数并确定中位数组（即中位数所在组）及中位数。

【例 4-15】 某班 50 名学生年龄分布如表 4-7 所示。

表 4-7 某班 50 名学生年龄分布

年龄/岁	人数/人	向上累计人数	向下累计人数
16	2	2	50
17	4	6	48
18	28	34	44
19	14	48	16
20	2	50	2
合计	50	—	—

中点位置为：$\left(\sum_{i=1}^{n} f_i + 1\right)/2 = (50+1)/2 = 25.5$

由于中位数处于第 25.5 位上，由向上累计次数可以看出，前两组累计人数为 6 人，而前三组累计人数为 34 人，所以中位数肯定在第三组，也就是说第三组为中位数组，则第三组的变量值就是中位数，即中位数为 18 岁。

②组距式数列的中位数。

组距式数列与单项式数列中位数组的确定方法完全相同。不同的是，确定出组距式数列中位数组以后，需要运用中位数的下限公式或上限公式进行近似计算。

下限公式：
$$M_e = L + \frac{\sum_{i=1}^{n} f_i}{2} - S_{m-1}}{f_m} \times d$$

上限公式：
$$M_e = U - \frac{\sum_{i=1}^{n} f_i}{2} - S_{m+1}}{f_m} \times d$$

式中，M_e 代表中位数；L 代表中位数下限；U 代表中位数上限；f_m 代表中位数的次数；S_{m-1} 代表中位数组以前各组的累计次数；S_{m+1} 代表中位数组以后各组的累计次数；$\sum f_i$ 代表为总次数；d 代表中位数组的组距。

【例 4-16】 某班 40 名学生某次英语成绩分布如表 4-8 所示。

表 4-8　某班 40 名学生某次英语成绩分布

成绩/分	人数/人	向上累计人数	向下累计人数
50~60	1	1	40
60~70	7	8	39
70~80	18	26	32
80~90	12	38	14
90~100	2	40	2
合计	40	—	—

中点位置为：$(\sum_{i=1}^{n} f_i + 1)/2 = (40 + 1)/2 = 20.5$

由于中位数处于第 20.5 位上，由向上累计次数可以看出，前两组累计人数为 8 人，而前三组累计人数为 26 人，所以中位数肯定在第三组，也就是说第三组为中位数组。

运用下限公式计算：$M_e = 70 + \dfrac{\frac{40}{2} - 8}{18} \times (80 - 70) = 76.67(分)$

运用上限公式计算：$M_e = 80 - \dfrac{\frac{40}{2} - 14}{18} \times 10 = 76.67(分)$

二、计算标志变异指标

(一) 标志变异指标的含义与作用

1. 标志变异指标的含义

标志变异指标又称标志变动度，是综合反映总体各单位标志之间差异程度的一种统计指标。标志变异指标与平均值是一个问题的两个方面，是相辅相成的。平均指标将总体各单位标志值之间的差异抽象化，反映了这些标志值的一般水平，说明了变量数列中变量值的集中点或集中趋势；而标志变异指标可以反映变量值的离中趋势，说明了总体各单位标志之间的差异大小或变异程度。

2. 标志变异指标的作用

标志变异指标在统计分析研究中的作用主要有以下几个方面。

（1）反映了总体各单位标志值分布的离中趋势。

平均值反映了总体各单位标志值的集中趋势，但是这些标志值毕竟不完全相同，有大有小，之间存在着差异；而标志变异指标则反映了总体各单位标志值之间的差异大小和分散程度。标志变异指数值越大，说明总体各单位之间差异越大；反之，就越小。

（2）可以说明平均指标的代表性程度。

平均值代表了总体各单位标志值的一般水平，其代表性的高低与标志变异值大小成反向关系。一般情况下，标志变异指标数值越大，平均值代表性越低；反之则越高。例如，甲学习小组5名学生的成绩分别为60分、65分、70分、75分和80分，乙学习小组5名学生的成绩分别为30分、40分、80分、100分和100分，则通过计算不难得出两组的平均分都是70分，很明显甲组5名学生成绩之间的差异较小，而乙组5名学生成绩之间的差异较大，故甲组学生平均成绩代表性较高。

（3）能够说明现象变动的均匀性或稳定性程度。

例如，A企业2011年四个季度完成全年利润额计划百分比分别为10%、20%、30%和40%，B企业分别为24%、27%、26%和23%。很显然，A企业各季度利润额计划完成百分比之间差异很大，存在前松后紧的情况；而B企业各季度计划完成百分比之间较为接近，计划执行进度较均匀。

（二）标志变异指标的计算方法

标志变异指标按照计算方法和精确度的不同，分为全距、平均差、标准差和变异系数四种。下面分别介绍它们的特点和计算方法。

1. 平均差（Average Deviation）

平均差是各单位标志值对平均数的离差绝对值的平均数，常用 $A.D.$ 表示。计算时之所以取绝对值，是为了避免各种离差之和出现正负相互抵消。

平均差实际上说明每个标志值对其平均值的平均偏离程度，它考虑到了每一个标志值的情况，因此能比较全面、准确地反映标志值的变异程度。但由于计算中取绝对值，从而不便于代数运算，使用范围受到限制。

根据资料是否分组，平均差有简单平均差和加权平均差两种计算公式。

（1）简单平均差。

$$A.D. = \frac{\sum_{i=1}^{n} |x_i - \bar{x}|}{n}$$

式中，n 表示总体单位数；x_i 表示变量值；$\bar{x}$ 表示算术平均数。

【例4-17】 某班有20名学生，按性别分成两组，同时该班某门课程的期中测验成绩如表4-9所示。已知该班该门课程平均分数为80分。

表4-9 男生组、女生组的成绩

女生组		男生组	
成绩（x_i）	$\|x_i-\bar{x}\|$	成绩（x_i）	$\|x_i-\bar{x}\|$
68	12	60	20
70	10	62	18
72	8	63	17
76	4	65	15
80	0	76	4
82	2	88	8
85	5	95	15
88	8	96	16
89	9	97	17
90	10	98	18
合计	68	合计	148

女生组： $A.D. = \dfrac{\sum\limits_{i=1}^{n}|x_i-\bar{x}|}{n} = \dfrac{68}{10} = 6.8$

男生组： $A.D. = \dfrac{\sum\limits_{i=1}^{n}|x_i-\bar{x}|}{n} = \dfrac{148}{10} = 14.8$

可见，女生组成绩的平均差为6.8分，男生组的平均差是14.8分，男生组成绩的平均差明显大于女生组，说明女生组平均成绩的代表性要大于男生组平均成绩的代表性。

(2) 加权平均差。

当所依据资料是在统计分组基础上所形成的变量数列资料时，适宜采用这种形式。其公式为：

$$A.D. = \dfrac{\sum\limits_{i=1}^{n}|x_i-\bar{x}|f_i}{\sum\limits_{i=1}^{n}f_i}$$

式中，x_i——各组变量值或者组中值；
$\quad\quad f_i$——各组次数。
其他符号同前。

【例4-18】 某商场食品部职工日销售额资料如表4-10所示，请计算加权平均差。

表4-10 某商场食品部职工日销售额

按每人每日销售额分组/元	职工人数（f_i）	离差绝对值$\|x_i-\bar{x}\|$	离差绝对值加权$\|x_i-\bar{x}\|f_i$
2 200	2	600	1 200
2 600	3	200	600
2 800	4	0	0
3 000	5	200	1 000
3 200	2	400	800
合计	16	—	3 600

根据表中的资料，可得加权算术平均数为 2 800 元/人，加权平均差为：

$$A.D. = \frac{\sum_{i=1}^{n}|x_i - \bar{x}|f_i}{\sum_{i=1}^{n}f_i} = \frac{3\,600}{16} = 225(元/人)$$

计算结果表明，该商场日销售额的加权平均差为 225 元/人。

【例 4-19】 甲班学生成绩如表 4-11 所示。计算甲班学生成绩的平均差。另乙班学生平均成绩 78 分，平均差 8 分。试问哪个班学生平均成绩代表性大？

表 4-11 甲班学生成绩表

成绩/分	人数 f_i/人	组中值 x_i	每组总成绩 $x_i f_i$/分	离差绝对值 $\|x_i - \bar{x}\|$	离差绝对值加权 $\|x_i - \bar{x}\|f_i$
60~70	10	65	650	13	130
70~80	20	75	1 500	3	60
80~90	15	85	1 275	7	105
90 以上	5	95	475	17	85
合计	50		3 900		380

$$\bar{x} = \frac{\sum_{i=1}^{n}x_i f_i}{\sum_{i=1}^{n}f_i} = \frac{3\,900}{50} = 78(分)$$

$$A.D. = \frac{\sum_{i=1}^{n}|x_i - \bar{x}|f_i}{\sum_{i=1}^{n}f_i} = \frac{380}{50} = 7.6(分)$$

因为乙班学生平均成绩 78 分，平均差 8 分，甲班的平均差小于乙班的平均差，因此甲班级的学生平均成绩代表性大。

从上例可以看出，平均差是根据全部标志值计算出来的，不仅仅受极端数值的影响。因此，它能综合反映总体中各单位标志值之间的离散程度。平均差越大，则总体单位标志变异程度越大，平均指标的代表性就越低；平均差越小，表明总体单位标志变异程度越小，平均指标的代表性就越高。

平均差考虑了研究总体中所有标志值的差异程度，所以可以准确地综合反映总体的离散程度。但每项平均差的计算都必须取绝对值，这就带来了不便于进行数学处理的问题，因而在实际应用中受到了很大的限制。

2. 标准差

（1）标准差的概念。

标准差是总体各单位标志值与其算术平均数离差平方的算术平均数的平方根。用符号"σ"表示。

（2）标准差的计算。

第一步，计算各单位标志值与其算术平均数的离差；

第二步，将各离差进行平方（平方比较符合代数运算）；
第三步，将离差平方和除以离差项数，计算出方差；
第四步，计算方差的平方根，即为标准差。
根据所掌握资料的不同，标准差可分为简单标准差和加权标准差。

（3）简单标准差。
当已知总体各单位的标志值，并且这些标志值未经分组形成变量数列时，适宜采用这种形式。即当掌握的资料是未分组资料时，可采用如下公式计算简单标准差。

$$\sigma = \sqrt{\frac{\sum_{i=1}^{n}(x_i - \bar{x})^2}{n}}$$

式中，x_i——变量值；
　　　$\bar{x}$——算术平均数；
　　　n——变量值项数。

【例4-20】已知平均成绩为80分，以表4-12中考试成绩为例，说明简单标准差的计算。

表4-12　男生、女生中考成绩

女生组		男生组	
成绩（x_i）	$(x_i - \bar{x})^2$	成绩/分	$(x_i - \bar{x})^2$
68	144	60	400
70	100	62	324
72	64	63	289
76	16	65	225
80	0	76	16
82	4	88	64
85	25	95	225
88	64	96	256
89	81	97	289
90	100	98	324
合计	598	合计	2 412

根据上表中的资料，女生组成绩的简单标准差为：

$$\sigma = \sqrt{\frac{\sum_{i=1}^{n}(x_i - \bar{x})^2}{n}} = \sqrt{\frac{598}{10}} = \sqrt{59.8} = 7.73(\text{分})$$

男生组成绩的简单标准差为：

$$\sigma = \sqrt{\frac{\sum_{i=1}^{n}(x_i - \bar{x})^2}{n}} = \sqrt{\frac{2\,412}{10}} = \sqrt{241.2} = 15.53(\text{分})$$

女生组成绩的标准差小于男生组成绩的标准差，因此，女生组的平均成绩代表性较高。

用 Excel 求解：

①输入数据。

②在菜单栏中选择"公式""插入函数"，选择常用函数中的 STDEV 函数，如图 4-15 所示。

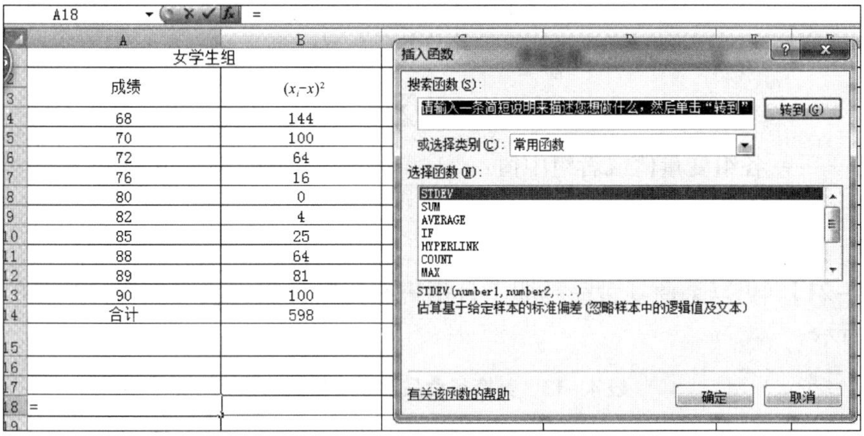

图 4-15　"插入函数"对话框

③将鼠标定位在任意空白的单元格之内，单击"确定"按钮之后，在"Number1"这一栏中选中"A4：A13"这一列，如图 4-16 所示。

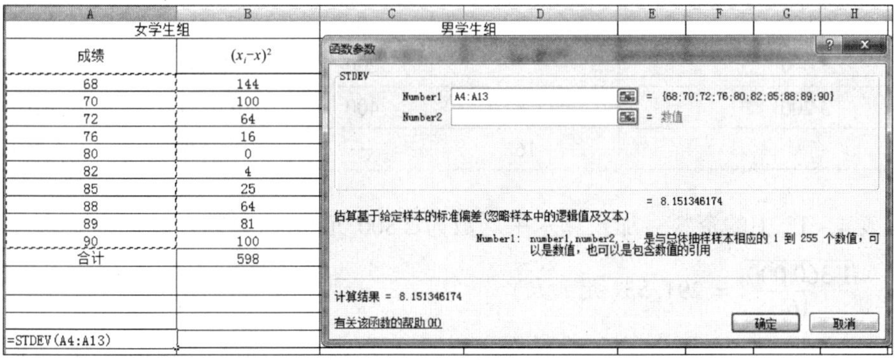

图 4-16　"函数参数"对话框

④单击"确定"按钮，则在选中的单元格之内就会出现女生组成绩的标准差 7.733 045 971 672 5，如图 4-17 所示。

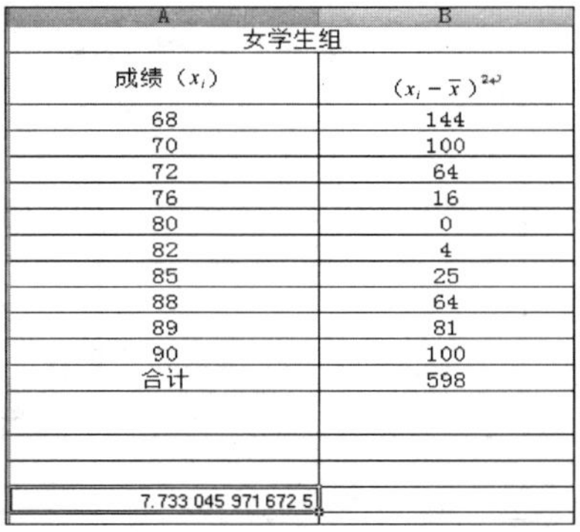

图 4-17　女生组成绩标准差计算结果

(4) 加权标准差。

当所依据的资料是在统计分组基础上形成的变量数列资料时,适宜采用这种形式。其公式为:

$$\sigma = \sqrt{\frac{\sum_{i=1}^{n}(x_i-\bar{x})^2 f_i}{\sum_{i=1}^{n} f_i}}$$

式中,x_i——各组变量值或者组中值;
　　　f_i——各组次数。

其他符号同前。

【例 4-21】 仍以某商场食品部职工日销售额资料为例,说明加权标准差的计算,如表 4-13 所示。

表 4-13　某商场食品部职工日销售额

按每人每日销售额分组/元 (x_i)	职工人数/人 (f_i)	离差 ($x_i - \bar{x}$)	离差平方 $(x_i - \bar{x})^2$	离差平方加权 $(x_i - \bar{x})^2 f_i$
2 200	2	-600	360 000	720 000
2 600	3	-200	40 000	120 000
2 800	4	0	0	0
3 000	5	200	40 000	200 000
3 200	2	400	160 000	320 000
合计	16	—	600 000	1 360 000

根据表 4-13 中的资料,加权算术平均数为 2 800 元/人,计算加权标准差为:

$$\sigma = \sqrt{\frac{1\ 360\ 000}{16}} = 291.55(元/人)$$

用 Excel 的做法:在任意一个单元格之内输入公式" =SQRT((B1*D1+B2*D2+B3*D3+B4*D4+B5*D5)/SUM(B1:B5))",即可求得加权标准差,如图 4-18 所示。

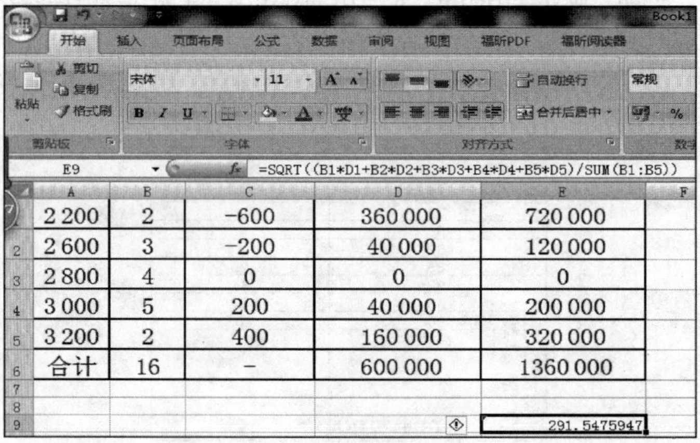

图 4-18　加权标准差计算结果

其中 SQRT 是求一个数的开方运算的 Excel 公式。

若服装部的日销售额加权算术平均数为 2 800 元/人，加权标准差为 300 元/人，则食品部的日销售额的代表性较高。

标准差与平均差一样，考虑到总体所有单位标志值之间的差距。标准差是通过对标志值与算术平均数的离差先平方最后再开平方来消除正负离差抵消问题的。对离差平方求平均数并开方，就恢复了原来的计算单位。标准差同其他标志变异指标比较，有较多优点，所以得到了广泛应用。

问题解决

在"情境引例"中，调查报告的结论是科学的，那为何会让民众产生如此大的反应呢？通过本情境的学习，我们知道在考察数据样本的时候，不能只考察其平均指标，而忽视了其本身存在的巨大差异性。如果不考虑变异指标，则很多普通家庭的资产就被少数富裕家庭的资产给平均了。只有将平均指标与变异指标结合起来共同进行分析，才能得出合理可靠的结论，同时两者的结合也有助于决策者更科学地了解社会情况并作出合理的社会决策。

拓展阅读 狐狸开公司

狐狸在森林里开了一家服装公司，生意日渐红火起来。可是公司的员工却十分不满。原来员工们每天的工作强度很大，但工资却很低。员工们每天从早忙到晚上，得不到休息，而得到的工资又不多。所以它们集体罢工，要求减轻工作量，增加工资。

狐狸想：与其给原来职工加工资以求保住员工，还不如招一批新工人合算。因为即使给它们低工资，一时半会也不会闹事。于是它马上印了许多广告到处张贴，说："本公司平均工资1 800元，名额有限，欲报从速。"

小老虎听说了以后，心想一个月1 800元工资还不错，于是到公司报名。狐狸对小老虎说："我们公司的平均工资是1 800元，你愿意到我们公司工作吗？"小老虎表示同意，狐狸马上录用了它，合同期为1年。

第一个月，小老虎干得非常卖力。到了月底，小老虎高高兴兴地去领工资，等钱拿到手后，一数怎么才800元。小老虎气呼呼地找到狐狸责问为什么不是1 800元，而只给了800元。狐狸狡猾地一笑，说："我说的是员工平均工资1 800元呀！既然是平均数，那自然就有高有低了。"狐狸像变戏法一样，从桌里拿出一张表格：

职务	经理	副经理	员工
人数/人	1	2	12
月工资/元	10 000	3 700	800

本公司职员平均工资：

$$(10\ 000 \times 1 + 3\ 700 \times 2 + 800 \times 12) \div (1 + 2 + 12)$$
$$= (10\ 000 + 7\ 400 + 9\ 600) \div 15$$
$$= 27\ 000 \div 15$$
$$= 1\ 800\ (元)$$

狐狸指着这张表格说："看见了吗？本厂的平均工资确实是1 800元。"小老虎迷惑了："难道平均工资1 800元，不是每个工人1 800元吗？"请分析一下小老虎的理解错在哪里。

数字与文学

在18世纪末期，一些期刊上署名为Federalist的12篇文章的真正作者是谁，曾引起长期争议。有人认为文章的作者是英国政治家哈密尔顿，有人认为是美国第四任总统麦迪逊。1964年，两位英国统计学家用统计方法开始对其进行考证。开始，用"平均句长"对哈密尔顿和麦迪逊的其他文章进行分析，结果是两位作者的"平均句长"几乎相同，无显著差异。后来，对两位作者的"用词习惯"进行统计分析，发现这两位作者在某些词的使用上有明显差异。哈密尔顿在他的18篇文章中，有14篇用了"enough"这个词，麦迪逊在其14篇文章中根本不用"enough"；哈密尔顿喜欢用"while"，而麦迪逊总是用"whilst"；哈密尔顿喜欢用"upon"，而麦迪逊则很少用。两位统计学家将哈密尔顿和麦迪逊的写作习惯和风格与署名为Federalist的文章进行对比，最后确定麦迪逊是真正的作者，从而结束了长期的争论。

1928年，有人提出《静静的顿河》的作者不是肖洛霍夫，而是一位哥萨克作家克留柯夫。1974年，一位匿名作家在巴黎出版了一本书，断言克留柯夫是《静静的顿河》的真正作者，肖洛霍夫则是一个剽窃者。

为弄清事实真相，一些学者用统计方法进行了考证。具体做法是将《静静的顿河》同肖洛霍夫和克留柯夫两个人没有疑问的作品用计算机量化，采集数据，加以分析，研究结果表明，《静静的顿河》与肖洛霍夫的作品非常接近，与克留柯夫的作品则相距甚远，有充分把握推断出《静静的顿河》是肖洛霍夫所作，从而了结了长达数十年的文坛公案。

任务实训

某学校甲班学生的学号、性别、年龄及某次考试后的英语成绩和语文成绩如表4-14所示；乙班有50人，有7名任课老师，全班英语总成绩为3 950分，全班在学校当年的春季运动会上计划获取总分300分，实际获得330分。

表4-14 某学校甲班学生性别、年龄、英语和语文成绩

学号	性别	年龄	英语成绩	语文成绩
1	女	19	71	85
2	男	20	66	95

续表

学号	性别	年龄	英语成绩	语文成绩
3	男	19	90	90
4	女	18	83	95
5	男	21	72	80
6	男	22	61	95
7	女	23	67	80
8	男	19	70	90
9	女	20	81	95
10	男	21	72	95
11	男	19	68	95
12	女	20	29	75
13	男	20	74	95
14	男	19	80	95
15	男	19	60	85
16	女	21	26	80
17	男	22	64	90
18	女	19	61	40
19	女	19	84	80
20	女	20	53	95

实训要求

1. 根据所给资料，计算有关总量指标，如"甲班学生人数规模""甲班各性别人数规模""甲班各年龄人数规模"。

2. 计算有关相对指标，如"乙班运动会获得总分的计划完成相对数""甲班男生占全班人数的比重""甲班女生占全班人数的比重""甲班各档次分数的人数的比重""甲班男女生比例相对数""甲班与乙班人数的比较相对数""甲班与乙班英语总成绩的比较相对数""甲班与乙班英语平均成绩的比较相对数""乙班每10人所拥有的任课教师数"。

3. 使用简单平均法计算有关平均指标；使用简单平均法计算有关标志变异指标。

综合训练

一、单项选择题

1. 在什么条件下，简单算术平均数和加权算术平均数计算结果相同？（　　）

　　A. 权数不等　　　　　　　　　　B. 权数相等
　　C. 变量值相同　　　　　　　　　D. 变量值不同

2. 对于不同水平的总体不能直接用标准差比较其标志变动度，这时需分别计算（   ）。
   A. 标准差系数　　　B. 平均差　　　　C. 全距　　　　　　D. 均方差
3. 已知某公司下属企业数、工人数、每个企业某月产值计划完成百分比和实际产值，要计算该公司月平均产值计划完成程度，采用加权调和平均数的方法计算，其权数是（   ）。
   A. 计划产值　　　　B. 实际产值　　　C. 工人数　　　　　D. 企业数
4. 一个由许多部分组成的总体，各部分所占比重之比是（   ）。
   A. 结构相对指标　　　　　　　　　　B. 比例相对指标
   C. 强度相对指标　　　　　　　　　　D. 比较相对指标
5. 算术平均数的基本形式是（   ）。
   A. 同一总体不同部分对比
   B. 总体的部分数值与总体数值对比
   C. 总体单位数量标志值之和与总体单位总数对比
   D. 不同总体两个有联系的指标数值对比
6. 某厂 2016 年完成产值 2 000 万元，2017 年计划增长 10%，实际完成 2 310 万元，超额完成计划（   ）。
   A. 5.5%　　　　　　B. 5%　　　　　　C. 115.5%　　　　　D. 15.5%
7. 算术平均数与众数的相对大小是（   ）。
   A. 算术平均数大于众数　　　　　　　B. 算术平均数小于众数
   C. 算术平均数等于众数　　　　　　　D. 无法比较
8. 权数对算术平均数的影响作用，实质上取决于（   ）。
   A. 作为权数的各组单位数占总体单位数比重的大小
   B. 各组标志值占总体标志总量比重的大小
   C. 标志值本身的大小
   D. 标志值数量的多少
9. 某企业的总产值计划比去年提高 11%，执行结果提高 13%，则总产值计划完成提高程度为（   ）。
   A. 13%　　　　　　B. 1.8%　　　　　C. 2.25%　　　　　　D. 2.29%
10. 反映不同总体中同类指标对比的相对指标是（   ）。
    A. 结构相对指标　　　　　　　　　　B. 比较相对指标
    C. 强度相对指标　　　　　　　　　　D. 计划完成程度相对指标
11. 我国人口中，男女人口的性别比为 106∶100，这是（   ）。
    A. 比例相对指标　　　　　　　　　　B. 比较相对指标
    C. 强度相对指标　　　　　　　　　　D. 平均指标
12. 我国的经济单位总数指标属于（   ）。
    A. 结构相对指标　　　　　　　　　　B. 比例相对指标
    C. 总体单位总量　　　　　　　　　　D. 总体标志总量
13. 比较两个不同水平数列总体标志的变异程度，必须利用（   ）。
    A. 标准差　　　　　B. 离散系数　　　C. 平均差　　　　　　D. 全距

14. 强度相对指标与平均指标相比（   ）。
    A. 都具有平均意义　　　　　　　　　B. 都可用复名数表示
    C. 都是两个有联系的总体对比　　　　D. 都具有正逆指标
15. 用标准差比较分析两个同类总体平均指标的代表性的前提条件是（   ）。
    A. 两个总体的标准差应相等　　　　　B. 两个总体的平均数应相等
    C. 两个总体的单位数应相等　　　　　D. 两个总体的离散系数应相等
16. 2005 年某市下岗职工已安置了 13.7 万人，安置率达 80.6%，安置率是（   ）。
    A. 总量指标　　　　　　　　　　　　B. 变异指标
    C. 平均指标　　　　　　　　　　　　D. 相对指标
17. 甲、乙两数列的平均数分别为 100 和 14.5，它们的标准差为 12.8 和 3.7，则（   ）。
    A. 甲数列平均数的代表性高于乙数列
    B. 乙数列平均数的代表性高于甲数列
    C. 两数列平均数的代表性相同
    D. 两数列平均数的代表性无法比较
18. 由反映总体各单位数量特征的标志值汇总得出的指标是（   ）。
    A. 总体单位总量　　　　　　　　　　B. 总体标志总量
    C. 质量指标　　　　　　　　　　　　D. 相对指标
19. 比较不同水平的总体的标志变动度，需要计算（   ）。
    A. 平均差　　　B. 标准差　　　C. 标准差系数　　　D. 全距
20. 计算结构相对指标时，总体各部分数值与总体数值对比求得的比重之和（   ）。
    A. 小于 100%　　　　　　　　　　　B. 大于 100%
    C. 等于 100%　　　　　　　　　　　D. 小于或大于 100%

二、多项选择题

1. 下列指标中的结构相对指标是（   ）。
    A. 国有制企业职工占总数的比重　　　B. 某工业产品产量比上年增长的百分比
    C. 大学生占全部学生的比重　　　　　D. 中间投入占总产出的比重
    E. 人均 GDP
2. 位置平均数包括（   ）。
    A. 算术平均数　　B. 几何平均数　　C. 众数
    D. 中位数　　　　E. 调和平均数
3. 下列指标中强度相对指标是（   ）。
    A. 人口密度　　　　　　　　　　　　B. 平均每人占有粮食产量
    C. 人口自然增长率　　　　　　　　　D. 人均国内生产总值
    E. 人均 GDP
4. 标准差（   ）。
    A. 表明总体单位标志值的一般水平　　B. 反映总体单位的一般水平
    C. 反映总体单位标志值的离散程度　　D. 反映总体分布的离中趋势
    E. 反映总体的一般水平

5. 下列指标属于相对指标的是（　　）。
　　A. 某地区平均每人生活费 245 元　　B. 某地区人口出生率 1.43%
　　C. 某地区粮食总产量 4 000 万吨　　D. 某产品产量计划完成程度为 113%
　　E. 劳动生产率

6. 影响加权算术平均数的因素有（　　）。
　　A. 各组频率或频数　　B. 各组标志值的大小
　　C. 各组组距的大小　　D. 各组组数的多少
　　E. 总体容量大小

7. 标志变异指标可以（　　）。
　　A. 衡量平均数的代表性　　B. 反映社会经济活动过程的均衡性
　　C. 反映社会经济活动过程的节奏性　　D. 反映总体各单位标志值的差异程度
　　E. 研究社会现象的稳定性

8. 下列统计指标属于总量指标的是（　　）。
　　A. 工资总额　　B. 商业网点密度
　　C. 进出口总额　　D. 人均国民生产总值
　　E. GDP

9. 在相对指标中，属于不同总体数值对比的指标有（　　）。
　　A. 结构相对指标　　B. 比较相对指标
　　C. 比例相对指标　　D. 强度相对指标
　　E. 计划相对指标

10. 在下列（　　）条件下，加权算术平均数等于简单算术平均数。
　　A. 各组次数相等　　B. 各组变量值不等
　　C. 变量数列为组距数列　　D. 各组次数占总次数的比重相等
　　E. 各组组距相等

三、判断题

1. 相对指标都是用无名数形式表现出来的。（　　）
2. 权数对算术平均数的影响作用只表现为各组出现次数的多少，与各组次数占总次数的比重无关。（　　）
3. 众数是总体中出现最多的那个次数。（　　）
4. 2018 年与 2017 年相比，甲企业工人劳动生产率是乙企业的一倍，这是比较相对指标。（　　）
5. 国民收入中积累额与消费额之比为 1∶3，这是一个比较相对指标。（　　）
6. 能计算总量指标的总体必须是有限总体。（　　）
7. 总量指标和平均指标反映了现象总体的规模和一般水平，但掩盖了总体各单位的差异情况，因此通过这两个指标不能全面认识总体的特征。（　　）
8. 对两个性质相同的变量数列比较其平均数的代表性，都可以采用标准差指标。（　　）
9. 利用变异指标比较两总体平均数的代表性时，标准差越小，说明平均数的代表性越大；标准差系数越小，则说明平均数的代表性越小。（　　）

10. 甲地农产品总平均数高于乙地，则甲地农产品组平均数也高于乙地。（ ）
11. 标准差系数小，说明平均数代表性好。（ ）
12. 某年甲、乙两地社会商品零售额之比为1：3，这是一个比例相对指标。（ ）
13. 平均指标总能反映总体一般水平。（ ）
14. 极差可以说明总体变异程度。（ ）
15. 根据分组资料计算算术平均数，当各组单位数出现的次数均相等时，按加权算术平均数计算的结果与按简单算术平均数计算的结果相同。（ ）
16. 标志变异指标数值越大，说明总体中各单位标志值的变异程度越大，则平均指标的代表性越小。（ ）
17. 同一总体的一部分数值与另一部分数值对比得到的相对指标是比较相对指标。（ ）
18. 总体单位总量和总体标志总量是固定不变的，不能互相变换。（ ）
19. 中位数与众数都是位置平均数，因此用这两个指标反映现象的一般水平缺乏代表性。（ ）

四、填空题

1. 总量指标按其反映现象总体内容不同，分为＿＿＿＿和＿＿＿＿。
2. 销售利润率指标属于＿＿＿＿相对指标，成本利润率属于＿＿＿＿相对指标。
3. 人均粮食生产量属于＿＿＿＿指标，人均粮食消费量属于＿＿＿＿指标。
4. 比较相对指标的数值常用＿＿＿＿表示。
5. 平均指标反映了总体分布的＿＿＿＿水平。
6. 总量指标是最基本的统计指标，可以派生出＿＿＿＿指标和＿＿＿＿指标。
7. 算术平均数、调和平均数和几何平均数称为＿＿＿＿平均数，众位数和中数称为＿＿＿＿平均数。
8. 计划完成相对指标是＿＿＿＿与计划数之比。
9. 加权算术平均数的大小受＿＿＿＿和＿＿＿＿两大因素的影响。
10. 属于同一总体中不同数量对比的相对指标有＿＿＿＿和＿＿＿＿。

五、计算题

1. 某车间有甲、乙两个生产小组，甲组平均每个工人的日产量为55件，标准差为3.0件；乙组工人日产量资料如表4-15所示。

表4-15　乙组工人日产量资料

日产量/件	工人数/人
60~62	20
63~65	20
66~68	30
69~71	30

计算乙组平均每个工人的日产量，并比较甲、乙两生产小组哪个组的日产量更有代表性。

2. 甲、乙两班同时对"统计学原理"课程进行测试，甲班平均成绩为70分，标准差为9.0分；乙班的成绩分组资料如表4-16所示。

表4-16 乙班成绩分组资料

按成绩分组/分	学生人数/人
60以下	2
60~70	6
70~80	25
80~90	12
90~100	5

计算乙班学生的平均成绩，并比较甲、乙两班哪个班的平均成绩更有代表性。

3. 某企业甲、乙两个生产车间，甲车间平均每个工人日加工零件数为65件，标准差为11件；乙车间工人日加工零件数资料如表4-17所示。

表4-17 乙车间工人日加工零件数资料

日加工零件数/件	工人数/人
60以下	5
60~70	9
70~80	12
80~90	14
90~100	10

计算乙车间工人加工零件的平均数和标准差，并比较甲、乙两车间哪个车间的平均成绩更有代表性。

4. 有甲、乙两个品种的粮食作物，经播种实验后得知甲品种的平均产量为998斤，标准差为162.7斤；乙品种实验的资料如表4-18所示。

表4-18 乙品种实验的资料

亩产量/斤	播种面积/亩
900	1.1
950	0.9
1 000	0.8
1 050	1.2
1 100	1.0

计算乙品种的平均数和标准差，并比较甲、乙两品种哪个品种的平均产量更有代表性。

5. 某企业产品的有关资料如表 4-19 所示。

表 4-19 某企业产品资料

产品	单位成本/(元·件$^{-1}$)	2018 年产量/件
甲	25	1 500
乙	28	1 020
丙	32	980
合计	85	3 500

计算该企业 2018 年产品的平均单位成本。

情境五

动态指标分析

统计工作涉及社会经济生活的各个领域，统计学往往可与其他专业相结合，如工业统计、生物统计、金融统计、教育统计学等。各领域的社会经济现象和数据指标会随着时间推移而不断发展变化，因此在搜集、汇总统计数据的基础上，需通过对过去时间资料的分析和计算对事物的面貌与发展规律进行总结，对未来做出判断和预测。

本章主要通过案例和讲述，让学生熟悉动态数列的概念和种类，掌握动态数列的各种水平指标、平均指标的含义和计算方法，掌握动态数列速度指标的种类和计算方法，并结合实际熟练运用。

子情境一　动态数列概述

情境引例

2011—2015 年我国社会经济指标统计如表 5-1 所示。

根据核算，2015 年国内生产总值 676 708 亿元，比上年增长 6.9%；2014 年国内生产总值 635 910 亿元，比上年增长 7.3%；2013 年国内生产总值 588 019 亿元，比上年增长 7.7%；2012 年国内生产总值 534 123 亿元，比上年增长 7.7%；2011 年国内生产总值 484 124 亿元，比上年增长 9.5%。

表 5-1　2011—2015 年我国社会经济指标统计

年　份	2011	2012	2013	2014	2015
国内生产总值/亿元	484 124	534 123	588 019	635 910	676 708
国内生产总值增长率/%	9.5	7.7	7.7	7.3	6.9
一般公共预算收入/亿元	103 874	117 254	129 210	140 370	152 217
年末国家外汇储备/亿美元	31 811	33 116	38 213	38 430	33 304

问题：

（1）上述材料中的数列是静态数列还是动态数列？什么是动态数列？

（2）材料中国内生产总值和国内生产总值增长率是同一种动态数列吗？动态数列有哪些分类？

案例思考

社会经济现象是随着时间不断变化的，如上述案例中的国内生产总值，2013 年是 588 019 亿元，2014 年是 635 910 亿元，2015 年是 676 708 亿元等，一般公共预算收入和年末国家外汇储备也是如此，而国内生产总值增长率的数值及反映的社会现象又与另外三个指标不同。上述材料中的数值都是随着时间变化的，那么这类统计资料如何分析解读，都分属于哪一类动态数列，就是本情境要解答的问题。

知识目标

掌握动态数列的概念、种类。

能力目标

认识动态分析在社会经济活动中的作用。

知识阐述

一、动态数列的概念

动态数列又称时间数列，它是将某一指标在不同时间上的不同数值，按照时间（如按年、季、月等）先后顺序排列起来，而形成的统计数列，如表 5-2 所示。

表 5-2 2003—2006 年我国社会经济指标统计

年 份	2003	2004	2005	2006
职工工资总额/万元	6 656.4	8 100.0	9 080.0	9 405.3
全国年末人口数/万人	129 227	129 988	130 756	131 448
生产工人占全部职工比重/%	77.78	65.06	74.81	76.69

动态数列一般有两个构成要素：一是现象的所属时间，如表 5-2 中的 2003 年、2004 年等；二是反映客观现象的各具体指标数值，如表 5-2 中各年的职工工资总额、全国年末人口数等。在动态数列中，指标数值也称发展水平。

在统计分析中，动态数列可以描述社会经济现象变化的全过程，为研究社会经济现象的发展速度和变化规律提供依据。如表 5-2 中的职工工资总额和全国年末人口数，在 2003—2006 年表现为逐年增长的趋势；生产工人占全部职工比重在 2003—2006 年有波动，先降后升。这有助于分析过去和预测未来。可见，动态数列是观察分析现象发展变化的重要方法。

二、动态数列的种类

动态数列按其指标表现形式的不同，分为绝对数动态数列、相对数动态数列和平均数动态数列三种。其中，绝对数动态数列是基本的动态数列，相对数动态数列和平均数动态数列是在其基础上派生的。

1. 绝对数动态数列

绝对数动态数列又称为总量指标动态数列，是由一系列总量指标数值按时间先后顺序排列而成的统计数列。它反映了某种社会经济现象在各个时期达到的规模、水平及其发展变化情况。按其所反映现象的时间状况不同，绝对数动态数列又可分为时期数列和时点数列。

时期数列是反映某种社会经济现象在一段时期内发展过程总量的绝对数列。如表 5-2 中所列的 2003—2006 年我国职工工资总额就是一个时期数列。时期数列有如下特点：数列中的每一项指标数值都是通过连续登记取得的；数列中每个指标数值的大小与其包含时间的长短有直接关系，包含时期越长，指标数值越大；数列中各项指标数值可以直接相加，相加后反映更长一段时期的总量指标。

时点数列是指反映某种社会经济现象在一定时点（时刻）上的状况及其水平的绝对数动态数列。如表 5-2 中所列 2003—2006 年全国年末人口数就是时点数列。时点数列有如下特点：数列中的每一项指标数值，都是在某一时刻的特定状况下进行一次性登记取得的;数列指标的数值大小,与时点间隔的长短无直接关系;数列中各项指标不能相加,加总后的结果不具有实际意义。

2. 相对数动态数列

相对数动态数列又称为相对指标动态数列,是由一系列同类相对指标数值按时间先后顺序排列而成的统计数列。它反映社会经济现象之间的数量对比关系或说明现象的结果、速度的发展变化过程。如表5-2中的生产工人占全部职工比重就是相对数动态数列。

由于相对指标表现为两个绝对指标之比,而绝对指标又分为时期指标和时点指标,所以,相对数动态数列可通过两个时期数列对比、两个时点数列对比,一个时期数列和一个时点数列对比而进行编制。

3. 平均数动态数列

平均数动态数列又称为平均指标动态数列,是由一系列同类平均指标数值按时间先后顺序排列而成的统计数列。它反映某一社会经济现象一般水平的变化过程或发展趋势。例如,各个时期的粮食作物平均亩产量、产品单位成本、工人劳动生产率等所构成的动态数列,都是平均数动态数列。

平均数也表现为两个绝对指标之比,因此,平均数动态数列也可以由两个时期数列对比、两个时点数列对比,或一个时期数列和一个时点数列对比而编制。

三、动态数列的编制原则

动态数列显示现象的发展变化规律,各项指标均具有可比性。因此,编制动态数列应遵循的基本原则是保证数列中各个指标的数值具有可比性。

1. 时间长短应该一致

动态数列中的各项指标如果是时期指标,其数值所属的时期长短应该相等。因为时期指标的数值大小与时期有直接关系,只有时期长短一致,才能保证各指标值之间的可比性。动态数列中的各项指标如果是时点指标,其数值之间的时点间隔长度应该相等,以便于对比分析。

有时出于特定目的需要,也可以把不同时间长度的同类指标组成动态数列来进行比较分析,如表5-3所示。

表5-3 我国几个重要时期钢材产量统计表　　　　　　　　　　　　单位:万吨

年　份	1900—1949	1953—1957	1981—1985	1991—1995	2008
钢产量	776	1 667	20 304	42 947	58 488.1

以上动态数列资料中的第1项指标为1949年以前50年钢材产量的总和,其后3项指标均为5年的钢材产量之和,最后一项是2008年一年的钢材产量,比1991—1995年这五年的总和还要多。从表5-3可以看出,虽然时间长度不相等,但能说明问题,即说明1949年前经济落后和1949年后钢铁工业的迅速发展情况。此例旨在说明动态数列中时间要求的灵活性。但就一般情况而言,仍应使数列中各项指标的时间长度相等。

2. 总体范围应该一致

随着时间的推移，若被研究现象所属的空间范围及主管系统的变动影响到有关动态数列指标的变化，则其总体范围前后不可比。例如，研究某地区工业生产发展情况，如果那个地区的行政区划有了变动，则其前后指标就不能直接对比，而是必须将指标进行适当的调整，求得总体范围一致，才能观察事物在时间上的发展变化过程。

3. 经济内容必须相同

动态数列总的指标，有时会出现名称相同，其经济内容或经济含义却不相同的情况，如果不注意，就会影响对问题的分析。如商品价格有购进价格和销售价格之分，如果把这两种价格混在一起构成动态数列，就会导致得出错误的分析结论。因此，编制动态数列，不仅要看名称，更要注意内容。

4. 计算方法应该统一

对于同一现象，动态数列中各项指标的计算方法、计量单位和计算价格应该统一，并保持不变。例如，要研究工业企业劳动生产率的变动，产量用实物量还是用价值量，人数用全部职工数还是用生产工人数，前后都要统一起来。

问题解决

根据所学内容，我们来解决前面"情境引例"中出现的问题。

（1）是动态数列。动态数列又称时间数列，它是将某一指标在不同时间上的不同数值，按照时间（如按年、季、月等）先后顺序排列起来，而形成的统计数列。

（2）不是同一种动态数列。动态数列包括绝对数动态数列、相对数动态数列、平均数动态数列。国内生产总值、一般公共预算收入和年末国家外汇储备三个数列属于绝对数动态数列，国内生产总值增长率数列属于相对数动态数列。

子情境二 动态数列的水平分析

情境引例

我国2011—2015年国内生产总值及增长率如图5-1所示,其中2015年全年国内生产总值676 708亿元,比上年增长6.9%。

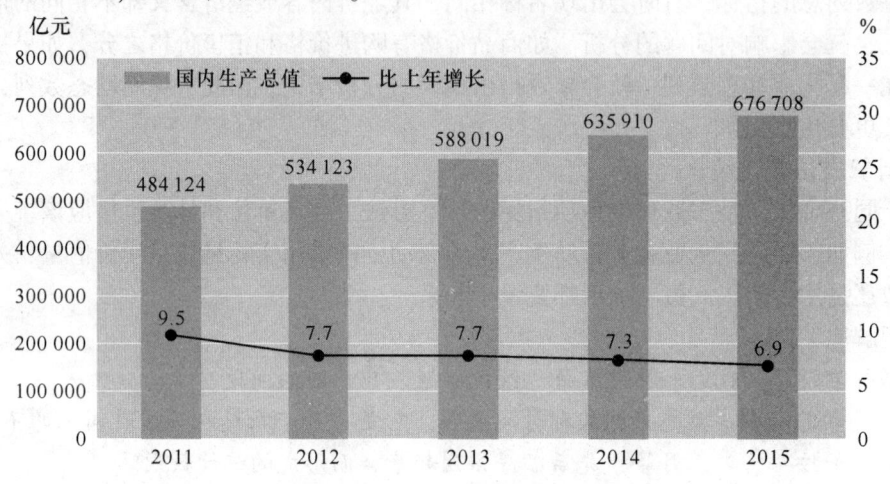

图5-1 2011—2015年我国国内生产总值及增长率

问题:
(1) 根据上述资料如何计算2011—2015年国内生产总值的平均值?
(2) 2013年国内生产总值比上年增长多少?

案例思考

上述案例中2011—2015年国内生产总值的条形图是一个绝对值时期数列,增长率曲线是一个相对值动态数列,若要分析2011—2015年五年的平均国内生产总值,需要掌握平均发展水平的分析计算方法;若计算2013年国内生产总值发展情况,则需掌握动态数列中增长量的分析计算方法。

知识目标

掌握动态数列发展水平、平均发展水平、增长量、平均增长量的计算方法。

能力目标

能够分析事物平均发展水平及增长情况。

知识阐述

动态数列的分析指标可分为水平指标和速度指标两大类。本节主要介绍水平指标中的发展水平和平均发展水平、增长量和平均增长量。

一、发展水平

发展水平是动态数列中各具体时间条件下的指标数值,简称水平,它反映事物的发展变化在一定时期内或时点上所达到的水平。发展水平是计算其他动态分析指标的基础指标,一般用小写字母 a_i 表示。

发展水平可以表现为统计绝对数,称为绝对水平;也可以表现为统计相对数,称为相对水平;还可以变现为统计平均数,称为平均水平。根据这些不同表现形式的发展水平而编制的动态数列分别称为绝对数动态数列、相对数动态数列、平均数动态数列。

根据在动态数列中的位置不同,发展水平有最初水平、中间水平和最末水平之分。在同一个动态数列中,出现最早的发展水平称为最初水平,用符号 a_0 表示;出现最晚的发展水平称为最末水平,用符号 a_n 表示;其余所有中间时间的发展水平称为中间水平,分别用符号 a_1、a_2、a_3、$\cdots$、a_{n-1} 表示。

在对动态数列中的发展水平进行比较分析时,通常将分析研究的那个时期的发展水平称为报告期水平,将作为比较基础时期的发展水平称为基期水平。由于研究目的的不同,基期的确定方法也有所不同,若要研究事物逐期发展的情况,就以报告期的前一期为基期;若要研究事物经过较长一段时间发展变化的综合情况,就以事物发展过程中的某一历史时期(一般为具有特殊意义或具有转折意义的时期)作为固定基期。例如,反映我国改革开放以来的经济发展状况时,总是以 1978 年的数据为固定基期水平。在一般的动态数列中,常常以最初水平为固定基期水平。

发展水平在文字上习惯用"增加到""增加为""降低到""降低为"等来表述。例如,2002 年我国国内出境人数 1 660 万人次,2003 年增加到 2 022 万人次。

二、平均发展水平

把动态数列中各个发展水平加以平均而得到的平均数称为平均发展水平,用以反映现象在一段时间内发展变化所达到的一般水平。平均发展水平又称序时平均数,也叫动态平均数。

动态平均数和静态平均数都是反映现象一般水平的统计指标,但二者又不同:动态平均数是根据动态数列对事物在不同时间的数量差异进行抽象而计算的一般水平,是以时间单位为个体而计算的,它从动态上说明了现象在不同时间发展变化的一般水平;静态平均数是根据变量数列对总体单位之间的数量差异进行抽象而计算的一般水平,是以总体单位为个体的,它从静态上说明了现象总体中各单位在同一时间上变量值的一般水平。

从计算方法上讲,根据绝对数动态数列计算平均发展水平是最基本的方法,是计算相对数动态数列平均发展水平和平均数动态数列平均发展水平的基础。下面分别介绍不同动态数列平均发展水平的计算方法。

(一)根据绝对数动态数列计算序时平均数

1. 时期数列的序时平均数

根据时期数列计算平均发展水平,一般直接采用简单算术平均法计算。其计算公式为:

$$\bar{a} = \frac{a_1 + a_2 + a_3 + \cdots + a_n}{n} = \frac{\sum_{i=1}^{n} a_i}{n}$$

式中，$\bar{a}$——平均发展水平；

a_i——各期的发展水平；

n——指标项数。

【例 5-1】 根据表 5-2 的资料，计算我国 2003—2006 年的平均职工工资总额为：

$$\bar{a} = \frac{\sum_{i=1}^{n} a_i}{n} = \frac{6\,656.4 + 8\,100.0 + 9\,080.0 + 9\,405.3}{4} = 8\,310.4(万元)$$

2. 时点数列的序时平均数

时点数列有连续时点数列和间断时点数列两种，而每一种又有间隔相等和间隔不等两种表现形式。

（1）连续时点数列的平均发展水平。

实际统计工作中，常常以一日为一个时点。连续时点数列是将逐日登记的资料按照时间先后顺序排列而形成的动态数列。总的来说，根据连续时点数列计算平均发展水平就是将各个时点的数据相加再除以时点数。在实际中连续时点数列的表现有两种情况：一是数列中的各项指标为逐日登记、又是逐日排列的；二是数列中的各项指标非逐日变动，只是在发生变动时进行统计。

①逐日排列时点数列的平均发展水平。

逐日排列的时点数列是未做任何分组整理的，计算平均发展水平直接采用简单算术平均法即可。公式为：

$$\bar{a} = \frac{a_1 + a_2 + a_3 + \cdots + a_n}{n} = \frac{\sum_{i=1}^{n} a_i}{n}$$

式中，a_i 表示各时点的发展水平；n 表示时点项数。

【例 5-2】 某公司 9 月上旬每天的职工人数资料如表 5-4 所示，计算该公司 9 月上旬平均每天的职工人数。

表 5-4　某公司 9 月上旬每天职工数量　　　　　　　　单位：个

日 期	1	2	3	4	5	6	7	8	9	10
人 数	52	55	53	56	56	58	63	61	66	63

9 月上旬平均每天的职工人数为：

$$\bar{a} = \frac{\sum_{i=1}^{n} a_i}{n} = \frac{52 + 55 + 53 + 56 + 56 + 58 + 63 + 61 + 66 + 63}{10} = 58（人）$$

②分组排列时点数列的平均发展水平。

许多社会经济现象并不是每天都有很多的数量变化，往往是连续几天保持同样的数据。这时，就可以将相同数据的时点分成一组，再按时间先后顺序进行排列。对这样的动态数列计算平均发展水平，采用加权算术平均法计算。公式为：

$$\bar{a} = \frac{\sum_{i=1}^{n} a_i f_i}{\sum_{i=1}^{n} f_i}$$

式中，a_i 表示发展水平；f_i 表示间隔天数。

【例 5-3】 某公司 12 月份的生产工人数量如表 5-5 所示。

表 5-5 某公司 12 月份的生产工人数量

日　　期	1—10	11—25	26—31
工人数量 a_i/个	103	98	100
天数 f_i/天	10	15	6

12 月份平均每天生产工人数量为：

$$\bar{a} = \frac{\sum_{i=1}^{n} a_i f_i}{\sum_{i=1}^{n} f_i} = \frac{103 \times 10 + 98 \times 15 + 100 \times 6}{31} = 100 \text{（人）}$$

(2) 间断时点数列的平均发展水平。

间断时点数列是间隔一段时间对现象在某一时点上所表现的状况进行一次性登记，并将登记的数据按照时间先后顺序排列所形成的动态数列。实际工作中，登记日一般在期初或期末，如月初或月末、季初或季末、年初或年末等。

由间断时点数列计算平均发展水平一般要采用两个假设条件：一是假设上期末水平等于本期初水平（上期末和本期初是两个连续的时点，这里假设两个时点的水平没有变化）；二是假设现象在间隔期内的数量变化是均匀的。

根据上述两个假设条件，对间断时点数列计算平均发展水平一般分两步：

第一步，计算各间隔期的平均水平；

第二步，以间隔期的长度为权数，对各间隔期的平均水平再进行加权平均计算，得到动态数列的平均发展水平。

由于间断时点数列的间隔期有的相等，有的不相等，所以，计算平均发展水平的具体方法也不相同。

①等间隔时点数列的平均发展水平。

由于等间隔时点数列的间隔期是相等的，所以权数的作用就没有了，因此，将各间隔期的平均水平进行简单平均计算即可。公式为：

$$\bar{a} = \frac{\frac{a_0 + a_1}{2} + \frac{a_1 + a_2}{2} + \frac{a_2 + a_3}{2} + \cdots + \frac{a_{n-1} + a_n}{2}}{n}$$

即：

$$\bar{a} = \frac{\frac{a_0}{2} + a_1 + a_2 + a_3 + \cdots + a_{n-1} + \frac{a_n}{2}}{n}$$

上述公式通常称为首末折半法。

【例 5-4】 某地区 2008—2015 年的年末人口数资料如表 5-6 所示。

表 5-6 某地区 2008—2015 年年末人口数量　　　　　　单位：万人

年　份	2008	2009	2010	2011	2012	2013	2014	2015
年末人口数	1 064	1 123	1 202	1 295	1 356	1 421	1 499	1 587

该地区 2008—2015 年的平均人口数为：

$$\bar{a} = \frac{\frac{a_0}{2} + a_1 + a_2 + a_3 + \cdots + a_{n-1} + \frac{a_n}{2}}{n}$$

$$= \frac{\frac{1\,064}{2} + 1\,123 + 1\,202 + 1\,295 + 1\,356 + 1\,421 + 1\,499 + \frac{1\,587}{2}}{7}$$

$$= 1\,317.36（万人）$$

②不等间隔时点数列的平均发展水平。

不等间隔时点数列平均发展水平的计算，是以各期期末资料不全为条件，以资料缺失的时间间隔长度为权数，采用加权平均数法计算。公式为：

$$\bar{a} = \frac{\frac{a_0 + a_1}{2}f_1 + \frac{a_1 + a_2}{2}f_2 + \frac{a_2 + a_3}{2}f_3 + \cdots \frac{a_{n-1} + a_n}{2}f_n}{f_1 + f_2 + f_3 + \cdots + f_n}$$

$$= \frac{\sum_{i=1}^{n}\frac{a_{i-1} + a_i}{2}f_i}{\sum_{i=1}^{n}f_i}$$

上述公式通常称为加权序时平均法。

【例 5-5】 某企业 2008 年 11 月份产品库存额资料如表 5-7 所示，计算该企业 11 月份平均产品库存额。

表 5-7 某企业 2008 年 11 月份产品库存额

日期	1—4	5—9	10—16	17—24	25—30
产品库存额/千克	1 080	1 140	1 106	985	1 020

该企业 11 月份平均产品库存额为：

$$\bar{a} = \frac{\sum_{i=1}^{n}\frac{a_{i-1} + a_i}{2}f_i}{\sum_{i=1}^{n}f_i} = \frac{1\,080 \times 4 + 1\,140 \times 5 + 1\,106 \times 7 + 985 \times 8 + 1\,020 \times 6}{4 + 5 + 7 + 8 + 6}$$

$$= 1\,058.73（千克）$$

这里需要注意，由于两个假设条件与实际情况有差异，所以，根据间隔时点数列计算的各间隔期平均数只是个近似值，它与实际平均数之间是有差距的。而且，从上面的例子可以看出，间隔期越长，权数就越大，其平均数对动态数列的总平均水平的影响就越大。因此，为了使计算结果尽量反映实际情况，间断时点数列的间隔期不宜过长。

（二）根据静态相对数动态数列或平均数动态数列计算序时平均数

静态相对数动态数列或平均数动态数列都是由一个分子数列和一个分母数列的对应项相

对比形成，因此，计算静态相对数动态数列或平均数动态数列的平均发展水平时，一般按以下程序进行：

第一步，计算作为分子的动态数列的平均发展水平；
第二步，计算作为分母的动态数列的平均发展水平；
第三步，将分子和分母的平均水平加以对比，计算动态数列的平均发展水平。

设有 $a = b/c$，则静态相对数动态数列或平均数动态数列的平均发展水平计算公式为：

$$\bar{a} = \frac{\bar{b}}{\bar{c}}$$

【例5-6】 某商业公司 2018 年部分月份的商品流转额和流动资金占用额资料如表 5-8 所示，试求第四季度的月平均流动资金周转次数。

表5-8 某商业公司 2018 年部分月份商品流转额和流动资金占用额资料

月 份	10月	11月	12月
商品流转额/万元	16 000	18 000	21 000
月流动资金占用额/万元	4 500	4 700	4 600
流动资金周转次数/次	3.56	3.80	4.60

月平均流动资金周转次数的计算公式为：

$$月平均流动资金周转次数 = \frac{月平均商品流转额}{月平均流动资金占用额}$$

则：

月平均商品流转额 $= \frac{16\,000 + 18\,000 + 21\,000}{3} = 18\,333.33$（万元）

月平均流动资金占用额 $= \frac{4\,500 + 4\,700 + 4\,600}{3} = 4\,600$（万元）

月平均流动资金周转次数 $= \frac{18\,333.33}{4\,600} \approx 3.97$（次）

即该公司第四季度的月平均流动资金周转次数为 3.97 次。

注意：当分子数列或分母数列是时期数列时，一定要注意需要平均的时间长度。如计算月平均流动资金周转次数需要将分子的年商品流转额除以 12，而计算季度平均流动资金周转次数则需要将分子的年商品流转额除以 4。

三、增长量

动态数列中不同时间的发展水平之差称为增长量，用以反映经济现象经过一定时期的发展变化增加（或减少）的绝对水平。其基本计算公式为：

$$增长量 = 报告期水平 - 基期水平$$

增长量的计量单位与发展水平的计量单位是一致的。若增长量为正数，则表明现象发展呈增长（正增长）状态；若增长量为负数，则表明现象发展呈下降（负增长）状态；若增长量为 0，表明现象发展是零增长。

由于基期的选择不同，增长量有逐期增长量和累计增长量两种。

逐期增长量是报告期水平与前期水平之差，表明现象逐期增长的绝对水平。

逐期增长量 = $a_i - a_{i-1}$ ($i = 1, 2, 3, \cdots, n$)

累计增长量是报告期水平与历史上某一固定基期的水平之差，表明现象经过较长一段时间发展的总增长水平。

累计增长量 = $a_i - a_0$（这里以a_0为固定基期水平, $i = 1, 2, 3, \cdots, n$）

逐期增长量和累计增长量之间存在如下换算关系：

（1）逐期增长量之和等于相应时期的累计增长量。

$$(a_1 - a_0) + (a_2 - a_1) + (a_3 - a_2) + \cdots + (a_n - a_{n-1}) = a_n - a_0$$

（2）相邻两个时期累计增长量之差等于相应时期的逐期增长量。

$$(a_i - a_0) - (a_{i-1} - a_0) = a_i - a_{i-1}$$

此外，在实际工作中，为了消除季节变动的影响，常用本期发展水平与上年同期发展水平相减，计算年距增长量，以反映同一时期今年比上年增长的绝对水平。计算公式为：

$$年距增长量 = 本期发展水平 - 上年同期发展水平$$

例如，某市2008年第二季度工业增加值为4.72亿元，2009年第二季度工业增加值为4.83亿元，比上年同期增加了4.83 - 4.72 = 0.11（亿元）。

四、平均增长量

平均增长量是逐期增长量的序时平均数，用以表明经济现象在一定时期内平均每期比前期增长的绝对水平。计算公式为：

$$平均增长量 = \frac{逐期增长量之和}{逐期增长量项数} = \frac{数列末期累计增长量}{数列项数 - 1}$$

问题解决

根据所学内容，我们来解决前面"情境引例"中出现的问题。

（1）根据时期数列计算平均发展水平，采用简单算术平均法计算。其计算公式为：

$$\bar{a} = \frac{a_1 + a_2 + a_3 + \cdots + a_n}{n} = \frac{\sum_{i=1}^{n} a_i}{n}$$

式中，$\bar{a}$表示平均发展水平；a_i表示各期的发展水平。（代入数值计算）

（2）动态数列中不同时间的发展水平之差称为增长量，用以反映经济现象经过一定时期的发展变化增加（或减少）的绝对水平。其基本计算公式为：

$$增长量 = 报告期水平 - 基期水平 \quad（代入数值计算）$$

子情境三　动态数列的速度分析

情境引例

2003年6月份，"国房景气指数"达到107.04，比5月份上升0.76点，比上年同期上升2.39点。具体的各分类指数情况如下：

6月份竣工面积分类指数为111.46，与5月份基本持平，比上年同期上升7.42点。1—6月份，全国累计完成房屋竣工面积8 187万平方米，同比增长40.4%，增幅比上年同期增加20个百分点。

6月份新开工面积分类指数达到108.91，比5月份上升0.17点，比上年同期上升3.44点。1—6月份，全国房地产新开工面积为2.43亿平方米，同比增长31%，增幅比上年同期增加11.2个百分点。

6月份商品房销售价格分类指数为97.71，比5月份下降1.23点，比上年同期上升3.73点。上半年，商品房平均销售价格为2 424元/平方米，同比增长5.4%，比上年同期下降0.1%。

问题：
(1) 动态数列中哪些指标可以进行数据的速度分析？
(2) 材料中哪些属于环比增长速度？

案例思考

案例中主要分析了2003年6月份商品房建设、开发和销售的各分类指数，分析中不仅说明了本期6月份的具体数值，同时和同年5月份及上年同期做了对比分析。这种分析方法是动态数列的速度分析，包括多种分析指标。这些指标的分析计算方法是本情境主要解决的问题。

知识目标

掌握动态数列发展速度和平均发展速度各项指标的计算方法。

能力目标

能依据实际资料选择正确的速度分析指标进行计算。

知识阐述

一、发展速度

发展速度是现象在两个不同时期发展水平的比值，用以表明现象发展变化的相对程度。其基本计算公式为：

$$发展速度 = \frac{报告期水平}{基期水平} \times 100\%$$

发展速度通常用百分数表示，其取值可以大于、等于、或小于100%，但不会是负值。由于基期的确定方法不同，发展速度的具体计算方法有环比发展速度和定基发展速度两种。

环比发展速度是报告期水平与前一期水平之比，用以反映现象逐期发展的程度。公式为：

$$环比发展速度 = \frac{a_i}{a_{i-1}} \quad (i=1, 2, 3, \cdots, n)$$

式中，a_i 为报告期水平；a_{i-1} 为报告期前一期水平。

定基发展速度是报告期水平与某一固定基期水平之比，用以反映现象在较长一段时期内总的发展程度，又称总速度，用"R"表示。公式为：

$$R = \frac{a_i}{a_0} \quad (i=1, 2, 3, \cdots, n)$$

式中，a_i 为报告期水平；a_0 为最初水平，这里以最初水平为固定基期水平。

不难看出，环比发展速度和定基发展速度之间存在如下两种换算关系：
（1）环比发展速度的连乘积等于相应的定基发展速度（总速度）。
（2）相邻两期定基发展速度之商，等于后期的环比发展速度。

另外，在实际工作中，为了消除季节变动的影响，还常计算年距发展速度，也称同比速度，用以说明本期发展水平与上年同期发展水平相比所达到的相对程度。计算公式为：

$$年距发展速度 = \frac{本期发展水平}{上年同期发展水平}$$

【例5-7】 某汽车厂2008年第一季度生产汽车12 000辆，2009年第一季度生产汽车15 000辆，计算年距增长量和年距发展速度。

$$年距增长量 = 本期发展水平 - 上年同期发展水平$$
$$= 15\,000 - 12\,000 = 3\,000 \text{（辆）}$$

$$年距发展速度 = \frac{本期发展水平}{上年同期发展水平} = \frac{15\,000}{12\,000} = 125\%$$

二、增长速度

增长速度是增长量与基期水平的比值，用以反映经济现象报告期水平比基期水平的增长程度。其基本计算公式为：

$$增长速度 = \frac{增长量}{基期水平} \times 100\% = 发展速度 - 1 \text{（或100\%）}$$

增长速度一般用百分数表示，增长速度为正值，表明现象的发展是增长（正增长）的；增长速度为负值，表明现象的发展是下降（负增长）的。由于基期的确定方法不同，增长速度的具体计算方法有环比增长速度和定基增长速度两种。

环比增长速度是报告期逐期增长量与前期水平之比，用以反映现象逐期增长的程度。公式为：

$$环比增长速度 = \frac{逐期增长量}{前期水平} = 环比发展速度 - 1 \text{（或100\%）}$$

定基增长速度是报告期累计增长量与固定基期水平之比，用以反映现象在较长一段时期内总的增长程度。公式为：

$$定基增长速度 = \frac{累计增长量}{固定基期水平} = 定基发展速度 - 1（或 100\%）$$

计算和应用增长速度时要注意两个问题：

第一，环比增长速度和定基增长速度之间没有直接的换算关系。如果两者之间要换算，需要通过发展速度的换算关系。如把环比增长速度全部加 1，变成环比发展速度，将所有环比发展速度连乘，得到定基发展速度，再从定基发展速度中减去 1，就得到了定基增长速度。

第二，当报告期水平和基期水平表明的是不同方向的数据时，不宜计算增长速度。

另外，为消除季节变动的影响，常计算年距增长速度，计算公式为：

$$年距增长速度 = \frac{年距增长量}{上年同期发展水平} = 年距发展速度 - 1$$

【例 5 - 8】 某地区 2009 年第一季度出口 183 亿元，比上年同期的 166 亿元增加了 17 亿元，计算同比增长速度。

$$同比增长速度 = \frac{17}{166} = 10.24\%$$

三、平均发展速度和平均增长速度

1. 平均发展速度的含义及其与平均增长速度的关系

平均发展速度是各个时期单位环比发展速度的序时平均数，用以反映现象在较长一段时间内逐期平均发展变化的程度。平均增长速度用来反映现象在较长一段时期内逐期递增的相对程度，又称递增率或递减率。

平均发展速度和平均增长速度之间存在以下关系：

$$平均增长速度 = 平均发展速度 - 1（或 100\%）$$

平均发展速度是根据环比发展速度动态数列计算的，但是平均增长速度不是直接根据环比增长速度动态数列计算的，而是在计算出平均发展速度之后，通过上述关系式换算得到的。因此，在这里着重介绍平均发展速度的计算方法。

2. 几何平均法计算平均发展速度

由于考察事物发展变化的侧重点不同，计算平均发展速度的方法也不同。实际工作中，一般有几何平均法和方程法两种计算方法。这里，只介绍常用的几何平均法，也叫水平法。

对经济现象发展变化情况的观察，常常侧重于现象在观察期期末所达到水平的高低，即 a_n，它是在最初水平 a_0 的基础上，按照各期的环比发展速度来发展变化，到观察期末所达到的水平。由于各期的环比发展速度的连乘积等于最末期的定基发展速度，对环比发展速度计算平均就不能采用算术平均法，而需要采用几何平均法。其公式有：

① $$\bar{x} = \sqrt[n]{x_1 x_2 x_3 \cdots x_n} = \sqrt[n]{\prod_{i=1}^{n} x_i}$$

式中，$\bar{x}$ 表示平均发展速度；x_i 表示各期环比发展速度；n 表示时期项数；$\prod$ 是连乘符号。

② $$\bar{x} = \sqrt[n]{\frac{a_n}{a_0}}$$

式中，a_n 表示最末水平；a_0 表示最初水平。

【例 5-9】 根据第四次、第五次人口普查资料，我国内地人口 1990 年普查时为 113 368 万人，2000 年普查时为 126 583 万人，试求两次人口普查之间我国内地人口年平均增长速度。

解：由题已知 $a_0 = 113\ 368$ 万人，$a_n = 126\ 583$ 万人，$n = 10$

$$\bar{x} = \sqrt[n]{\frac{a_n}{a_0}} = \sqrt[10]{\frac{126\ 583}{113\ 368}} = 1.011\ 087$$

年平均增长速度 = (1.011 087 - 1) × 1 000‰ = 11.087‰

【例 5-10】 某地区 2008 年的 GDP 为 3 265 亿元，其后每年以 8.0% 的速度递增，到 2012 年年末该地区 GDP 将达到多少？

解：$a_n = a_0 \times \bar{x}^n = 3\ 265 \times 1.08^4 = 4\ 441.996$（亿元）

即按 8% 的速度递增，到 2012 年年末该地区 GDP 将达到 4 441.996 亿元。

【例 5-11】 若要求在 2020 年年底，把我国大陆人口控制在 15 亿人以内，以 2000 年年底大陆人口数 126 583 万为基数，20 年内我国人口平均增长速度应控制在什么水平上？

解：
$$\bar{x} = \sqrt[n]{\frac{a_n}{a_0}} = \sqrt[20]{\frac{150\ 000}{126\ 583}} = 1.008\ 523$$

年平均增长速度 = (1.008 523 - 1) × 1 000‰ = 8.523‰

即从 2000 年年底开始，我国人口年平均增长速度必须控制在 8.523‰ 以内，才能保证到 2020 年年底大陆人口不突破 15 亿人。

这里有必要指出，平均发展速度的计算结果只取决于 a_0 和 a_n 的大小，各个中间水平的变化波动对其没有影响。所以，为提高平均发展速度的代表性，在计算时应注意 a_0 和 a_n 是否受特殊因素的影响，以及中间各期发展水平是否存在增减变化或阶段性波动。必要时，应以分阶段平均发展速度来补充说明总平均发展速度。

四、增长1%的绝对值

在一般情况下，考察现象的发展程度常用环比增长速度来衡量。增长速度是从相对数上反映经济现象增长的相对程度，它们的计算基数可能不同，那么各期环比增长速度背后所隐藏的实际增长的绝对量效果就可能不同，即每增长1% 相对应的绝对量可能不同。因为在低水平基础上的平均增长速度与高水平基础上的平均增长速度是不可比的，所以对现象进行动态对比时，必须注意速度背后隐藏的绝对增长量。通常用增长1% 的绝对值来考察速度背后隐藏的绝对增长量。

增长1% 的绝对值是逐期增长量与环比增长速度之比，用以说明经济现象报告期比基期每增长1% 所包含的实际经济效果。即

$$增长1\%\ 的绝对值 = \frac{逐期增长量}{环比增长速度} \times 1\% = \frac{前期水平}{100}$$

增长1% 的绝对值计算如表 5-9 所示。

表 5-9　某公司 2009 年上半年产值资料

月　份		1	2	3	4	5	6
产值/万元		3 344.15	3 709.29	4 264.82	4 370.51	4 309.62	4 607.94
增长量/万元	逐期	—	365.14	555.53	105.69	-60.89	298.32
	累计	—	365.14	920.67	1 026.36	965.47	1 263.79
发展速度/%	环比	—	110.92	114.98	102.48	98.61	106.92
	定基	100.00	110.92	127.53	130.69	128.87	137.79
增长速度/%	环比	—	10.92	14.98	2.48	-1.39	6.92
	定基	—	10.92	27.53	30.69	28.87	37.79
增长1%绝对值/万元		—	33.44	37.09	42.65	43.71	43.10

问题解决

根据所学知识，我们来解决前面"情境引例"中出现的问题。

(1) 发展速度、环比发展速度、年距发展速度；增长速度、环比增长速度、定基增长速度；平均发展速度、平均增长速度。

(2) 环比增长速度："国房景气指数"比5月份上升0.76点；6月份新开工面积分类指数比5月份上升0.17点；6月份商品房销售价格分类指数比5月份下降1.23点。

子情境四　动态数列的趋势分析

情境引例

某企业 2007 年各月产品产量如表 5-10 所示。

表 5-10　某企业 2007 年各月产品产量

月　份	1	2	3	4	5	6	7	8	9	10	11	12
产量/万吨	20	30	22	35	38	28	45	34	50	56	37	54

材料中的时间间隔为一个月，由于时间较短，现象变动不均匀，不容易看出长期趋势。

问题：

(1) 材料中的时间间隔怎么调整才能更好地反映产品产量变动情况？

(2) 在动态数列趋势分析中，还应考虑哪些因素？

案例思考

动态数列各项发展水平的变化是多种因素共同作用的结果。其中有些因素是基本的、主要的因素，对现象的发展起决定性的作用，引导现象朝着某一个方向有规律变化；而有些因素是偶然的、次要的因素，对现象的发展只起局部的影响作用，从而使现象的变化方向不定。

知识目标

掌握动态数列长期趋势分析和季节变动分析的方法。

能力目标

能够分析影响动态数列的各项因素。

知识阐述

编制动态数列，对社会经济现象进行动态分析，不仅要描述、反映现象发展变化的过程和结果，更重要的是探究其变化的原因和规律。进行动态数列的趋势分析，就是将这些交织在一起的因素一一分解出来进行研究、测定，搞清现象发展变化的原因及其规律，为预测未来和做出决策提供依据。

一、动态数列的因素构成

社会经济现象的发展变化错综复杂，影响动态数列的因素多种多样，如政治的、经济的、自然技术的等因素。如果按影响因素的作用方式归类，可分为长期趋势、季节变动、循环变动和不规则变动四种。其中，长期趋势被视为基本变化，是影响的主导因素，其余变动视为附加变动。

1. 长期趋势

长期趋势（用 T 表示）是指社会经济现象在一个相当长的时期内持续发展变化的趋势，即持续向上、向下或基本持平的趋势。长期趋势变动是现象受到各个时期普遍的、持续的、决定的基本因素影响的结果。如社会商品零售总额、国内生产总值、职工工资总额等指标，都是随着科学技术的进步和生产率提高等基本因素的影响，呈现逐年持续上升的趋势。认识和掌握事物的长期趋势，可以把握事物发展变化的基本特点。

2. 季节变动

季节变动（用 S 表示）是指社会经济现象受自然条件和社会习俗等因素的影响，在一年内随季节更替而出现的有规律的变动。如大多数农作物在一年内的收获周期使以农产品为原材料的加工业生产出现淡旺季，交通运输部门的运货量、有关商品的消费量也随之出现季节变动。季节变动的影响有以一年为周期的，也有以一季、一月、一周、一日为周期的。认识和掌握季节变动，对于生产、经营等活动很有帮助，可以避免一些不必要的损失。

3. 循环变动

循环变动（用 C 表示）是指现象受多种不同因素的影响，在若干年中发生的周期性起伏波动。它既不同于向单一方向持续发展的长期趋势，也不同于在一年内的季节变动。由于形成原因比较复杂，使得循环变动的周期长短不一，上下波动程度也不相同。如有些农作物受自然现象的影响，在若干年中出现的丰歉状况，就是循环变动的一种表现。

4. 不规则变动

不规则变动（用 I 表示）是指现象除了受以上各种变动影响以外，还因临时的、偶然性因素或不明原因的影响而引起的随机变动，如地震、洪灾、战争等对社会造成的影响。不规则变动无规则可寻，是无法控制的。

一般来说，动态数列中每一个水平指标都受上述四类因素共同影响和综合作用，但就实际情况看，有些现象并不同时受四种因素的影响，如按年排列的动态数列就不体现季节变动，我国工业生产发展趋势一般不存在循环变动。因此，对研究现象进行具体分析时，实际包含什么因素就测定什么因素。这里仅介绍实际常见的两种因素的测定方法，即长期趋势和季节变动的测定。

二、长期趋势分析

长期趋势分析就是运用一定的方法对原有动态数列进行加工修匀，剔除偶然因素的影响，通过新形成的动态数列，测定和分析现象长期向上或向下变化的趋势，揭示其发展的规律性，为进行科学的预测提供依据。在研究现象的长期趋势时，常用的测定方法有时距扩大法、移动平均法、最小平方法等。

1. 时距扩大法

这是测定长期趋势的一个较简单的方法。它是将原有动态数列中的时间距离加以扩大，以此消除由于短期内受偶然因素影响而引起的波动。时距扩大后通常是用总数来编制新的动态数列,因此此法适用于时期数列。若是时点数列,则须用时距扩大后的平均数来编制新的动态数列。

【例 5-12】 利用时距扩大法修匀表 5-11 中的各月现金投放量。

表 5-11 某市某年各月现金投放量

月 份	1	2	3	4	5	6	7	8	9	10	11	12
现金投放额/亿元	28.8	-26.6	-7.1	1.5	-0.3	-1.4	3.7	1.2	3.2	1.7	3.5	5.5

表 5-11 内资料的时距为一个月,由于时间较短,现象变动不均匀,不容易看出长期趋势。将时距扩大为季度后计算的总量资料如表 5-12 所示。

表 5-12 某市某年各季现金投放量

季 度	一	二	三	四
现金投放额/亿元	-4.9	-0.2	8.1	10.7

也可以用时距扩大后的序时平均数反映,资料如表 5-13 所示。

表 5-13 某市某年各季月均现金投放量

季 度	一	二	三	四
月均现金投放额/亿元	-1.63	-0.07	2.7	3.57

从表 5-12、表 5-13 中可以明显地看出该市当年现金投放增长的趋势。

此法在使用时,应注意根据现象的特点和研究目的来适当扩大时距,以能清晰反映现象的发展趋势。

2. 移动平均法

移动平均法就是从原有动态数列第一项数值开始,按一定的项数求其序时平均数,逐项移动,边移动边平均,从而形成一个移动序时平均数构成的新的动态数列,反映现象发展的长期趋势。一般来说,这种方法的移动平均项数越多,对原有动态数列的修匀作用就越大,但得到新的动态数列项数却越少。因此取多长时间作为移动平均的项数,是移动平均法运用的关键问题,应根据社会经济现象的特点来定。

(1) 如果现象的变化有季节性,就应以该季节长度作为移动平均的项数。如是季度资料就采用四项移动平均,是月度资料就采用十二项移动平均,这样才能剔除长期趋势变动中的季节变动。

(2) 如果现象没有季节变动,则最好采用奇数项(3、5、7 项)移动平均,因为移动平均值都能与数列原值对齐,移动平均一次即可得趋势值。如三项移动平均,第一个移动平均数对齐第二个原值,作为其代表值;第二个移动平均数对齐第三个原值,以此类推。若采用偶数项移动平均,则移动平均值置于两期之间,需要再进行一次两项移动平均,以修正趋势值。

【例 5-13】 现根据我国历年原盐产量资料(如表 5-14 所示)举例说明移动平均法。

表 5-14 我国历年原盐产量资料

年 份	产量/万吨	三项移动平均	四项移动平均	二项移动平均
1990	2 023	—	—	—
1991	2 410	2 423.67	2 553.5	—
1992	2 838	2 730.33	2 796.75	2 675.13
1993	2 943	2 925.67	2 937.75	2 867.25
1994	2 996	2 972.33	2 955.25	2 946.5
1995	2 978	2 959.33	2 990.25	2 972.75
1996	2 904	2 988.33	2 802	2 896.13
1997	3 083	2 743.33	2 802	2 781.25
1998	2 243	2 712.67	2 816.5	2 788.5
1999	2 812	2 727.67	2 898.5	2 857.5
2000	3 128	3 117	3 238.25	3 068.38
2001	3 411	3 380.33	3 394.75	3 316.5
2002	3 602	3 483.66	3 623.5	3 509.13
2003	3 438	3 694.33	3 936	3 779.75
2004	4 043	4 047.33	—	—
2005	4 661	—	—	—

(资料来源：国家统计局，《中国统计年鉴》，2006 年。)

三项移动平均：

$$第一个平均数 = \frac{2\ 023 + 2\ 410 + 2\ 838}{3} = 2\ 423.67，对齐第二项原值；$$

$$第二个平均数 = \frac{2\ 410 + 2\ 838 + 2\ 943}{3} = 2\ 730.33，对齐第三项原值。$$

依此类推，边移动边平均，求得三项移动平均新数列共 14 项值，比原数列少 2 项。

四项移动平均：

$$第一个平均数 = \frac{2\ 023 + 2\ 410 + 2\ 838 + 2\ 943}{4} = 2\ 553.5，对着第二项和第三项原值的中间；$$

$$第二个平均数 = \frac{2\ 410 + 2\ 838 + 2\ 943 + 2\ 996}{4} = 2\ 796.75，对着第三项和第四项原值的中间，$$

依此类推，边移动边平均，求得四项移动平均新数列共 13 项值。由于每个指标值都和原值错半期，不能直接对比，必须进行一次移正平均，即再进行一次两项移动平均，这样新序时平均数动态数列的各期值才能与原值对齐。新形成的四项移动平均数数列共 12 项值，比原数列少 4 项。从表 5-14 中的原数列可以看到，我国原盐产量虽然在有些年份有所下降，但总的趋势是向上发展。而移动平均所形成的新数列更能明显反映这种趋势。尽管如此，在本例中仍可见到移动后的新数列还存在数据趋势值的波动，这主要是由于 1998 年的原盐产量较反常，数量下降较多。因此，移动平均法主要适合对较为平稳的时间序列进行修匀与预测。

三、季节变动分析

1. 季节变动的意义

所谓季节变动是指某种社会经济现象在一定时期内（如一个月、一季、一年），随着时间的改变而发生有规律的周期变动。

实际中有许多现象的变化受季节变动的影响，如农业生产，以农产品为原料的加工工业生产，交通客运量，某些商品销售量。又如货币的投放，一般是上半年货币回笼，下半年货币投放。人们研究和分析季节变动，是为了认识和掌握现象的变化周期和规律，以便克服季节变动带来的不良影响，争取工作的主动性，更好地组织生产，安排社会经济活动。

2. 季节变动的测定

测定季节变动的方法有两种：一种是不考虑长期趋势的影响，直接用原始动态数列来计算，即按月（季）平均法；另一种是考虑长期趋势的影响，剔除后再求季节变动，即移动平均趋势剔除法。

不论采用哪一种方法，都要计算季节比率（也叫季节指数），用以说明受季节因素影响的大小。季节比率大于100%，说明现象季节变动为高峰；季节比率小于100%，说明现象季节变动为低谷；若等于100%，说明不受季节变动影响。为了客观地测定季节变动的影响，要求具备连续三个周期以上的发展水平资料，如连续三年的36个月资料或12个季度资料。这里只介绍按月（季）平均法。

按月平均法的各月季节比率，是现象历年同月资料的平均数与历年各月的总平均数之比。举例说明具体计算过程。

【例 5 - 14】 根据表 5 - 15 资料，计算某银行支行各月存款季节比率。

表 5 - 15 某银行支行 2006—2008 年存款资料   单位：万元

月 份	2006	2007	2008	同月合计	同月平均数	季节比率/%
1	650	710	860	2 220	740	60.37
2	890	1 040	1 250	3 180	1 060	86.47
3	1 270	1 410	1 430	4 110	1 370	111.76
4	1 260	1 530	1 620	4 410	1 470	119.92
5	1 530	1 650	1 740	4 920	1 640	133.79
6	1 610	1 740	1 810	5 160	1 720	140.31
7	1 190	1 450	2 040	4 680	1 560	127.26
8	980	1 230	1 870	4 080	1 360	110.95
9	960	1 020	1 500	3 480	1 160	94.63
10	880	990	1 220	3 090	1 030	84.02
11	640	860	990	2 490	830	67.71
12	610	810	890	2 310	770	62.81
合 计	12 470	14 440	17 220	44 130	14 710	1 200.00
平 均	—	—	—	—	1 225.83	100.00

(1) 计算三年同月的月平均数。

历年同月的平均数用简单算术平均法计算，如：

一月份平均数 $= \dfrac{650 + 710 + 860}{3} = \dfrac{2\,220}{3} = 740$（万元）

二月份平均数 $= \dfrac{890 + 1\,040 + 1\,250}{3} = \dfrac{3\,180}{3} = 1\,060$（万元）

(2) 计算三年各月的总平均数。

月总平均数 $= \dfrac{三年总数}{三年月份数} = \dfrac{三年同月平均数之和}{12}$

$= \dfrac{44\,130}{36} = \dfrac{14\,710}{12} = 1\,225.83$（万元）

(3) 计算各月季节比率。

$$各月季节比率 = \dfrac{历年同月平均数}{历年月总平均数}$$

如：

一月份季节比率 $= \dfrac{740}{1\,225.83} = 60.37\%$

二月份季节比率 $= \dfrac{1\,060}{1\,225.83} = 86.47\%$

计算结果表明，该银行支行的存款在上半年呈现上升趋势，而下半年呈现下降趋势。若将季节比率资料绘制成季节变动曲线图，则能更清楚地反映这种趋势。

应用季节比率可以进行某些外推预测。如果动态数列没有明显的长期趋势，可直接用按月（季）平均法计算的季节比率来预测。即如果已测得下一年全年的预测值，则各月（季）预测值等于月（季）平均预测值乘以该月（季）的季节比率。

例如，假定已预测2009年全年存款额为18 600万元，平均每月为1 550万元，则：

1月份预测值为 $1\,550 \times 60.37\% = 935.735$（万元）

2月份预测值为 $1\,550 \times 86.47\% = 1\,340.285$（万元）

……

按月（季）平均法的优点是计算简便、容易理解，但季节比率的计算不够精确，因为它不考虑数列中长期趋势的影响。要解决这一问题，就要用另一种方法，即移动平均趋势剔除法，这里不作介绍。

问题解决

根据所学内容，我们来解决前面"情境引例"中出现的问题。

(1) 案例中2007年各月产品产量时距调整后如表5-16所示。

表5-16 某企业2007年各季度产品产量

季　度	第一季度	第二季度	第三季度	第四季度
产量/万吨	72	101	129	147

从表中可明显看出该企业2007年产品产量呈增长的趋势。

（2）长期趋势、季节变动、循环变动、不规则变动。

拓展阅读

2015年全国机场生产统计公报

一、通航城市和机场

2015年，我国境内民用航空（颁证）机场共有210个（不含中国香港、澳门和台湾地区，下同），其中定期航班通航机场206个，定期航班通航城市204个（图5-2）。

年内定期航班新通航的城市有广东惠州、青海海西、新疆富蕴、云南宁蒗、山东日照、山西忻州。新疆石河子花园机场、辽宁营口兰旗机场颁证但年内没有定期航班。陕西安康机场、新疆且末机场停航。

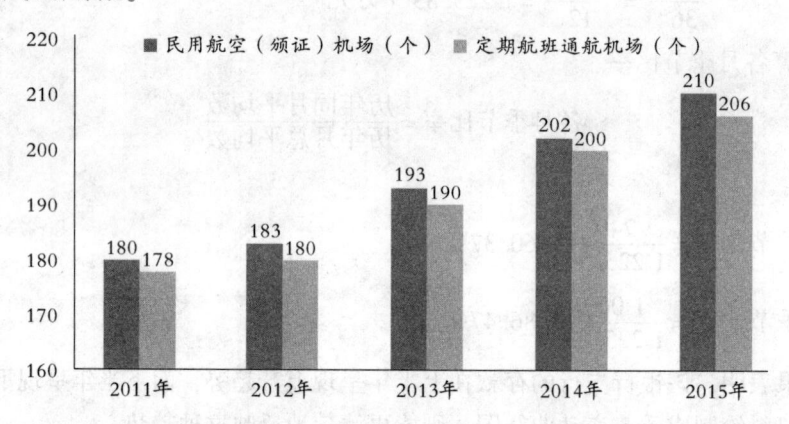

图5-2　2011—2015年全国民用航空机场个数

二、主要生产指标

2015年我国机场主要生产指标保持平稳增长，其中旅客吞吐量91 477.3万人次，比上年增长10.0%。其中，国内航线完成82 895.5万人次，比上年增长9.0%（其中内地至中国香港、澳门和台湾地区航线为2 803.6万人次，比上年增长2.4%）；国际航线完成8 581.8万人次，比上年增长21.1%（图5-3）。

图5-3　2011—2015年全国机场分航线旅客吞吐量

完成货邮吞吐量1 409.4万吨，比上年增长3.9%。其中，国内航线完成918.0万吨，比上年增长 3.7%（其中内地至中国香港、澳门和台湾地区航线为 89.8 万吨，比上年下降 0.7%）；国际航线完成 491.4 万吨，比上年增长 4.4%（图 5-4）。

图 5-4 2011—2015 年全国机场分航线货邮吞吐量

飞机起降 856.6 万架次，比上年增长 8.0%。其中：运输架次为 729.4 万架次，比上年增长 6.9%（图 5-5）。起降架次中：国内航线 787.3 万架次，比上年增长 7.1%（其中内地至中国香港、澳门和台湾地区航线为 20.9 万架次，比上年增长 1.6%）；国际航线 69.3 万架次，比上年增长 18.9%。

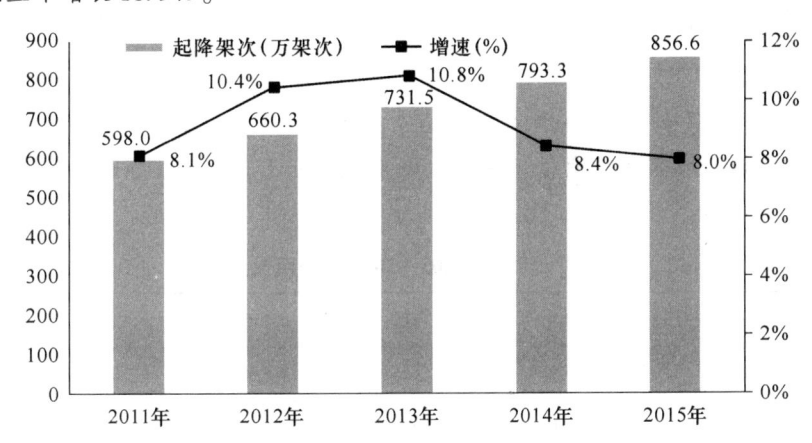

图 5-5 2011—2015 年全国机场飞机起降架次及增速

三、旅客吞吐量分布

所有通航机场中，年旅客吞吐量 100 万人次以上的有 70 个，比上年增加 6 个，完成旅客吞吐量占全部机场旅客吞吐量的 95.5%；年旅客吞吐量 1 000 万人次以上的为 26 个，较上年增加 2 个，完成旅客吞吐量占全部机场旅客吞吐量的 77.9%；北京、上海和广州三大城市机场旅客吞吐量占全部机场旅客吞吐量的 27.3%。全国各地区旅客吞吐量的分布情况是：华北地区占 15.8%（16.2%），东北地区占 6.0%（6.1%），华东地区占 29.1%（28.9%），中南地区占 23.7%（24.3%），西南地区占 16.8%（16.2%），西北地区占 5.9%（5.7%），新疆地区占 2.8%（2.6%）。

四、机场货邮吞吐量分布

各机场中，年货邮吞吐量 10 000 吨以上的有 51 个，比去年增加 1 个，完成货邮吞吐量占全部机场货邮吞吐量的 98.4%；北京、上海和广州三大城市机场货邮吞吐量占全部机场货邮吞吐量的 50.9%。全国各地区货邮吞吐量的分布情况是：华北地区占 16.5%（16.9%），东北地区占 3.5%（3.4%），华东地区占 40.7%（41.1%），中南地区占 25.9%（25.4%），西南地区占 9.9%（9.7%），西北地区占 2.3%（2.1%），新疆地区占 1.3%（1.4%）。

任务实训

根据本情景所学内容，利用 Excel 软件对下列各表中数据材料进行动态数列分析。

1. 用 Excel 计算表 5-17 中时期指标动态数列的平均数。

表 5-17　2000—2005 年社会固定资产投资额　　　　　　单位：亿元

年　份	社会固定资产投资额
2000	32 917.7
2001	37 213.5
2002	43 499.9
2003	55 566.6
2004	70 477.4
2005	88 773.6

要求：利用简单算术平均法计算各年平均全社会固定资产投资。

2. 某地区 2003—2008 年外商投资情况如表 5-18 所示。用 Excel 进行动态数列发展速度的计算分析。

表 5-18　某地区 2003—2008 年外商投资情况　　　　　　单位：百万元

年　份	2003	2004	2005	2006	2007	2008
外商投资额	890	1 024	1 346	1 650	2 050	2 380
逐期增长量	—	134	322	304	400	330
累计增长量	—	134	456	760	1 160	1 490

要求：根据该表的资料计算某地区在 2003—2008 年利用外资的分析指标：①逐期和累计增长量、全期平均增长量；②定基和环比发展速度、定基和环比增长速度；③增长 1% 绝对值；④年平均发展速度和平均增长速度。

综合训练

一、单项选择题

1. 下列属于时点数列的是（　　）。
   A. 历年招生人数数列　　　　　　　　B. 历年增加在校生人数数列
   C. 历年在校生人数数列　　　　　　　D. 历年毕业生人数数列

2. 对等间隔时点数列计算平均发展水平应采用（　　）。
   A. 简单算术平均法　　　　　　　　B. 加权序时平均法
   C. 首末折半法　　　　　　　　　　D. 半数平均法
3. 报告期水平与前期水平之差称为（　　）。
   A. 逐期增长量　　　　　　　　　　B. 累计增长量
   C. 环比增长速度　　　　　　　　　D. 定基增长速度
4. 在时点数列中，称为"间隔"的是（　　）。
   A. 最初水平与最末水平之差
   B. 最初水平与最末水平之间的时间距离
   C. 两个相邻指标在时间上的距离
   D. 两个相邻指标数值之间的距离
5. 已知环比增长速度求定基增长速度的方法是（　　）。
   A. 各环比增长速度相乘
   B. 各环比增长速度相加
   C. 各环比增长速度相除
   D. 各环比增长速度还原为环比发展速度连乘后减去1
6. 已知某企业前4年的平均增长速度为10%，后6年的平均增长速度为9%，计算这十年的平均增长速度应采用的方法是（　　）。
   A. $\sqrt[10]{0.1 \times 0.09}$
   B. $\sqrt[10]{1.1 \times 0.09} - 1$
   C. $\sqrt[10]{(0.1)^2 \times (0.09)^6}$
   D. $\sqrt[10]{(1.1)^4 \times (1.09)^6} - 1$

二、多项选择题

1. 季节变动可以是现象（　　）。
   A. 在一个月份内的周期性变动　　　B. 在一个季度内的周期性变动
   C. 在一个年度内的周期性变动　　　D. 在若干年内的周期性变动
2. 平均增长量是（　　）。
   A. 各逐期增长量的序时平均数
   B. 各累计增长量的序时平均数
   C. 逐期增长量之和除以逐期增长量的项数
   D. 累计增长量之和除以累计增长量的项数
3. 平均指标与速度指标之间的关系是（　　）。
   A. 发展速度＝报告期水平÷基期水平　　B. 增长速度＝增长量÷报告期水平
   C. 增长量＝报告期水平－基期水平　　　D. 增长速度＝发展速度－1
4. 按水平法计算的平均发展速度是（　　）。
   A. 各环比发展速度的序时平均数　　　B. 各环比发展速度的算术平均数
   C. 各环比发展速度的几何平均数　　　D. 各环比发展速度的调和平均数
5. 用水平法计算平均发展速度（　　）。
   A. 侧重考察现象最末一期的发展水平　B. 侧重考察现象各个时期的发展水平
   C. 可以反映中间水平的发展变化　　　D. 不能反映中间水平的发展变化

三、判断题

1. 时期指标与时点指标都是通过连续登记的方式取得统计资料的。（ ）
2. 增长量指标反映社会经济现象报告期比基期增加（或减少）的绝对量。（ ）
3. 相邻两个时期的累计增长量之差，等于相应时期的逐期增长量。（ ）
4. 累计增长量等于逐期增长量之和。（ ）
5. 环比发展速度的连乘积等于定基发展速度，而相邻两个定基发展速度之和等于环比发展速度。（ ）
6. 增长1%的绝对值可以用增长量除以增长速度求得，也可以用基期水平除以100求得。（ ）
7. 利润指标是总量指标，而当发生亏损时，指标数值相加不仅未增加反而减少，可见时期指标数值大小与时间长短无关。（ ）
8. 平均增长量不是序时平均数，而属于静态平均数的范畴，因为它是用简单算术平均法计算求得的。（ ）
9. 循环变动是指现象的周期在一年内的变动。（ ）
10. 现象的不规则变动是由各种偶然因素引起的有周期、无规律的变动。（ ）

四、填空题

1. 动态数列有两个构成要素，一个是_____，一个是_____，后者又叫发展水平。
2. 发展速度是_____与_____的比值，由于基期的选择不同，它有_____和_____两种。
3. 平均发展速度是_____的序时平均数，它有_____和_____两种计算方法，其中，_____侧重于考察计算期末年的水平。
4. 分析现象变动长期趋势的方法主要有_____、_____和_____三种。
5. 绝对数动态数列按指标反映时间状况的不同，可分为_____和_____。

五、问答题

1. 时期数列和时点数列有何异同？
2. 简述时间数列的种类。
3. 简述发展速度与增长速度的关系、定基发展速度与环比发展速度的关系。

六、计算题

1. 某商店上半年有关资料如表5-19所示。

表5-19 某商店上半年有关资料

日　期	上年12月	1月	2月	3月	4月	5月	6月
销售额/万元	245	250	272	271.42	323.08	374.07	372.96
月末职工人数	1 850	2 050	1 950	2 150	2 216	2 190	2 250

要求：计算月平均每人销售额。

2. 某企业 1990—1995 年化肥产量资料如表 5-20 所示。

表 5-20　某企业 1990—1995 年化肥产量资料

时　间	1990	第八个五年计划期间				
		1991	1992	1993	1994	1995
化肥产量/万吨	300					
定基增长量/万吨	—		35	50		
环比发展速度/%	—	110			105	95

要求：
(1) 利用指标间的关系将表中所缺数字补齐（结果保留 1 位小数）。
(2) 按水平法计算该地区第八个五年计划期间化肥产量年平均增长速度。

3. 1982 年我国人口数为 10.1 亿人，1990 年我国人口数为 11.3 亿人，试问在这期间我国人口平均增长为多少？如果按这个人口平均增长速度发展，则 20 世纪末我国人口数将达到多少亿？

4. 某地区历年粮食产量如表 5-21 所示。

表 5-21　某地区历年粮食产量

年　份	1993	1994	1995	1996	1997
粮食产量/万斤	134	435	415	672	1 028

计算：(1) 逐期增长量、累积增长量、平均增长量。
　　　(2) 平均发展速度。

5. 某车间某年各月产量资料（台）如下：一月份 185、二月份 190、三月份 236、四月份 240、五月份 230、六月份 255、七月份 272、八月份 270、九月份 275、十月份 280、十一月份 278、十二月份 285。

计算：(1) 各季度的平均每月产量。
　　　(2) 全年的平均每月产量。

情境六

抽样推断

21世纪是信息的时代，是大数据的时代，信息更新非常快。企业要想生存就需要时刻关注社会的发展和行业的发展，也就必须时刻关注相关的信息，完成信息的更新换代。在很多统计问题中，或者由于人力、物力、财力或时间限制，或者由于取得全部数据是不可能的，或者虽然能够取得全面数据但数据搜集本身带有破坏性，我们不能搜集全面数据，只能从中搜集部分数据，依据这部分数据对所研究对象的数量特征或数量规律性进行推断。这种依据部分观测取得的数据对整体的数量特征或数量规律性进行的推断称为统计推断。而抽样调查具有经济性、时效性、准确性和灵活性等特点，可以及时准确地完成信息的搜集。所以在信息化高速发展的今天抽样调查成为一种常用的调查方法。通过抽样调查可以迅速得到样本的信息，但是我们没法知道总体的信息，那么就需要用到抽样推断。通过抽样推断可以很快地通过样本数据估计出总体的特征。抽样调查是进行抽样推断的前提。

在本情境当中，需要掌握的内容有：抽样调查的含义、特点和作用；能够计算抽样平均误差和抽样极限误差；能够进行假设检验；能够根据样本数据估算总体的特征；能够根据统计误差确定必要样本容量。

子情境一　抽样推断

情境引例

学校要求调研大学一年级新生情况，主要从考试成绩、年龄、身高、体重、籍贯、政治面貌等方面进行调查。已知该学校当年新招收了 10 000 名学生，学生升入学校的途径不一样，其中单独招生 2 000 人，春季高考 2 000 人，夏季高考 6 000 人。

问题：
(1) 该学校应该采用什么样的调查方法进行调查？
(2) 如果采用抽样调查，应该如何选取样本？

案例思考

对以上问题进行分析得知：学校招生规模比较大，学生的来源也不一样，情况很复杂。要解决以上问题需要了解以下内容：统计调查的种类及特点、抽样调查的含义及优点、抽样调查所涉及的一些基本概念（样本、总体、样本个数、样本容量及样本和总体的一些指标）、抽样调查的方式和方法、抽样平均误差和抽样极限误差的概念和计算方法。

知识目标

1. 理解抽样调查的定义和特性。
2. 掌握抽样调查的优点。
3. 掌握抽样调查的基本概念。
4. 掌握抽样调查的方式和方法。

能力目标

1. 能够根据实际情况采用合理的方法抽取样本。
2. 能够计算样本和总体相关指标。

知识阐述

一、抽样推断的含义

抽样推断是在抽样调查的基础上进行的统计方法。抽样调查的定义大体上可以分为广义和狭义两种，广义的抽样调查包括非概率抽样与概率抽样，狭义的抽样调查概念仅指概率抽样。

狭义的抽样调查是按照一定的程序和方法，从所要研究现象的总体中根据随机原则抽取一部分单位组成样本，通过对样本的调查，获得样本资料，计算出有关的样本指标（统计量），对相应的总体指标（参数）做出估计和推算，并有效控制抽样误差的一种统计方法，如图 6-1 所示。

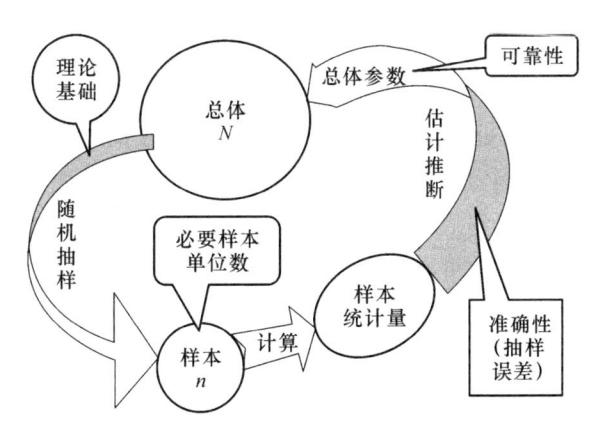

图 6-1 抽样推断

1. 随机原则

①随机并非"随意"。

②随机原则不等于等概率原则。

③随机原则一般要求总体中每个单元均有一个非零的概率被抽中。

④抽样概率对总体参数的估计有影响。

2. 随机原则是抽样调查必须遵循的基本原则

①按随机原则抽样可以保证被抽中的单元在总体中均匀分布,不致出现系统性、倾向性偏差。

②在随机原则下,当抽样数目达到足够多时,样本就会遵从大数定律而呈正态分布,样本单位的标志值才具有代表性,其平均值才会接近总体平均值。

③只有按随机原则抽样,才有可能实现计算和控制抽样误差的目的。

【例 6-1】 某企业生产的 5 000 个零件中,按照 10% 的比例,抽取 500 件进行检查,发现 25 件是废品,则废品率为 (25/500)×100% = 5%。采用抽样调查的结果,废品率是 5%,来推算 5 000 个零件的废品率,该方法即是抽样推断,抽取的 500 个零件就是样本。

二、抽样推断的特点

1. 按照随机原则抽选调查单位,是抽样推断的前提

抽样调查,这种非全面调查与其他非全面调查(如典型调查、重点调查等)选择单位的方法完全不同。典型调查、重点调查均由调查者有意识地选择调查单位,因而受调查者主观因素的影响;这样取得的调查资料,不能用来对总体的数量特征进行统计推断。抽样调查则是按随机原则抽选调查单位,完全排除调查者主观因素的影响;这样调查的部分单位资料,可以用来推断总体的数量特征。

还须指出,抽样推断只有以随机原则为前提,才能使任何一个样本变量都是随机变量,因而只有任何一种样本指标(或统计量)都是随机变量,抽样推断才有可能利用大数定律和中心极限定理等概率论原理来研究样本指标(统计量)与总体指标(总体参数)的关系,确定优良估计的标准,为抽样设计寻求更有效的组织形式建立科学的理论基础。

2. 概率估计法是抽样推断的特有估计方法

样本数据和参数之间，并不存在自变量和因变量严格对应关系，因而它不能利用一定的函数关系推算总体参数；它是运用归纳推理原理，即不保证从正确的前提一定得到正确的结论，而只肯定从正确的前提得到的结论有一定程度的可靠性。概率估计从这一原理出发具体确定用样本指标推断总体指标的可靠程度的概率有多少。这种推断估计方法是其他推断估计方法所无，而抽样推断估计所特有的。

3. 抽样推断的误差，可以事先计算并加以控制

以样本指标估计相应的总体指标，肯定会存在一定的误差。但抽样误差的范围，可以事先通过有关资料加以计算，并可采取必要的组织措施来控制这一误差范围，保证抽样推断的结果达到一定的可靠程度。这是其他的估算方法所不能做到的。

三、抽样推断的作用

抽样推断在社会经济统计中有其独特的重要作用。

（1）对有些不可能或不必要进行全面调查，但又需要了解其全面数量情况的社会经济现象，则可以运用抽样推断，实现调查的目的。

在工业生产中检验某些产品质量时，常常具有破坏性，如灯泡的寿命检验，棉纱的拉力检验，等等，因此，不可能对全部产品进行检验，而必须采用抽样，以样本资料推断总体的质量状况。有些现象总体过大，单位过于分散，进行全面调查实际上是不可能的。如检验水库的鱼苗数，森林的木材积蓄量等，也必须采用抽样推断。有些社会经济现象，从理论上说，可以进行全面调查，但调查范围太广、单位太大，因而不必要进行全面调查，采用抽样推断可节省人力、费用、时间，并可提高资料的准确性。

（2）抽样调查与全面调查同时进行，可以发挥互相补充和检查调查质量的作用。

全面调查由于范围广、工作量大、参加人员多，往往容易发生登记性误差和计算误差。如果在全面调查后，随机抽取一部分单位重新调查一次，将这些单位两次调查的资料，进行对照，加以比较，计算其差错率，并据以对全面资料加以修正，可以进一步提高全面调查资料的准确性。

（3）抽样推断可以用于工业生产过程的质量控制。

抽样推断法可以有效地应用于对成批或大量连续生产的工业产品在生产过程中进行质量控制，检查生产过程是否正常，及时提供有关信息，便于采取措施，防止废品的发生。

（4）利用抽样推断法还可以对某种总体的假设进行检验，判断其真伪，以做出正确的决策。

例如，新工艺新技术的改革，是否能收到明显的效果，需要对未知或完全不知道的总体做出一些假设，然后利用抽样推断法，根据实验的材料对所作假设进行检验，做出判断。

四、抽样推断中的基本概念

(一) 总体和样本

1. 总体

总体亦称全及总体,指所要认识的研究对象全体,它是由所研究范围内具有某种共同属性的全体单位所组成的集合体,通常用 N 表示总体单位的个数。

2. 样本

样本又称子样,也称样本总体,它是从全及总体中随机抽取出来的,作为代表这一总体的那部分单位组成的集合体。样本中所包含的单位数称为样本容量,通常用 n 表示,相对于 N 来讲 n 是很小的数。样本容量小于 30 的称为小样本,反之,则称为大样本。社会经济统计中的抽样推断,一般采用大样本。以很小的样本来推断很大的总体,是抽样推断法的重要特点。

总体和样本,一个是整体,一个是部分。全及总体是我们的研究内容的对象,因此它是唯一的,确定的;而样本则是建立在随机基础上抽取出来的,所以每一次选样,都会选出不同的结果,所以它是变动的,不确定的。

(二) 总体参数和统计量

1. 总体参数是根据总体各单位的标志值或标志属性计算出来的总体指标

对于总体中的质量标志,常用的总体参数有总体标准差 σ (或总体方差 σ^2) 和总体平均数 $\overline{X}$,其计算公式如下:

$$\sigma = \sqrt{\frac{\sum_{i=1}^{n}(X_i - \overline{X})^2}{N}} = \sqrt{\frac{\sum_{i=1}^{n}(X_i - \overline{X})^2 f_i}{\sum_{i=1}^{n} f_i}}$$

$$\overline{X} = \frac{\sum_{i=1}^{n} X_i}{N} = \frac{\sum_{i=1}^{n} x_i f_i}{\sum_{i=1}^{n} f_i}$$

对于总体中的品质标志,常用的总体参数有总体成数和总体成数标准差(方差)。总体成数是指具有某种性质的单位数在总体全部单位数中所占的比重,即 $P = \frac{N_1}{N}$,则总体中不具有某种性质的单位数在总体中所占的比重为 Q,$Q = 1 - P$。

如果品质标志有是非两种标志,将"是"定义为"1";"非"定义为"0"。成数的标准差的计算公式为:

$$\sigma = \sqrt{P(1 - P)}$$

2. 样本统计量是根据样本各单位标志值或标志属性计算出来的样本指标

样本统计量有样本平均数 $\overline{x}$,样本标准差 S,样本成数 p,样本成数标准差 S_p。

样本统计量是用来估计总体参数的,内容和计算方式与总体参数一致,但本质不同。总体参数是直接总体的实际数据,是唯一的,确定的,固定的。而统计量则随着抽样的变化,样本的变化,其指标值也处于不断的变化之中。

五、抽样方法和样本数目

（一）抽样方法

即按随机原则从全及总体抽取样本总体的方法。

1. 按抽取方式，可分为重复抽样和不重复抽样两类

（1）重复抽样：从总体 N 个单位中抽取一个容量为 n 的样本，每次从总体抽取一个，连续抽取 n 个，每次抽出的一个单位，将其结果登记后又放回，重新参加下一次抽选。

（2）不重复抽样：从总体 N 个单位中抽取一个容量为 n 的样本，每次从总体抽取一个，连续抽取 n 个，但每次抽出的一个单位，将其结果登记后，不再放回参加下一次的抽选。

这两种选择的最大区别是，重复抽样，每次抽选都是独立的，即前一次抽选不影响后一次抽选，每个单位中选或不中选的机会在各次抽选中是相同的。而不重复抽样，每次抽选不是独立的，即前一次抽选会影响下一次抽选，每个单位中选或不中选的机会在各次抽选中是不相同的。

2. 按抽样是否考虑顺序，可分为考虑顺序抽样和不考虑顺序抽样两种

（1）考虑顺序抽样：若先抽取单位 A，再抽取单位 B，则构成样本 AB；若先抽取 B，再抽取 A，则构成样本 BA。样本 AB 和样本 BA，视为两个样本。

（2）不考虑顺序抽样：仍按前一种抽取样本单位的结构，构成 AB 和 BA 样本，若不考虑顺序时，则视样本 AB 和样本 BA 为一个样本。

将上述两种分类相互交叉，如图 6-2 所示。

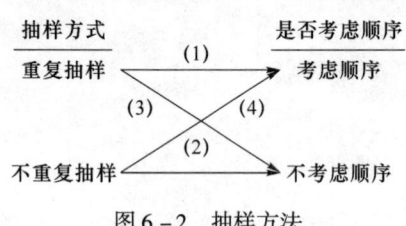

图 6-2 抽样方法

这样，就形成四种抽样方法，即考虑顺序的重复抽样；不考虑顺序的不重复抽样；不考虑顺序的重复抽样；考虑顺序的不重复抽样。

（二）样本的可能数目

样本的可能数目既和每个样本的容量有关，也和抽样方法有关。当样本容量为既定时，则样本可能数目便取决于抽样的方法。

（1）考虑顺序的重复抽样数目，即通常所说的可重复排列数。一般来说，从总体 N 个不同单位每次抽取 n 个允许重复的排列，组成样本的可能数目记作 B_N^n，其计算公式为：

$$B_N^n = N^n$$

（2）考虑顺序的不重复抽样数目，即通常所说的不重复排列数。一般来说，从总体 N 个不同单位每次抽取 n 个不重复的排列，组成样本的可能数目记作 A_N^n，其计算公式为：

$$A_N^n = N(N-1)(N-2)\cdots(N-n+1) = N!/(N-n)!$$

（3）不考虑顺序的不重复抽样数目，即通常所说的不重复组合数。一般来说，从总体 N 个不同单位每次抽取 n 个不重复的组合，组成样本的可能数目记作 C_N^n，其计算公式为：

$$C_N^n = \frac{N!}{n!(N-n)!}$$

（4）不考虑顺序的重复抽样数目。即通常所说的重复组合数。一般来说，从总体 N 个不同单位每次抽取 n 个不重复的组合，组成样本的可能数目记作 D_N^n，其计算公式为：

$$D_N^n = C_{N+n-1}^n = \frac{(N+n-1)!}{n!(N-1)!}$$

六、抽样的组织方式

(一) 简单随机抽样

简单随机抽样也称为单纯随机抽样。从包含 N 个抽样单元的总体中抽取容量为 n 的简单随机样本，可以是从总体中逐个不放回地抽取 n 次，每次都是在尚未入样的单元中等概率抽取，也可以是从总体中一次取得全部 n 个单元，只要保证全部可能的样本每个被抽到的概率都相等即可。

简单随机抽样是其他抽样方法的基础，因为它在理论上最容易处理，并且当总体包含的抽样单元数 N 不太大时实施并不困难。但是当 N 很大时实施就很困难，主要是编制一个包含全部 N 个抽样单元的抽样框通常很不容易。另外，N 很大时所抽到的样本单元往往很分散，使调查极其不方便。因此在大规模的抽样调查中很少单独采用简单随机抽样。

(二) 类型抽样

类型抽样又称为分层抽样，将总体按照某一标志进行分组，在各组中按照随机原则抽取样本单位的组织方式。

通过分类，把总体中标志值比较接近的单位归为一组，使各组单位之间的差异程度缩小，分布比较均匀。在各组中都要抽取样本单位，这样使样本分布更加接近于总体分布，提高样本的代表性。当总体各个单位差异较大时，采用类型抽样可以大大提高估计的精度。

类型抽样将总体按照某一标志进行分组，各组的单位数一般是不相同的，样本单位数在各组之间的分配一般有两种方法：

(1) 按照比例抽取样本数目，即不考虑各组标志变异程度的大小，按各组的单位数占总体的比重抽取样本数目。

(2) 各组抽取的样本数目，按照各组标志变异程度来确定，变异程度大多抽一点，变异程度小少抽一点。

(三) 等距抽样

等距抽样又称机械抽样，它是先将总体各单位按某一标志排队，然后以相等的间隔抽取样本单位的一种组织方式。

(四) 整群抽样

整群抽样是将总体各个单位划分为若干群，然后以群为单位从中随机抽取一些群，对选中群所有单位进行全面调查的抽样组织方式，整群抽样采用不重复抽样。

整群抽样与分层抽样在形式上有相似之处，但实际上差别很大。

(1) 分层抽样要求各层之间的差异很大，层内个体或单元差异小；而整群抽样要求群与群之间的差异比较小，群内个体或单元差异大。

(2) 分层抽样的样本是从每个层内抽取若干单元或个体构成，而整群抽样则是要么整群抽取，要么整群不被抽取。

整群抽样方法的运用，需要与分层抽样方法区别。当某个总体是由若干个有着自然界限和区分的子群（或类别、层次）所组成，同时，不同子群相互之间差异很大、而每个子群内部的差异不大时，则适合于分层抽样的方法；反之，当不同子群之间差别不大、而每个子群内部的异质性比较大时，则特别适合于采用整群抽样的方法。

七、用 Excel 来选择样本

已知某班 100 名学生的身高如表 6-1 所示，我们随机抽取 20 名学生进行研究。

表 6-1 某班 100 名学生身高

某班学生身高/cm									
184	181	150	164	181	157	193	155	165	165
180	192	174	178	174	175	176	172	150	181
199	189	200	182	173	150	152	157	168	154
182	199	152	169	163	179	159	190	172	191
187	190	151	173	180	186	184	152	174	191
163	190	173	193	177	186	153	180	175	161
188	195	188	166	188	151	198	183	180	178
184	181	152	162	174	197	160	174	161	177
157	189	179	192	158	168	199	165	200	176
197	171	155	197	186	182	196	190	189	152

可以利用 Excel 数据分析当中的抽样进行分析。首先在单元格中输入数据，这里可以利用复制粘贴的转置功能进行快速输入。首先选择第三列的数据进行复制，然后选择"粘贴"→"选择性粘贴"→"转置"，如图 6-3 所示。

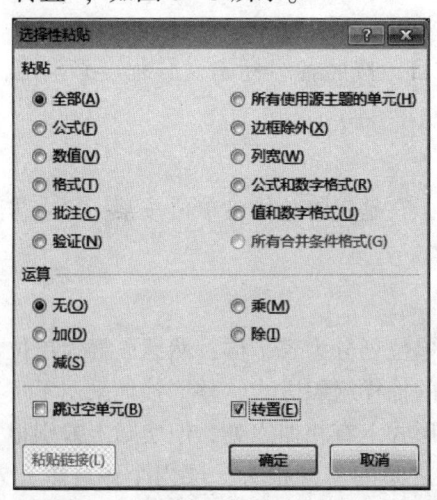

图 6-3 "选择性粘贴"对话框

可以将横排数据转换为竖排数据。如图 6-4 所示。

选取数据分析，在"输入区域"输入数据范围"＄A＄1：＄A＄100"，"抽样方法"选择"随机"，"样本数"输入"20"，"输出区域"选择"＄C＄16"，按回车键，就得到 1 组样本，如图 6-5 所示。

情境六 抽样推断 169

	A	B	C	D	E	F	G	H	I	J	K	L	M
1	184												
2	181							某班学生身高				单位：厘米	
3	150												
4	164												
5	181			184	181	150	164	181	157	193	155	165	165
6	157			180	192	174	178	174	175	176	172	150	181
7	193			199	189	200	182	173	150	152	157	168	154
8	155			182	199	152	169	163	179	159	190	172	191
9	165			187	190	151	173	180	186	184	152	174	191
10	165			163	190	173	193	177	186	153	180	175	161
11	180			188	195	188	166	188	151	198	183	180	178
12	192			184	181	152	162	174	197	160	174	161	177
13	174			157	189	179	192	158	168	199	165	200	176
14	178			197	171	155	197	186	182	196	190	189	152
15	174												
16	175												
17	176												
18	172												
19	150												
20	181												
21	199												
22	189												
23	200												
24	182												
25	173												
26	150												
27	152												
28	157												

图 6-4 转换后的页面

图 6-5 随机抽样样本

问题解决

我们已经学习了关于抽样调查及抽样调查误差的相关知识,下面我们就用这些知识来解决前面的"情境引例"中出现的问题。

(1) 通过分析我们得知学校新招收的学生比较多,因此不能采用全面调查。重点单位和典型单位的选取存在困难,因此也不宜采用重点调查和典型调查。因此只能采用抽样调查。

(2) 抽样调查的方式包括简单随机抽样、类型抽样、等距抽样、整群抽样。简单随机抽样是误差最大的一种抽样方法,而在本例当中学生来源多种多样,因此不适宜使用简单随机抽样。类型抽样,又称为分层抽样,将总体按照某一标志进行分组,在各组中按照随机原则抽取样本单位的组织方式。在本例中学生来源有单独招生、春季高考、夏季高考。因此要研究学生的情况应该先按照学生的来源分为3个组,然后再按照比例随机抽取样本数目。现在假定要抽取100名学生进行研究,那么应该从单独招生的学生中抽取20名学生,从春季高考的学生中抽取20名学生,从夏季高考的学生中抽取60名学生进行调查。

(3) 利用数据分析工具抽取样本。首先从2 000名单独招生的学生中抽取20名学生。方法是按照学生的学号,随机抽取20名学生。具体步骤如下:

首先调出数据分析工具,不同的Office版本调取数据分析工具的方法不同,这里是2010版(图6-6、图6-7)。

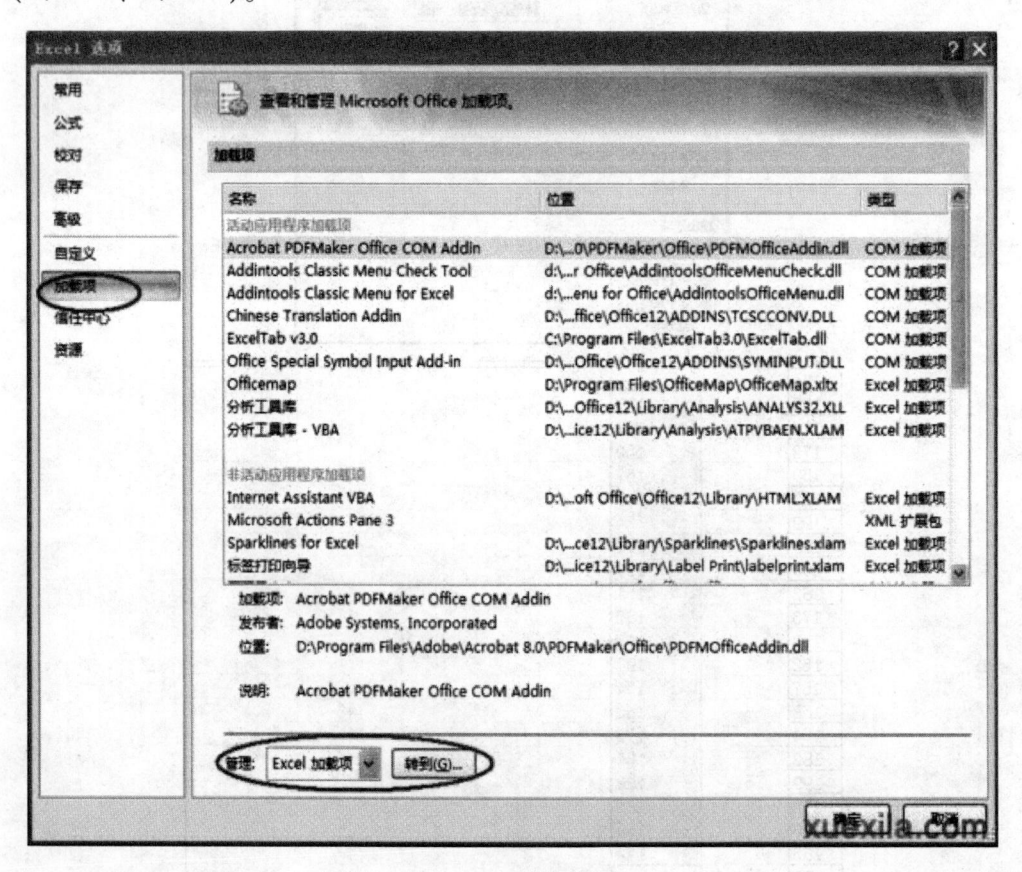

图6-6 选择加载项

这样在数据功能区就会出现"数据分析"工具了。如果还是没有，在网上下载一个分析工具加载项，安装上，按上述方法加载就有了。

下面我们就用数据分析工具来抽取样本。

①将2 000名学生进行编号。

②运用Excel抽取样本，首先我们在单元格中输入数据，如图6-8所示。

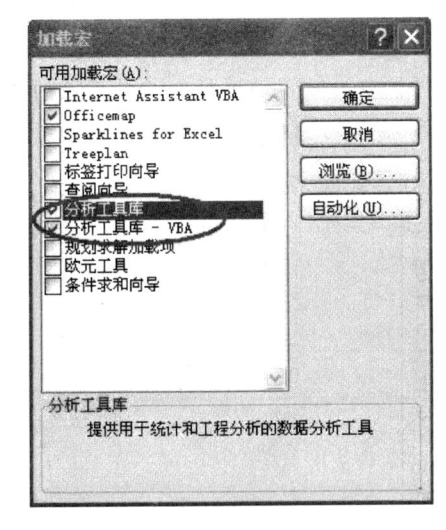

图6-7 选择分析工具库

图6-8 输入数据

③打开数据分析工具，选取抽样，如图6-9所示。

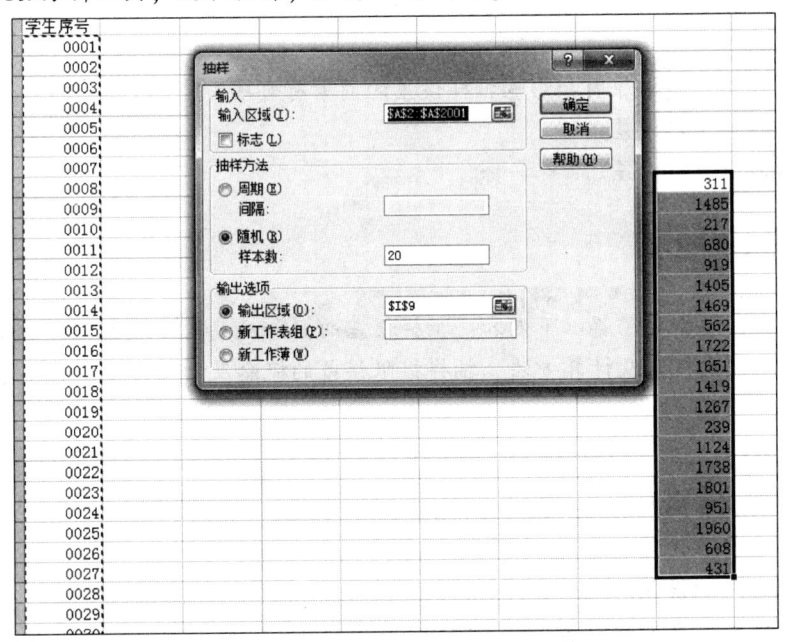

图6-9 抽样

这样就从2 000个自主招生的学生中选取了20名学生，同理可以选取出其余的80名学生，这样就可以从10 000名学生中选取100名学生，只要调查这100名学生的情况就行了。

子情境二　抽样误差

情境引例

在上一个子情境中通过抽样得到了一个样本，虽说是遵循了随机的原则，而且也为了尽可能减小误差采用类型抽样，但是抽取的样本的代表性究竟如何呢？抽样调查有别于典型调查、重点调查的方面在于抽样调查的误差可以计算并进行控制，可以通过计算抽样误差的方法来检验样本的代表性如何。通过前面的调查已经知道所抽取的 100 名 2017 级学生的身高如图 6-10 所示。

2017级学生身高情况统计表	
身高（cm）	学生人数
150~155	5
155~160	7
160~165	13
165~170	7
170~175	12
175~180	23
180~185	11
185~190	12
190以上	10
合计	100

图 6-10　抽取的身高样本

问题：
(1) 抽样误差产生的原因和影响抽样误差的因素有哪些？
(2) 计算抽样平均误差。
(3) 计算抽样极限误差。

案例思考

要解决以上问题需要了解以下内容：抽样误差的概念及产生的原因，影响抽样误差的因素，抽样平均误差的概念及计算方法，抽样极限误差的概念及计算方法。

知识目标

1. 理解抽样误差的概念及产生的原因。
2. 掌握影响抽样误差的因素。
3. 掌握抽样平均误差的概念及计算方法。
4. 掌握抽样极限误差的概念和计算方法。

能力目标

1. 能够计算抽样平均误差。
2. 能够计算抽样极限误差。

知识阐述

一、抽样误差的含义及其产生原因

(一) 抽样误差的含义

抽样误差是指样本指标与全及总体指标之间的绝对误差。在进行抽样检查时不可避免会产生抽样误差，因为从总体中随机抽取的样本，其结构不可能和总体完全一致。例如，样本平均数与总体平均数之差 $|\bar{x} - \bar{X}|$、样本成数与总体成数之差 $|p - P|$。

(二) 抽样误差产生的原因

抽样过程中，通常会产生两类误差，即登记性误差与代表性误差。

(1) 登记性误差是在调查过程中，由于测量、登记、计算上的差错引起的误差。这类误差可以避免。

(2) 代表性误差是因样本的代表性不足所引起的误差。

①系统性误差：抽样过程中，没有按照随机原则取样，存在人为的主观因素，破坏了随机原则所造成的误差。系统性误差可以避免。

②随机误差：抽样过程中严格按照随机原则取样，由于样本指标代替总体指标所引起的误差。随机误差无法避免。

通常抽样误差就是随机误差。

抽样误差是由于随机抽样的偶然因素所引起的样本指标与总体指标之间的绝对离差，即

平均指标的抽样误差：$|\bar{x} - \bar{X}|$

抽样成数的抽样误差：$|p - P|$

(三) 影响抽样误差的因素

(1) 样本的单位数。其他条件不变的情况下，样本数越多，抽样误差越小；反之，抽样误差越大。

(2) 总体各单位标志值的差异程度。总体各单位标志值的差异程度越大，抽样误差越大；反之，抽样误差越小。

(3) 抽样方法。重复抽样的抽样误差大于不重复抽样的抽样误差。

(4) 抽样调查组织形式。相对而言，类型抽样和等距抽样误差小一些。

二、抽样平均误差

用样本平均数的抽样平均误差和样本成数的抽样平均误差衡量误差一般水平的尺度。

(一) 样本平均数的抽样平均误差

在重复抽样条件下，样本平均数的抽样平均误差，即

$$\mu_{\bar{x}} = \frac{\sigma}{\sqrt{n}}$$

在不重复条件下，抽样平均误差为

$$\mu_{\bar{x}} = \sqrt{\frac{\sigma^2}{n}\left(\frac{N-n}{N-1}\right)} \approx \sqrt{\frac{\sigma^2}{n}\left(1-\frac{n}{N}\right)}（当 N 很大时）$$

其中 $\mu_{\bar{x}}$ 表示平均数的抽样平均误差，σ 表示总体标准差，N 表示总体单位的个数，n 表示样本容量。

【例6-2】 某地小麦播种面积为100万亩，按随机原则抽取1 000亩进行实收实测，计算结果是平均亩产为500千克，标准差为100千克，试用重复抽样和不重复抽样两种方法，分别计算抽样平均误差。

已知：$n=1\ 000$，由于标准差 σ 未知，可以用样本标准差 S 代替，所以 $\sigma \approx S = 100$ 千克。

(1) 重复抽样时。

将 n 和 σ 代入重复抽样平均误差公式：

$$\mu_{\bar{x}} = \sqrt{\frac{\sigma^2}{n}} \approx \sqrt{\frac{S^2}{n}} = \sqrt{\frac{100^2}{1\ 000}} = 3.16\ (千克)$$

(2) 不重复抽样时。

将已知条件代入不重复抽样平均误差公式：

$$\mu_{\bar{x}} = \sqrt{\frac{\sigma^2}{n}\left(1-\frac{n}{N}\right)} \approx \sqrt{\frac{S^2}{n}\left(1-\frac{n}{N}\right)} = \sqrt{\frac{100^2}{1\ 000}\left(1-\frac{1\ 000}{1\ 000\ 000}\right)} = 3.16\ (千克)$$

由上例可见，当总体单位数很大时，重复抽样平均误差和不重复抽样平均误差相差甚微。

（二）抽样成数的平均误差

重复抽样条件下：

$$\mu_P = \frac{\sigma}{\sqrt{n}} = \sqrt{\frac{P(1-P)}{n}}$$

不重复抽样条件下：

$$\mu_P = \frac{\sigma}{\sqrt{n}}\sqrt{\frac{N-n}{N-1}} = \sqrt{\frac{P(1-P)}{n}\left(\frac{N-n}{N-1}\right)}$$

$$\mu_P \approx \sqrt{\frac{P(1-P)}{n}\left(1-\frac{n}{N}\right)} \quad (当N很大时)$$

其中 μ_P 表示总体成数的抽样平均误差，$\sigma = \sqrt{P(1-P)}$ 表示总体标准差，P 表示总体成数，N 表示总体单位的个数，n 表示样本容量。

注意：通常情况下，总体成数不知道，可以用样本成数 p 表示，所以 $\sigma \approx \sqrt{p(1-p)}$。

【例6-3】 要估计高校10 000名在校生的近视率，现在从中随机抽取400名，检查有近视眼的学生为320名，试计算样本近视率的抽样平均误差。

已知：$n=400$，$N=10\ 000$，$p=\dfrac{320}{400}=0.8$

①在重复抽样条件下。

$$\mu_p \approx \sqrt{\frac{p(1-p)}{n}} = \sqrt{\frac{0.8(1-0.8)}{400}} = 0.02 = 2\%$$

②在不重复抽样条件下。

$$\mu_p \approx \sqrt{\frac{p(1-p)}{n}\left(1-\frac{n}{N}\right)} = 1.96\%$$

(3) 重复抽样和不重复抽样条件下抽样平均误差的区别。

从上面的计算公式可看到，在其他条件相同的情况下，重复抽样和不重复抽样仅差一个

修正因子的平方根 $\sqrt{\left(1-\dfrac{n}{N}\right)}$。由于 $\sqrt{1-\dfrac{n}{N}}<1$，所以不重复抽样的平均误差小于重复抽样的平均误差。$\dfrac{n}{N}$ 又称为抽样比例或抽样强度。

三、抽样极限误差

抽样平均误差说明某一抽样方案总的误差情况，但在实际进行抽样调查时，只抽取一个样本。那么这个样本的误差，可能大于或小于平均误差。对于该项抽样调查，一定会要求有一个允许误差的范围。这一允许误差的范围，就称作极限误差。样本指标与总体指标之间可允许的误差最大范围称为极限误差，或者说，是统计量与参数离差的最大范围，即

$$\Delta_x \geq |\bar{x}-\bar{X}|, \quad \Delta_p \geq |p-P|$$

可以变形为：

$$|\bar{x}-\bar{X}| \leq \Delta_x \Rightarrow \bar{x}-\Delta_x \leq \bar{X} \leq \bar{x}+\Delta_x$$
$$|p-P| \leq \Delta_p \Rightarrow p-\Delta_p \leq P \leq p+\Delta_p$$

公式中，总体平均数和总体成数是未知的，需要我们用样本指标去估计，抽样极限误差的实际意义在于期望总体平均数 $\bar{X}$ 落在 $(\bar{x}-\Delta_x, \bar{x}+\Delta_x)$ 范围内，总体成数 P 落在 $(p-\Delta_p, p+\Delta_p)$ 范围内。

四、抽样误差的概率度与置信度

抽样结果的抽样指标与总体指标之间的离差，可能是正或是负。因此允许误差的范围采取绝对值形式，用 Δ 表示，即

$$\Delta_x \geq |\bar{x}-\bar{X}|, \quad \Delta_p \geq |p-P|$$

上两式很容易转化为下列不等式：

$$\bar{X}-\Delta_x \leq \bar{x} \leq \bar{X}+\Delta_x, \quad P-\Delta_p \leq p \leq P+\Delta_p$$

上式表明，抽样平均数 $\bar{x}$ 是以总体平均数为中心，在 $\bar{X} \pm \Delta_x$ 之间变动，区间 $(\bar{X}-\Delta_x, \bar{X}+\Delta_x)$ 的总长度为 $2\Delta_x$。同样，抽样成数 p 是以总体成数 P 为中心，在 $P \pm \Delta_p$ 之间变动，其区间 $(P-\Delta_p, P+\Delta_p)$ 之总长度为 $2\Delta_p$。

但是实际上样本可能数量很多，而样本指标也很多。我们用一个样本指标计算出来的抽样极限误差可以保证总体参数在 $(\bar{x}-\Delta_x, \bar{x}+\Delta_x)$ 内。但是我们并不能保证用其他样本计算出来的总体参数都在这个范围内。我们实际计算的抽样极限误差，是要以一个概率保证程度保证总体参数落在范围内。

极限误差 Δ 实际上用平均误差来衡量，$\Delta = \mu t$。t 表示极限误差为平均误差的 t 倍。由于 t 值与样本估计值落入允许误差范围的概率有关，故称 t 为概率度。

t 的含义（概率度）：表示误差范围为抽样平均误差的 t 倍，t 是测量估计可靠程度的一个参数。我们可以通过查找正态分布概率表来求解 t。

【例 6-4】 对 1 000 名 7 岁儿童进行健康调查，随机抽取了 100 人，测量和计算的平均体重为 25 千克，标准差为 4 千克。试以 95.45% 的概率保证程度计算 1 000 名儿童平均体重的抽样极限误差。

已知 $N=1\,000$，$n=100$，$\bar{x}=25$ 千克，$\sigma \approx S=4$ 千克，$F(t)=0.954\,5$

经查表得 $t=2$

重复抽样时的抽样极限误差:

$$\Delta_{\bar{x}} = t\mu_{\bar{x}} = t\sqrt{\frac{\sigma^2}{n}} = 2 \times \sqrt{\frac{4^2}{100}} = 0.8(千克)$$

不重复抽样时的抽样极限误差:

$$\Delta_{\bar{x}} = t\mu_{\bar{x}} = \sqrt{\frac{\sigma^2}{n}\left(1-\frac{n}{N}\right)} = 2 \times \sqrt{\frac{4^2}{100}\left(1-\frac{100}{1\,000}\right)} = 0.76(千克)$$

问题解决

我们已经学习了关于抽样误差的相关知识,下面,我们就用这些知识来解决"情境引例"中出现的问题。

(1) 因为统计工作的调查结果与实际情况的差别,在抽样过程中,通常会产生两类误差:登记性误差与代表性误差。

在调查过程中,由于测量、登记、计算上的差错引起的误差,为登记性误差,这类误差可以避免。

因样本的代表性不足所引起的误差,为代表性误差,分两种情况:

①抽样过程中,没有按照随机原则取样,存在人为的主观因素,破坏了随机原则所造成的误差,称为系统性误差,可以避免。

②抽样过程中严格按照随机原则取样,由于样本指标代替总体指标所引起的误差,无法避免,是按照随机原则产生的,成为随机误差。

通常抽样误差就是随机误差。

(2) 计算抽样平均误差。抽样平均误差主要有抽样平均数的抽样平均误差和抽样成数的抽样平均误差,在本例中我们所要求的是抽样平均数的抽样平均误差。

①重复抽样情况下。

$\mu_{\bar{x}} = \frac{\sigma}{\sqrt{n}}$,其中 σ 我们在不知道总体标准差的情况下,我们只能用样本标准差,而 $\bar{x} =$

$$\frac{\sum_{i=1}^{n} x_i f_i}{\sum_{i=1}^{n} f_i} = \frac{17\,845}{100} = 178.45 \text{ cm}, \sigma \approx \sqrt{\frac{\sum_{i=1}^{n}(x_i - \bar{x})^2 f_i}{\sum_{i=1}^{n} x_i f_i}} = 11.35 \text{ cm}$$

所以 $\mu_{\bar{x}} = \frac{\sigma}{\sqrt{n}} = \frac{11.35}{10} \approx 1.14 \text{ cm}$。

所以抽样平均误差为 1.14 cm。

②不重复抽样情况下。

$$\mu_{\bar{x}} = \sqrt{\frac{\sigma^2}{n}\left(1-\frac{n}{N}\right)} = \sqrt{\frac{11.35^2}{100}\left(1-\frac{100}{10\,000}\right)} = 1.13 \text{ cm}$$

所以抽样平均误差为 1.13 cm。

(3) 通过学习,我们知道要求抽样极限误差,需要知道抽样误差的概率度,在这里假设概率度 $t=2$,那么根据公式 $\Delta_{\bar{x}} = \mu_{\bar{x}} \times t = 1.14 \times 2 = 2.28 \text{ cm}$。

子情境三　假设检验

情境引例

按规定苗木平均高达 1.60 m 以上可以出圃，今在苗圃中随机抽取 10 株苗木，测定的苗木高度如下（单位：m）：

　　1.75　1.58　1.71　1.64　1.55　1.72　1.62　1.83　1.63　1.65

综合以上数据，回答以下问题：

假设树苗高度服从正态分布，试问苗木平均高度是否达到出圃要求？（要求 $\alpha = 0.05$）

案例思考

这是一个利用假设检验来解决实际问题的案例。在本案例中，我们知道了 10 株树苗的高度，这样就可以求出这 10 株树苗的平均高度和标准差。而要求的是这苗圃中的树苗平均高度是否达到了 1.60 m 以上。要解决这个问题应该具备以下知识：什么是假设检验，假设检验的步骤和原理，应用假设检验应注意的问题。

知识目标

1. 理解假设检验的含义。
2. 掌握假设检验的步骤和原理。
3. 掌握单样本平均数的假设检验的原理。

能力目标

1. 能够利用假设检验解决单样本平均数的假设检验的问题。
2. 能够根据相应约束条件选用合适的假设检验解决问题。

知识阐述

一、假设检验的定义

在统计学上，假设指关于总体的某些未知或不完全知道性质的待证明的声明。假设可分为两类，即研究假设和统计假设。研究假设是研究人员根据以前的研究结果、科学文献或者经验而提出的假设，是在进行研究之前预先设想的、暂定的理论。简单地说，即研究问题的暂时答案。统计假设往往是根据研究假设提出的，描述了根据研究假设进行试验结果的两种统计选择。

统计假设有两种，分别为原假设（H_0；或称零假设，虚假设，解消假设）和备择假设（H_A；或称对立假设）。原假设通常为不变情况的假设。比如，H_0 声明两个群体某些性状间没有差异，即两个群体的平均数和方差相同。备择假设 H_A 则通常声明一种改变的状态，如两个群体间存在差异。一般地，证明一个假设是错误的较证明其是正确的容易，因此，研究者通常试图拒绝原假设。

假设检验的定义为，假定原假设正确，检验某个样本是否来自某个总体，它可以使研究者把根据样本得出的结果推广到总体。根据样本进行的假设检验有两种结果：①拒绝 H_0，因为发现其是错误的；②不能拒绝 H_0，因为没有足够的证据使我们拒绝它。原假设和备择假设总是互斥，而且包括了所有的可能，因此，拒绝 H_0 则 H_A 正确。另一方面，证明原假设 H_0 是正确的比较困难。

我们根据概率理论和概率分布的特性进行假设检验。概率理论用来拒绝或接受某个假设。因为结果是从样本而不是整个总体得出的，因此，结果不是100%正确。

下面通过一个典型例子，来说明假设检验的基本知识。

【例6-5】 一个刚工作的大学生在仓库工作，负责入库商品的验货工作。在进行糖果的验货时，销售商声称每袋装 10 kg。结果可能有4种可能：①销售商很诚实，即 $\mu = 10$ kg；②销售商很保守，即 $\mu > 10$ kg；③销售商是个骗子，即 $\mu < 10$ kg；④销售商也是个新手，不知道每袋到底有多少，即 $\mu \neq 10$ kg。为了进行检验，该大学生测量了25袋内容物的重量，结果平均重 10.36 kg，假设已知方差为 1 kg。

案例1：检验销售商是否是保守的。

本题有两个假设，第一个是销售商的声明以及根据他的声明对结果的预测，称作原假设，具体到本例，H_0 为 $\mu = 10$ kg。另一个假设为备择假设，它实际上是你的看法，本例的备择假设 H_A 为 $\mu > 10$ kg。

因此，本例的假设可以写为：

$$H_0: \mu \leq 10 \text{ kg}, H_A: \mu > 10 \text{ kg}$$

这两个假设互斥，而且包括了所有可能性。因此，H_0 和 H_A 只能有一个正确，而不可能都正确。

如果原假设 H_0 正确，则我们期望25袋内容物的重量小于或等于 10 kg。如果备择假设（H_A）正确，则每袋内容物应该"显著"地高于 10 kg；这里的"显著"是一个统计学概念，指的是这时 H_0 发生是一个小概率事件。统计上用来确定或否定原假设为小概率事件的概率标准叫显著性水平或检验水平，记作 α。H_0 发生概率如果小于或等于 5%，一般认为是小概率事件，这也是统计上达到了"显著"，这时的显著水平为 5%；如果 H_0 发生的概率小于或等于 1%，则认为达到了"极显著"。

为了确定 H_0 发生的概率，需要找到合适的检验统计数，使得在原假设和备择假设成立时，该统计数的值有差异，从而使我们能够根据这个统计数的值的大小确定 H_0 发生的概率。样本平均数 $\bar{X}$ 服从正态分布，期望值等于总体平均数，方差等于总体方差与样本含量平方根的比值，可以构造 u 统计数：

$$u = \frac{\bar{X} - \mu}{\sigma/\sqrt{n}} = \frac{10.36 - 10.00}{1/\sqrt{25}} = \frac{0.36}{0.20} = 1.8$$

上式中的 u 统计量又称 z 分数，或临界比率，它是一个标准正态分布离差。这种利用 u 统计数进行假设检验的方法称为 u 检验；如果把 u 统计数写成 z 统计数，也称 z 检验。上式中 $\sigma/\sqrt{n}$ 称为平均数的标准误差，为平均数的抽样标准差；它告诉我们的是未来抽样中平均数的期望变异性。请注意与标准差的区别，σ 描述的是总体，度量的是总体中个体的变异。

$$P(\overline{X} \geq 10.36 \text{ kg}) = P(u \geq 1.8) = 1 - P(u < 1.8) = 1 - 0.964\ 1 = 0.035\ 9$$

结果表明，如果原假设正确，则 25 袋内容物的平均重为 10.36 kg 的概率只有 0.035 9，即 3.59%，它小于 5%，因此，认为均值 10.36 为一个小概率事件，可以拒绝 H_0，接受 H_A。这里我们通过利用统计数服从的分布，计算出统计数发生的概率大小，该概率记作 P 值。P 值是显著水平的实际观察值。许多计算机软件给出的结果为 P 值，是否拒绝或者接受 H_0 留给研究人员自己判断。如果 P 值小于事先规定的 α 值，则拒绝 H_0，否则就接受 H_0。

由 t 分布临界值表可知，如果 H_0 正确，则 H_A 发生 5% 时的 u 值等于 $u_\alpha = 1.645$，该值可以用来确定当假设 H_0 正确时，统计数的发生是否是一个小概率事件，u_α 称为临界值。临界值 1.645 规定了接受区域为 $(-\infty, 1.645)$，拒绝区域（或称临界区域或判别区域）为 $[1.645, \infty)$，即图 6-11 的阴影部分。本题 1.8 > 1.645，这时 u 发生在临界值规定的右尾区间内即拒绝区域内，即 H_A 发生的概率小于 5%，因此我们拒绝 H_0，同时接受 H_A，即每袋糖果的重量大于 10 kg。这种判断是否拒绝或接受 H_0 的方法是本教材以及其他许多教材中常用的方法。

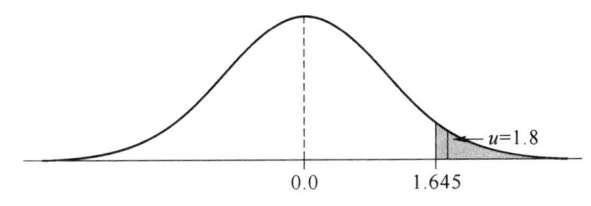

图 6-11 案例 1 的临界值和统计数

案例 2：测验销售商是否是一个骗子。

假设为：

$H_0: \mu \geq 10$ kg，$H_A: \mu < 10$ kg

这时，实际上是与前面完全不同的问题。同案例 1 的计算方法，得检验统计数 $u = 1.8$。我们可以计算统计数发生的概率值为：

$$P(\overline{X} < 10.36 \text{ kg}) = P(u < 1.8) = 0.964\ 1$$

因此，我们接受 H_0，即销售商不是骗子。

查表知，5% 显著水平的临界值为 -1.645，该临界值规定原假设的拒绝区域为 $(-\infty, 1.645]$，如图 6-12 中阴影部分。本题的 u 值不在临界值规定的左尾区间内，因此，我们不能认为 H_0 是一个小概率事件而拒绝，不能拒绝原假设。

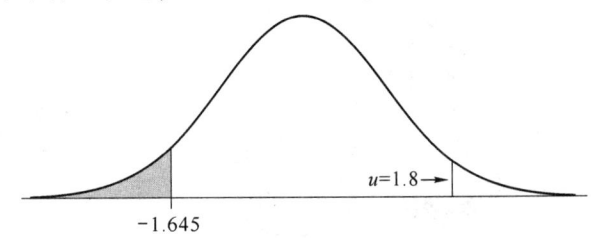

图 6-12 案例 2 的临界值和统计数

案例 3：销售商不知道每袋含量到底有多少。

这时，与前面两种案例不同，样本均数可能会高于也可能低于销售商的声明，每袋含

10 kg 糖果，即可能销售商是保守的（案例 1）也可能是一个骗子（案例 2），这时的备择假设为均值不等于 10 kg。这时的假设为：

$$H_0: \mu = 10 \text{ kg}, H_A: \mu \neq 10 \text{ kg}$$

统计数的计算与前面两种案例相同，统计数 $u = 1.8$。得 P 值：

$P(\overline{X} < -10.36 \text{ kg}) + P(\overline{X} \geq 10.36 \text{ kg}) = P(u < -1.8) + P(u \geq 1.8) = 0.035\ 9 + 0.035\ 9 = 0.071\ 8$

因此，我们接受 H_0，即销售商知道每袋内容物的重量。

如果 H_0 正确，则我们期望 $\overline{X}$ 接近 10 kg，而如果 H_A 正确，则我们期望 $\overline{X}$ 显著低于或显著高于 10 kg。由表知，u 统计数的临界值为 $u_{\alpha/2}$ 为 ±1.960，注意该临界值规定的左尾区域和右尾区域概率都等于 2.5%。图 6-13 的阴影部分为拒绝区域，即（-∞，-1.960］和 [1.960，∞）。u 值低于临界值，1.8 < 1.960，没有落在拒绝区域内，因此，不能拒绝 H_0。

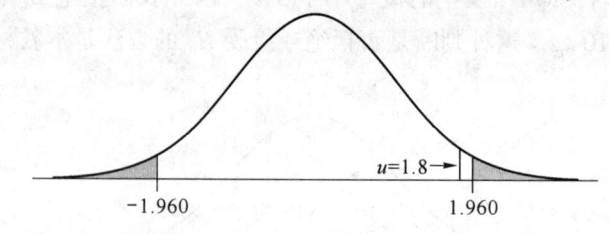

图 6-13 案例 2 临界值和统计数

该例子说明了原假设和备择假设的三种形式，统计数（u 统计数）的计算，以及如何选择需要接受和拒绝的假设。有时，即使无法拒绝 H_0，但还有一些观察值大于临界值，这时拒绝 H_0 实际上是不合适的。这类错误称为第一类错误，其大小可以由我们在进行统计分析之前确定，下面我们会专门论述。

上面的例子中，我们选择的第一类错误概率为 0.05。需要注意的是，在实际问题中，只可能有一种假设（案例 1，案例 2 或案例 3），利用同样的数据进行不同假设的假设检验是不合适的。

二、假设检验的步骤

假设检验的过程

通过前面例子，假设检验的基本步骤如下：
（1）根据题意定义 H_0 和 H_A。
（2）在原假设正确的前提下，确定检验统计数并计算统计数的估计值。

(3) 计算 P 值，或确定临界值，并比较临界值与统计数值的大小；根据"小概率不可能原理"得出结论。

三、假设检验的两类错误

一般地，进行统计推断的样本为总体的一个或数个随机样本，由于抽样时的抽样误差，利用样本对总体的统计推断有时会产生关于总体的错误结论。

因为 H_0 和 H_A 是互斥而且包含所有的可能，因此，它们只能有一个正确。如果 H_0 正确，则 H_A 是错误的；如果这时的假设检验结果为接受 H_0，则结论正确；相反，如果假设检验结果为拒绝 H_0，结论就是错误的，这类错误称为第一类错误，用 α 表示。前面例子中我们确定的显著水平为 0.05，即如果 H_0 正确，对 20 个样本进行假设检验，如果有 1 次结果为拒绝 H_0，我们就怀疑 H_0 的正确性，拒绝 H_0，这时我们犯第一类错误的概率为 5%。即

$$P(第一类错误) = 拒绝一个正确原假设的概率$$

如果 H_0 是错误的，则 H_A 是正确的。这时的假设检验结果如果为拒绝 H_0，则结论正确；如果为接受 H_0，则结论错误，这类错误称第二类错误，用 β 表示，即

$$P(第二类错误) = 接受一个错误原假设的概率$$

H_0 是错误的而结果为拒绝，它的概率为 $1-\beta$，称为检验功效，如表 6-2 所示。

表 6-2 检验 H_0 的可能结果

项目	未知的真正情况	
检验结果	H_0 正确	H_0 错误
接受 H_0	正确结论 $1-\alpha$	第二类错误 β
拒绝 H_0	第一类错误 α	正确结论 $1-\beta$

由表 6-2 第三行可知，如果接受 H_0，则或者得出正确结论，或者犯概率为 β 的第二类错误。由表 6-2 第四行可知，如果结论为拒绝 H_0，则可能得出正确结论，也可能犯概率为 α 的第一类错误。因为假设检验时我们可以选择显著水平 α 的高低，因此，我们可以控制它的大小。当假设检验结果为拒绝 H_0 时，我们知道犯第一类错误的概率，因此我们进行假设检验时，总是希望结论为拒绝 H_0。

四、双侧检验与单侧检验

例 6-5 是当总体方差已知时，样本平均数和总体平均数的差异显著性检验。例 6-5 案例 1 的原假设为样本平均数小于或等于总体平均数，备择假设分别是样本平均数大于总体平均数，拒绝区域为 $[u_\alpha, \infty)$，当统计数大于或等于临界值时，拒绝原假设，如图 6-11 所示。例 6-5 案例 2 的原假设为大于或等于总体平均数，备择假设是小于总体平均数，拒绝区域为 $[-u_\alpha, \infty)$，当统计数小于或等于临界值时，拒绝原假设，如图 6-12 所示。我们称这样的假设检验为单侧检验或单尾检验。

而例 6-5 案例 3 的原假设为样本平均数等于总体平均数，备择假设为样本平均数不等于总体平均数，拒绝区域为 $[u_{\alpha/2}, \infty)$ 和 $(-\infty, -u_{\alpha/2}]$（假定为 $u_{\alpha/2}$ 正值），有两个临界值，无论是统计数大于 $u_{\alpha/2}$，还是统计数小于 $-u_{\alpha/2}$，我们都拒绝原假设，如图 6-13 所

示。我们称这样的假设检验为双侧检验或双尾检验。

五、假设检验应注意的问题

（1）进行假设检验时，应该注意统计显著和生物学重要性的区别。假设检验结果为差异显著，只是统计分析的结果，并不一定具有重要的生物学意义，也不表明差异非常大。比如，假如两个奶牛群的 305 天产奶量平均数差异 10 kg，如果样本足够大，进行假设检验结果可能会达到显著，但是，对于生产实际却没有任何价值。相反，如果两个蛋鸡群的平均蛋重相差 5 克，假设检验结果可能不显著，但是，却可能有重要的经济价值。同样地，如果假设检验结果为差异不显著，不能理解为样本间没有差异，假设检验不显著可能是因为误差太大而掩盖了真正的差异，进一步精确的试验结果的假设检验可能会得出差异显著的结果。

（2）应该注意假设检验结果的解读。根据表 6-2，无论我们是拒绝 H_0 还是拒绝 H_A，我们都有可能会犯错误。因此，我们的假设检验结果假如为 $P>0.05$（0.05 是事先规定的，一般取 0.05 比较合适），不能说"证明"H_0 是正确的，因为证明的意思为 100% 正确，但我们可以说数据"支持"原假设；同理，如果 $P<0.05$，我们可以说数据支持备择假设。

（3）关于显著水平的选择。随 α 值的下降，第二类错误上升，检验功效下降。一般地，取 $\alpha=0.05$ 比较合适。有时，犯第一类错误有严重后果，而且由于某些研究的特点决定了容易犯第一类错误。关于假设检验时 α 值的取值校正方法超出了本书的范围，读者可以参考有关的统计学专著。

（4）关于假设检验时是采用单侧检验还是双侧检验，要根据不同的问题的要求和专业知识来决定，一般在试验设计时就已经确定。如果事先不知道假设检验的结果，分析的目的是判断两个处理间有无差异，则进行双侧检验；如果根据专业知识或前人的结果，A 处理的平均数比 B 处理的平均数高（或相反），假设检验的目的是处理 A 的平均数是否高于处理 B 的平均数（或差），则进行单侧检验。由上可知，如果对同一资料同时进行双侧检验和单侧检验，假设检验的结果是不同的，即单侧检验在显著水平 α 时显著，相当于双侧检验的 2α 水平显著。双侧检验显著的，单侧检验结果一定显著；而单侧检验显著的，双侧检验结果不一定显著。

（5）假设检验时要根据样本分布理论选择合适的检验统计数，每种检验统计数都有其适用条件。

（6）"显著"针对的是样本而不是总体，我们只能说"样本 A 和样本 B 平均数间存在显著差异"，而不能说"总体 A 和总体 B 的平均数差异显著"。

六、单样本平均数的假设检验

在实际工作中我们往往需要检验一个样本平均数与已知的总体平均数是否有显著差异，即检验该样本是否来自某一总体。已知的总体平均数一般为一些公认的理论数值、经验数值或期望数值，可以用样本平均数与之比较，检验差异显著性。这类检验的假设共有 3 种，与例 6-5 的 3 种相似。我们可以用 t 统计数进行假设检验，称为 t 检验。

$$t = \frac{\bar{x} - \mu_0}{S_{\bar{x}}} \qquad df = n - 1$$

式中，n 为样本含量，$S_{\bar{x}} = S/\sqrt{n}$ 为样本平均数差的标准误差。

【例 6-6】 某种货物的平均重量为 114 kg，今抽测 10 个货物的重量分别为 116、115、113、112、114、117、115、116、114、113（kg），试检验所得样本的平均数与总体平均数 114 kg 有无显著差异。

根据题意，本例应进行双侧 t 检验。

（1）假设为：$H_0: \mu = 114$，$H_A: \mu \neq 114$。

（2）统计数的计算。

经计算得：$\bar{x} = 114.5$ kg，$S = 1.581$ kg。所以

$$t = \frac{\bar{x} - \mu_0}{S_{\bar{x}}} = \frac{114.5 - 114}{1.581/\sqrt{10}} = \frac{0.5}{0.5} = 1.000, \quad df = n - 1 = 10 - 1 = 9$$

（3）统计推断。

由 $df = 9$，查 t 值表（附表 3）得双侧 $t_{0.05(9)} = 2.262$，因为 $|t| < 2.262$，所以 $P > 0.05$，故不能拒绝 H_0，表明样本平均数与总体平均数差异不显著，可以认为该样本取自货物平均重量为 114 kg 的总体。

【例 6-7】 某校二年级学生期中英语考试成绩，其平均分数为 73 分，标准差为 17 分，期末考试后，随机抽取 20 人的英语成绩，其平均分数为 79.2 分。二年级学生的英语成绩是否有显著性进步？

检验步骤如下：

第一步：建立原假设 $H_0: \mu = 73$。

第二步：计算 t 值。

$$t = \frac{\bar{x} - \mu}{\frac{\sigma_x}{\sqrt{n-1}}} = \frac{79.2 - 73}{\frac{17}{\sqrt{19}}} = 1.63$$

第三步：判断。

因为，以 0.05 为显著性水平，$df = n - 1 = 19$，查 t 值表，临界值 $t(19)_{0.05} = 2.093$，而样本离差的 $t = 1.63$ 小于临界值 2.093。所以，接受原假设，即进步不显著。

t 检验假设样本服从正态分布，但是，当样本中等程度偏离正态分布时，不会影响 t 检验的可靠性，统计术语称"t 检验为稳健的"。

问题解决

我们已经学习了假设检验的知识，下面，我们就用这些知识来解决前面的"情境引例"中出现的问题。

其实这个问题就是让我们研究一个显著性高低的问题。

（1）建立原假设 $H_0: \mu = 1.60$ m。

（2）我们计算出 10 株树苗的平均高度和标准差

$$\bar{x} = \frac{\sum_{i=1}^{n} x_i}{n} = \frac{16.68}{10} = 1.67 \text{ m}$$

$$\sigma = \sqrt{\frac{\sum_{i=1}^{n}(x_i - \bar{x})^2}{n}} = 0.08 \text{ m}$$

(3) 计算 t 值。

$$t = \frac{\bar{x} - \mu}{\frac{\sigma}{\sqrt{n-1}}} = \frac{1.67 - 1.60}{\frac{0.08}{\sqrt{10-1}}} = 2.625$$

(4) 判断。

因为，以 0.05 为显著性水平，$df = n - 1 = 9$，查 t 值表，临界值 $t(9)_{0.05} = 2.262$，而样本离差的 $t = 2.625$ 大于临界值 2.262，落在拒绝域内。所以，不接受原假设，苗圃中树苗的高度高于 1.60 m，符合出圃要求。

子情境四　抽样估计

情境引例

调查消费者对国内某汽车制造商所生产的某型号汽车性能的满意程度。许多用户抱怨该型号的汽车传动系统不佳。为了更好地了解汽车传动系统的问题，采用该汽车制造商一个4S店所提供的实际传动系统的维修记录为样本。表6-3是100辆汽车传动系统出现故障时所行驶的实际里程的数据（单位：km）。

表6-3　汽车行驶里程统计表

行驶里程/km	车辆数量/辆
25 000 ~ 42 000	16
42 000 ~ 59 000	4
59 000 ~ 76 000	36
76 000 ~ 93 000	28
93 000 ~ 110 000	6
110 000 ~ 127 000	8
127 000 ~ 144 000	2
合计	100

综合以上数据，回答以下问题。

(1) 用适当的描述统计量汇总传动系统数据。

(2) 求出曾经出现过传动系统问题的汽车中，在出现传动系统问题时所行驶里程的均值的95%置信区间，并对该区间做出管理上的解释。

(3) 按照一些汽车用户曾经历过的早期传动系统失灵的说法，你的统计结果说明了什么？

(4) 如果研究公司想在5 000 km的允许误差下，估计传动系统问题时所行驶里程的均值，则置信度为95%时应选取多大的样本容量？

案例思考

这是利用样本数据来估计总体数据的案例。在本案例中，许多用户抱怨车辆传动系统不佳，为此研究公司从该汽车4S店所提供的实际传动系统的维修记录中抽取了100个样本数据。通过前面的学习，我们可以计算出样本的均值、标准差，现在我们所要解决的问题是如何利用样本数据来估计总体数据。要解决这个问题我们必须具备以下知识：参数的点估计和区间估计的含义和计算方法、必要样本容量确定的必要性和方法。

> **知识目标**
> 1. 理解参数点估计和区间估计的含义。
> 2. 掌握参数点估计和区间估计的计算方法。
> 3. 掌握必要样本容量的确定方法。

> **能力目标**
> 1. 能够利用样本数据估计总体数据。
> 2. 能够根据相应约束条件确定必要样本容量。

> **知识阐述**

一、抽样估计的特点

样本的充分代表性和样本资料的准确性，是抽样估计的必要前提。在此前提下，从样本资料达到对总体的正确认识，估计方法亦居于重要的地位。抽样估计的方法具有以下几个特点：

（1）逻辑上运用归纳推理而不是运用演绎推理。演绎推理是在封闭系统中，从一般命题导出特殊结论的逻辑方法，即从三段论中的大前提、小前提而得出的结论。结论的正确性已全部包含在前提的正确性之中。因此演绎推理只要前提正确则结论必定正确。这种推理并不增加多少知识内容。归纳推理与此相反，它是在开放系统中，从研究个别事实达到一般性结论，结论的内容大于前提。前提正确也可能有错误的结论。结论的正确性还决定于前提以外的许多事实。所以结论必须经过事实验证。但是如果这个结论正确，则必扩大人类的知识或增加知识的内容。抽样推断是运用归纳的推理，从局部来求对总体的认识。

（2）在方法上运用不确定的概率估计法而不是运用确定的数学分析法。由于样本数据和总体数量特征之间并不存在自变量和因变量的严格对应关系，因而不能运用数学函数关系建立一定的数学模型，用样本的具体观察值来推算总体特征值。抽样估计则是将样本观察值所决定的统计量（样本指标），视为随机事件。在具体的实际中，只抽取一个样本，并计算出相应的样本指标，用概率估计方法，肯定从正确的前提到结论有一定的可靠程度，借以满足分析工作的需要。否则，就要改善抽样组织重新进行抽样，提高结论的可靠程度。

（3）估计的结论存在一定的抽样误差。抽样误差是抽样推断法所固有的，是不可避免的。通常情况下，只是指出样本指标和总体指标的误差在一定范围内的概率保证程度。必须指出，作为统计量的样本指标是随机变量，因而抽样误差也是随机变量。它不是一个固定的数，而是随着样本指标的变化而变化。在其他条件不变的情况下，抽样误差大小与概率保证程度的关系是：允许的误差范围愈大，则概率保证程度愈大；反之，误差范围愈小，则概率保证程度愈小。两者成正比例关系。

二、抽样估计的理论基础

抽样估计是建立在概率论的大数法则基础上，大数法则的一系列定理为抽样估计提供了数学依据。

大数法则是关于大量的随机现象具有稳定性质的法则。它指出如果被研究的总体是由大量的相互独立的随机现象所组成，而且每个因素对总体的影响都相对的小，那么对这些大量因素加以综合平均的结果，因素的个别影响将相互抵消，从而显现出它们共同作用的倾向，使总体具有稳定的性质。

联系到抽样推断来看，大数法则证明：如果随机变量总体存在有限的平均数和方差，则对于充分大的抽样单位数 n，可以几乎趋近于 1 的概率来期望抽样平均数与总体平均数的绝对离差为任意小。设 ε 为任意小的正数，则：

$$\lim_{n\to\infty} P(|\bar{x} - \bar{X}| \leq \varepsilon) = 1$$

式中：$\bar{x}$ 为抽样平均数，$\bar{X}$ 为总体平均数，n 为样本单位数。

这就从理论上揭示了样本和总体之间的内在联系，说明随着抽样单位数 n 的增加，抽样平均数 $\bar{x}$ 有接近总体平均数 $\bar{X}$ 的趋势。

大数法则论证了抽样平均数趋近于总体平均数的趋势，为抽样推断提供了重要的依据。但是大数法则未能论证抽样平均数与总体平均数的离差不超过一定范围的概率大小问题。这一问题是由中心极限定理研究的。中心极限定理证明：如果总体变量存在有限的平均数和方差，那么不论这个总体变量的分布如何，随着抽样单位数的增加，抽样平均数便趋近于正态分布。这个结论对于抽样推断是十分重要的，这为抽样误差的概率估计提供了一个极为有效而且方便的条件。

三、抽样估计方法

总体参数的估计就是用样本指标来估计总体指标，通常用样本平均数估计总体平均数，用样本成数估计总体成数。抽样估计的两种基本方法是点估计与区间估计。

（一）点估计

点估计又称定值估计，是直接用样本指标来估计总体指标的方法。用样本平均数 $\bar{x}$ 作为总体平均数 $\bar{X}$ 的估计值，用样本成数 p 作为总体成数 P 的估计值。

$$\bar{x} = \bar{X}, p = P$$

（二）区间估计

1. 区间估计的含义

总体参数的区间估计，是利用实际抽样资料，根据要求给出一个区间，用这个区间表明总体参数可能存在的范围，并同时指出这个估计的可靠程度。其中该区间称为总体参数的置信区间，可靠程度称为置信度，用 $F(t)$ 表示。

总体平均数的置信区间：$\bar{x} - \Delta_x \leq \bar{X} \leq \bar{x} + \Delta_x$

总体成数的置信区间：$p - \Delta_p \leq P \leq p + \Delta_p$

总体参数的区间估计必须具备三个基本要素：

①估计值：$\bar{x}, p$

②误差范围：Δ_x, Δ_p

③概率保证程度：$F(t)$。

抽样极限误差决定估计的精确性，置信概率决定估计的可靠性。其中可以通过查正态概率分布表查出 t。

2. 区间估计的一般步骤

（1）通过置信概率来计算抽样误差范围，进而估计总体指标的范围检查。即已知 $F(t)$，求区间（实值求 Δ）。

步骤：①根据样本资料，求 $\bar{x}$、p。

②求 $\mu_{\bar{x}}$，μ_p。

③根据 $F(t)$，查表求 t 值。

④利用 $\Delta = t \times \mu$，求出 Δ。

⑤作区间估计。

【例 6-8】 某学校进行了一次英语测验，为了了解学生情况，随机抽选部分学生进行调查，所得资料如表 6-4 所示。

表 6-4　部分学生成绩资料

考试成绩/分	学生人数/人	x	xf	$(x-\bar{x})^2 f$
60 以下	10	55	550	4 665.6
60~70	20	65	1 300	2 691.2
70~80	22	75	1 650	56.32
80~90	40	85	3 400	2 822.4
90~100	8	95	760	2 708.48
合计	100	—	7 660	12 944

试以 95.45% 的可靠性估计该校学生英语考试的平均成绩的范围，以及该校学生成绩在 80 分以上的学生所占比重范围。

解：①该校学生考试的平均成绩的范围。

$$\bar{x} = \frac{\sum_{i=1}^{n} x_i f_i}{\sum_{i=1}^{n} f_i} = \frac{7\ 660}{100} = 76.6(分)$$

$$\sigma \approx \sqrt{\frac{\sum_{i=1}^{n}(x_i - \bar{x})^2 f_i}{\sum f_i}} = \sqrt{\frac{12\ 944}{100}} = 11.377(分)$$

$\mu_{\bar{x}} = \dfrac{\sigma}{\sqrt{n}} = \dfrac{11.377}{\sqrt{100}} = 1.137\ 7(分)$ 　　根据 $F(t) = 95.45\%$，查表得知 $t = 2$

$$\Delta_{\bar{x}} = t \times u_{\bar{x}} = 2 \times 1.137\ 7 = 2.275\ 4(分)$$

该校学生考试的平均成绩区间范围是：

$$\bar{x} - \Delta_{\bar{x}} \leq \bar{X} \leq \bar{x} + \Delta_{\bar{x}}$$

$$76.6 - 2.275\ 4 \leq \bar{X} \leq 76.6 + 2.275\ 4 \qquad 74.32 \leq \bar{X} \leq 78.88$$

②该校学生中成绩在 80 分以上的学生所占比重范围。

$$p = \frac{n_1}{n_2} = \frac{48}{100} = 48\%$$

$$\mu_p \approx \sqrt{\frac{p(1-p)}{n}} = \sqrt{\frac{0.48(1-0.48)}{100}} = 0.049\ 96$$

$$\Delta_p = t \times \mu_p = 2 \times 0.049\ 96 = 0.099\ 92$$

全校 80 分以上的学生所占的比重范围为：

$$下限 = p - \Delta_p = 0.48 - 0.099\ 92 = 0.380\ 1$$
$$上限 = p + \Delta_p = 0.48 + 0.999\ 2 = 0.579\ 9$$

所以在 95.45% 概率保证程度下，该校学生成绩在 80 分以上的比重范围为 38.01% ~ 57.99%。

(2) 根据给定的抽样误差范围计算置信概率，并进行区间估计。即已知 Δ，求 $F(t)$。

步骤：①根据样本资料，求 $\bar{x}$、p。

②求 $\mu_{\bar{x}}$、μ_p。

③根据 $t = \dfrac{\Delta}{\mu}$，求出 t，求出 $F(t)$。

④求出参数的区间范围。

【例 6-9】 某乡水稻总面积 2 000 亩，从中随机抽取 400 亩（重复抽样），每亩产量资料如表 6-5 所示。

表 6-5 抽样的每亩产量资料

每亩产量/斤	亩数	x	xf	$(x-\bar{x})^2 f$
400 ~ 450	10	425	4 250	338 560
450 ~ 500	20	475	9 500	359 120
500 ~ 550	50	525	26 250	352 800
550 ~ 600	110	575	63 250	127 160
600 ~ 650	100	625	62 500	25 600
650 ~ 700	60	675	40 500	261 360
700 ~ 750	30	725	21 750	403 680
750 ~ 800	20	775	15 500	551 120
合计（$\sum$）	400	—	243 500	2 419 400

要求：极限误差不超过 8 斤，试估计全乡水稻单产和总产量，并指出到达这一要求的概率保证程度。

解：

①计算样本平均数和标准差。

$$\bar{x} = \dfrac{\sum xf}{\sum f} = \dfrac{243\ 500}{400} = 609(斤)$$

$$\sigma \approx \sqrt{\dfrac{\sum (x-\bar{x})^2 f}{\sum f}} = \sqrt{\dfrac{2\ 419\ 400}{400}} = 77.77(斤)$$

②计算抽样平均误差。

$$\mu_{\bar{x}} = \dfrac{\sigma}{\sqrt{n}} = 3.89 \approx 4(斤)$$

③ $\Delta_x = 8(斤)$，$t = \dfrac{\Delta_x}{\mu_{\bar{x}}} = \dfrac{8}{4} = 2$，查表知 $F(t) = 95.45\%$。

④进行区间估计。

$$\text{下限 } \bar{x} - \Delta_x = 609 - 8 = 601(斤)$$
$$\text{上限 } \bar{x} + \Delta_x = 609 + 8 = 617(斤)$$

故以 95.45% 概率保证,该乡水稻平均亩产为 601~617 斤,总产量为 120.2 万~123.4 万斤(2 000×601,2 000×617)。

四、必要样本容量的确定

(一)影响抽样数目的因素

(1)标志变异程度:变异程度较大,考虑多抽取一些;反之,少抽一些。
(2)抽样极限误差的大小:抽样极限误差小时,抽样单位数增多;反之,可少些。
(3)概率度的大小:概率度增加时要求可靠程度增高,抽样数要增多;反之,可少些。
(4)抽样组织方式和抽样方法:一般情况下,类型抽样与等距抽样比简单随机抽样和整群抽样检查的样本单位数少;不重复抽样比重复抽样少。

(二)样本单位数的计算

1. 根据平均数抽样极限误差确定样本单位数

重复抽样条件下:

$$n = \frac{t^2 \sigma^2}{\Delta_x^2}$$

不重复抽样条件下:

$$n = \frac{N t^2 \sigma^2}{N \Delta_x^2 + t^2 \sigma^2}$$

2. 根据成数抽样极限误差确定样本单位数

重复抽样条件下:

$$n = \frac{t^2 P(1-P)}{\Delta_p^2}$$

不重复抽样条件下:

$$n = \frac{t^2 N P(1-P)}{N \Delta_p^2 + t^2 P(1-P)}$$

其中 P 为总体成数,N 为总体单位数,t 为临界值,Δ_p 为成数的抽样极限误差。

【例 6-10】 从某年级学生中按简单随机抽样方式抽取 40 名学生,对公共理论课的考试成绩进行检查,得知其平均分数为 78.75 分,样本标准差为 12.13 分。试以 95.45% 的概率保证程度推断全年级学生考试成绩的区间范围。如果其他条件不变,将允许误差缩小一半,应抽取多少名学生?

解:

据题意知:$n = 40$,$\bar{x} = 78.75$ 分,$\sigma = 12.13$ 分,$F(t) = 95.45\%$,$t = 2$

(1) $\mu_{\bar{x}} = \frac{\sigma}{\sqrt{n}} = \frac{12.13}{\sqrt{40}} = 1.92(分)$

$\Delta_x = t \times \mu_{\bar{x}} = 2 \times 1.92 = 3.84(分)$

全年级学生考试成绩的区间范围为:

$$\bar{x} - \Delta_x \leq \bar{X} \leq \bar{x} + \Delta_x$$

$$78.75 - 3.84 \leq \overline{X} \leq 78.75 + 3.84, 74.91 \leq \overline{X} \leq 82.59$$

（2）将误差缩小一半，则应抽取的学生数为：

$$n = \frac{t^2\sigma^2}{\left(\frac{\Delta_x}{2}\right)^2} = \frac{2^2 \times 12.13^2}{\left(\frac{3.84}{2}\right)^2} = 160(人)$$

在利用上述公式确定必要抽样数目时，要用到总体标准差和成数的数值，而这在抽样以前是不知道的。因此在实际中需要加以估计。主要方法有：

第一，通过试点调查，以试点中样本的方差和成数来代替，或者用以往进行的类似调查的标准差和成数来代替，或者用样本方差和成数来代替。在无法得到 P 值时，可以用 $P = 0.5$ 来计算。

第二，如果同时计算平均数和成数的样本单位数，所得到的必要样本数目又不相同，即 $n_x \neq n_p$，此时可取其中较大的值，作为必要抽样数目。

【例 6-11】 某公司对其生产的彩电在某地区的市场占有率及使用寿命进行调查。根据该公司在其他地区的调查情况，彩电使用寿命的标准差为 3 000 小时，要求以 95% 的可靠程度保证彩电平均使用寿命的极限误差不超过 800 小时，对市场占有率的极限误差不超过 10%，那么应该抽取多少样本单位数？

已知：$\Delta_x = 800$ 小时，$\sigma = 3\,000$ 小时，$F(t) = 95\%$，查表知 $t = 1.96$

$$n_x = \frac{t^2\sigma^2}{\Delta_x^2} = \frac{1.96^2 \times 3\,000^2}{800^2} = 54(台)$$

因 P 值未知，可采用 $P = 0.5$，计算必要的样本单位数。

$$n_p = \frac{t^2 P(1-P)}{\Delta_P^2} = \frac{1.96^2 \times 0.5 \times (1-0.5)}{10\%^2} = 96(台)$$

因为 $n_P > n_x$，为保证平均使用寿命和市场占有率的抽样误差都控制在允许范围内，应取其中的最大值，即必要抽样数目为 96 台。

五、利用 Excel 进行区间估计

利用 Excel 进行区间估计，有两种方法可以选择。一是直接打开工具栏中"插入"菜单，选中其中的"函数"命令，然后选择不同的函数进行操作。二是利用"分析工具库"。单击"工具"菜单中的"数据分析"命令，可以浏览已有的分析工具。如果在"工具"菜单上没有"数据分析"命令，应在"工具"菜单上运行"加载宏"命令，在"加载宏"对话框中选择"分析工具库"。利用"分析工具库"进行总体方差估计时还需要用到函数。下面将以具体的实例说明这两种方法的操作过程。

（一）利用"函数"进行总体均值的区间估计

【例 6-12】 假设一个班级有 200 名学生，随机抽取 20 名学生的会计学课程期末考试成绩，得到的成绩如下：80，92，85，74，63，94，96，81，86，73，83，91，72，82，84，79，87，91，64，75。已知学生成绩服从正态分布，总体标准差为 10 分，置信水平为 90%。要求应用 Excel 进行总体均值的区间估计。

具体步骤为：

第一，打开一个新的 Excel 工作表，在单元格 A1 中键入"20 名学生的会计学期末考试成绩"，从单元格 A2 到 A21 分别键入"82，92，……，64"。

第二，选中单元格 B1，键入"样本均值"，选中单元格 C1，键入"="，然后单击工具栏中"插入"选项卡，选中打开的菜单中的"函数"，单击其中的函数"AVERAGE"，就会跳出如图 6-14 所示的对话框。

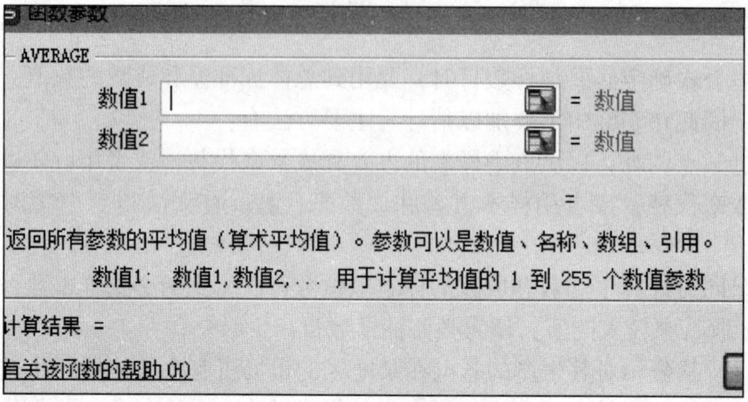

图 6-14 "函数参数"对话框

在"数值1"一行中键入"A2：A21"，然后单击"确定"按钮，即可得到样本均值 81.6。

第三，选中单元格 B2，键入"极限误差"，然后选中单元格 C2，键入"="，然后单击工具栏中"插入"选项卡，选中打开的菜单中的"函数"，选中函数"CONFIDENCE"，就会跳出如图 6-15 所示的对话框。

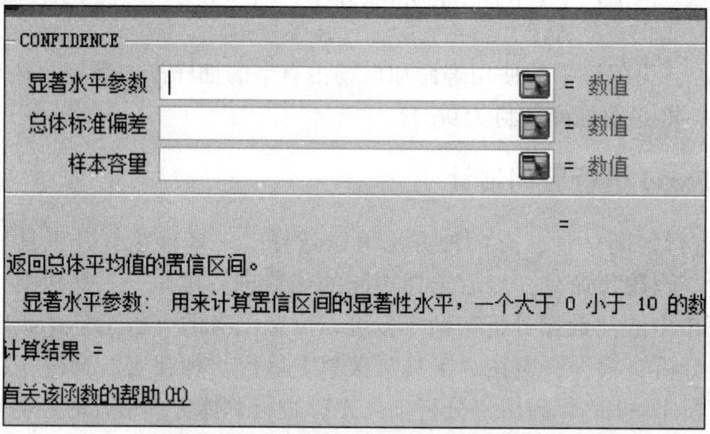

图 6-15 CONFIDENCE 函数对话框

在"显著水平参数"一行中键入"0.10"，在"总体标准偏差"一行中键入"10"，在"样本容量"一行中键入"20"。就可以得到极限误差 3.678 005。

第四，选中单元格 B3，键入"置信区间下限"，然后选中单元格 C3，键入"="，然后单击单元格 C1，键入"-"，单击单元格 C2，按 Enter 键，就可以得到置信区间下限 77.922；选中单元格 B4，键入"置信区间上限"，然后选中单元格 C4，键入"="，然后单击单元格 C1，键入"+"，单击单元格 C2，按 Enter 键，就可以得到置信区间上限 85.278。

因此置信区间为（77.992，85.278）。完成后的工作表如图 6-16 所示。

成绩	样本均值	81.6
80	极限误差	3.678004523
92	置信区间下限	77.92199548
85	置信区间上限	85.27800452
74		
63		
94		
96		
81		
86		
73		
83		
91		
72		
82		
84		
79		
87		
91		
64		
75		

图 6-16　学生成绩总体均值的区间估计结果

（二）利用"函数"进行总体方差的区间估计

在估计总体方差时，要用到函数 CHIINV，它的格式为 CHIINV（$\alpha/2$ 或 $1-\alpha/2$，自由度 $n-1$）。

【例 6-13】　假设已知大学新入学的男生身高服从正态分布，随机抽取某大学新入学的男生 30 名，测试其身高数据如下：180，175，176，182，172，173，170，166，174，175，181，180，179，178，173，170，172，174，178，176，178，172，182，180，179，175，174，176，173，185。要求应用 Excel 以 95% 的置信水平估计该校新入学男生身高方差的置信区间。

具体步骤如下：

第一，打开一个新的 Excel 工作表，在单元格 A1 中键入"30 名男生的身高"，然后从单元格 A2 到单元格 A31 分别键入"180，175，……，185"。

第二，选中单元格 B1，键入"样本均值"，选中单元格 C1，键入"="，然后单击工具栏中"插入"选项卡，选中打开的菜单中的"函数"，就会跳出相应的对话框，单击其中的函数"AVERAGE"，在"数值 1"一行中键入"A2：A31"，然后单击"确定"按钮，即可得到样本均值 175.933 333 3。

第三，选中单元格 B2，键入"样本标准差"，选中单元格 C2，然后单击工具栏中"插入"选项卡，选中打开的菜单中的"函数"，单击其中的函数"STDEV"。在"数值 1"一行中键入"A2：A31"，然后单击"确定"按钮，即可得到样本标准差 4.225 810 131。

第四，选中单元格 B3，键入"左侧卡方值"，选中单元格 C3，然后单击工具栏中"插入"选项卡，选中打开的菜单中的"函数"，单击其中的函数"CHIINV"，就会跳出如图 6-17 所示的对话框。

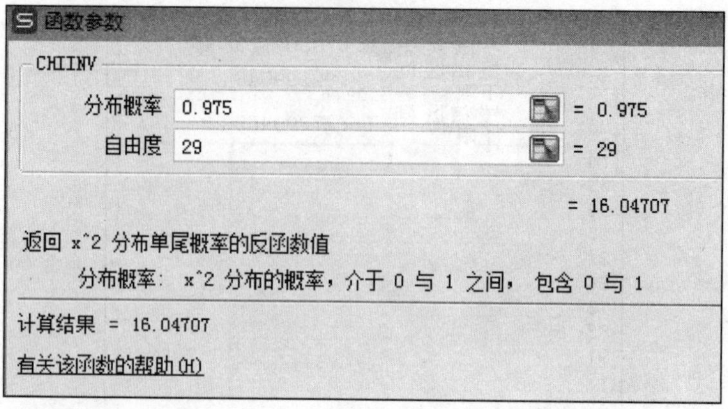

图 6-17 “函数参数”对话框

在“分布概率”一行中键入“0.975”，在“自由度”行中键入“29”（即 $n-1$），然后单击“确定”按钮，即可得到左侧卡方值 = 16.047 07。选中单元格 B4，键入“右侧卡方值”，选中单元格 C4，按照同样的方法，在“分布概率”一行中键入“0.025”，在“自由度”行中键入“29”（即 $n-1$），然后单击“确定”按钮，即可得到右侧卡方值 = 45.722 285 8。

第五，选中单元格 B5，键入“总体方差置信区间上限”，选中单元格 C5，键入“ = 29 * C2^2/C3”，然后按 Enter 键，即可得 32.271 723 87。选中单元格 B6，键入“总体方差置信区间下限”，选中单元格 C6，键入“ = 29 * C2^2/C4”，然后按 Enter 键，即可得11.326 351 2。因此总体方差的置信区间为（11.326 351 2，32.271 723 67）。

完成后的 Excel 工作表如图 6-18 所示。

身高	样本均值	175.9333333	
180	样本标准差	4.225810131	
175	左侧卡方值	16.0470717	
176	右侧卡方值	45.7222858	
182	总体方差置信区间上限	32.27172387	
172	总体方差置信区间下限	11.3263512	
173			

图 6-18 学生身高总体均值的区间估计结果

（三）利用“分析工具库”进行总体均值的区间估计

仍用大学男生身高的资料，利用“分析工具库”进行总体均值和总体方差的区间估计。具体步骤如下：

第一，打开一个新的 Excel 工作表，在单元格 A1 中键入“30 名男生的身高”，然后从单元格 A2 到单元格 A31 分别键入“180，175，……，185”。

第二，单击工具栏中的“数据分析”选项卡，就会出现相应的对话框，选择“描述统计”，然后单击“确定”按钮，就会出现如图 6-19 所示的对话框。

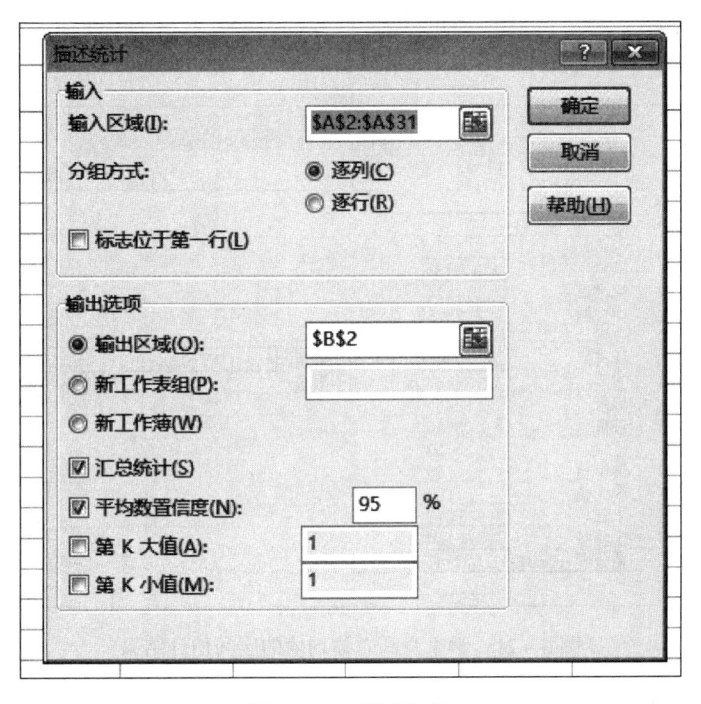

图 6-19 描述统计

在"输入区域"填写"＄A＄2：＄A＄31";分组方式为"逐列";"标志位于第一行"复选框不打"√";选中"输出区域",填写"＄B＄2";将"汇总统计"和"平均数置信度"复选框打"√";"平均数置信度"填写"95";"第 K 大值"和"第 K 小值"复选框不打"√"。完成后单击"确定"按钮,得到结果如图 6-20 所示。

图 6-20 分析结果

第三,选中单元格 D8,键入"置信区间上限值",选中单元格 E8,键入"＝C4＋TINV (0.05, 29) *C8/SQRT (C16)",然后按 Enter 键,即可得到总体均值的置信区间上限 177.511 276 8。选中单元格 E9,键入"＝C4－TINV (0.05, 29) *C8/SQRT (C16)",按

Enter 键，即可得到总体均值的置信区间下限 174.355 389 9。因此可知，总体均值的置信区间为（174.355 389 9，177.511 276 8）。结果如图 6-21 所示。

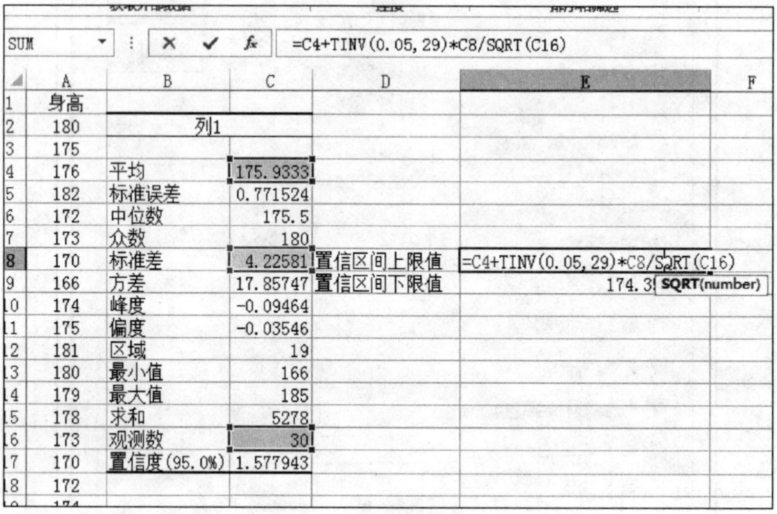

图 6-21　学生身高总体均值的区间估计结果

问题解决

我们已经学习了抽样估计和必要样本容量确定的知识，下面，我们就用这些知识来解决前面的"情境引例"中出现的问题。

（1）我们可以用平均指标和标准差来汇总传动系统数据。

$$\bar{x} = \frac{\sum\limits_{i=1}^{n} x_i f_i}{\sum\limits_{i=1}^{n} f_i} = \frac{7\ 362\ 000}{100} = 73\ 620\ (\text{km})$$

$$\sigma \approx \sqrt{\frac{\sum\limits_{i=1}^{n}(x_i - \bar{x})^2 f_i}{\sum\limits_{i=1}^{n} f_i}} = 24\ 696\ (\text{km})$$

所以该型号汽车在传动系统出现故障时所行驶的实际里程是 73 620 km，样本标准差为 24 696 km。

（2）要求置信度约束下的区间估计。

已知：$n=100$，$\bar{x}=73\ 620$ km，$\sigma=24\ 696$ km，置信度为 95%。

置信度为 95%，查正态分布概率表，知 $t=1.96$，$\mu_{\bar{x}} = \frac{\sigma}{\sqrt{n}} = \frac{24\ 696}{10} = 2\ 469.6$（km）

$\Delta_{\bar{x}} = \mu_{\bar{x}} \times t = 2\ 469.6 \times 1.96 = 4\ 840$（km）

置信区间下限：73 620 - 4 840 = 68 780（km）

置信区间上限：73 620 + 4 840 = 78 460（km）

所以该型号汽车在出现传动系统问题时所行驶里程的均值的 95% 的置信区间为：

68 780 km ≤ $\bar{X}$ ≤ 78 460 km

(3) 经过我们统计得知大部分汽车在行驶到将近 70 000 千米才出现传动系统失灵的情况，这与汽车用户所说的早期传动系统出现失灵的情况完全相反。

(4) 已知：$\Delta_x = 5\ 000\ \text{km}$，置信度为 95%，得知 $t = 1.96$，$\sigma = 24\ 696\ \text{km}$

根据公式：$\Delta_x = t \times \mu_{\bar{x}}$，得出 $\mu_{\bar{x}} = \dfrac{\Delta_x}{t} = \dfrac{5\ 000}{1.96} = 2\ 551\ \text{km}$

根据公式：$\mu_{\bar{x}} = \dfrac{\sigma}{\sqrt{n}}$，得知 $n = \dfrac{\sigma^2}{\mu_{\bar{x}}^2} = \dfrac{24\ 696^2}{2\ 551^2} = 94(辆)$

所以必要样本容量是 94 辆。

任务实训

以小组为单位调查本校某班级学生对教师课堂教学的满意度情况。要求根据前面所学的知识解决以下问题：

(1) 设计出合理的评价指标。
(2) 设计出调查方案。
(3) 设计出调查问卷。
(4) 选取 100 名学生进行调查。
(5) 计算出样本的平均数、标准差，并以 95.45% 的概率保证程度计算出学生对教师课堂教学满意度的置信区间。

综合训练

一、填空题

1. 抽选样本单位时要遵守_____原则，使样本单位被抽中的机会均等。
2. 常用的总体指标有_____、_____、_____。
3. 在抽样估计中，样本指标又称为_____量，总体指标又称为_____。
4. 全及总体标志变异程度越大，抽样误差就_____；全及总体标志变异程度越小，抽样误差_____。
5. 抽样估计的方法有_____和_____两种。
6. 整群抽样是对被抽中群内的_____进行_____的抽样组织方式。
7. 简单随机抽样的成数抽样平均误差计算公式是：重复抽样条件下_____；不重复抽样条件下_____。
8. 误差范围 Δ，概率度 t 和抽样平均误差 $\mu_{\bar{x}}$ 之间的关系表达式为_____。

二、单项选择题

1. 所谓大样本是指样本单位数在（　　）及以上。
   A. 30 个　　　　B. 50 个　　　　C. 80 个　　　　D. 100 个
2. 抽样指标与总体指标之间抽样误差的可能范围是（　　）。
   A. 抽样平均误差　B. 抽样极限误差　C. 区间估计范围　D. 置信区间
3. 抽样平均误差说明抽样指标与总体指标之间的（　　）。
   A. 实际误差　　B. 平均误差　　C. 实际误差的平方　D. 允许误差

4. 成数方差的计算公式（　　）。

　　A. $P(1-P)$　　B. $P(1-P)^2$　　C. $\sqrt{P(1-P)}$　　D. $P^2(1-P)$

5. 对入库的一批产品抽检 100 件，其中有 90 件合格，最高可以（　　）概率保证合格率高于 80%。

　　A. 95.45%　　B. 99.73%　　C. 68.27%　　D. 90%

6. 假设检验是检验（　　）的假设值是否成立。

　　A. 样本指标　　B. 总体指标　　C. 样本方差　　D. 样本平均数

7. 在假设检验中的临界区域是（　　）。

　　A. 接受域　　B. 拒受域　　C. 置信区间　　D. 检验域

8. 假设检验和区间估计之间的关系，下列说法正确的是（　　）。

　　A. 虽然概念不同，但实质相同

　　B. 两者完全没有关系

　　C. 互相对应关系

　　D. 不能从数量上讨论它们之间的对应关系

三、简答题

1. 什么是随机原则？在抽样调查中为什么要遵循随机原则？
2. 样本和总体有什么区别和联系？
3. 影响抽样误差的因素有哪些？
4. 抽样误差、抽样极限误差和概率度三者之间有何关系？

四、计算题

1. 工商部门对某超市经销的小包装休闲食品进行重量合格抽查，规定每包重量不低于 30 克，在 1 000 包食品中抽 1% 进行检验，结果如表 6-6 所示。

表 6-6　食品重量统计表

重量/克	包数/包
26~27	1
27~28	3
28~29	3
29~30	2
30~31	1
合计	10

试以 95.45% 概率推算：

（1）这批食品的平均每包重量是否符合规定要求。

（2）若每包食品重量低于 30 克为不合格，求合格率的范围。

2. 对某厂日产 10 000 个灯泡的使用寿命进行抽样调查，抽取 100 个灯泡，测得其平均寿命为 1 800 小时，标准差为 6 小时。

要求：

（1）按 68.27% 概率计算抽样平均数的极限误差。

（2）按以上条件，若极限误差不超过 0.4 小时，应抽取多少只灯泡进行测试？

（3）按以上条件，若概率提高到 95.45%，应抽取多少灯泡进行测试？

（4）若极限误差为 0.6 小时，概率为 95.45%，应抽取多少灯泡进行测试？

（5）通过以上计算，说明允许误差、抽样单位数和概率之间的关系。

3. 对某区 30 户家庭的月收支情况进行抽样调查，发现平均每户每月用于书报费支出为 45 元，抽样平均误差为 2 元，问：应以多少概率才能保证每户每月书报费支出在 41.08 元至 48.92 元之间？

4. 简单随机重复抽样中，若抽样单位数增加 3 倍，则抽样平均误差如何变化？若抽样允许误差扩大为原来的 2 倍，则抽样单位数如何变化？若抽样允许误差缩小为原来的 1/2 倍时，抽样单位数如何变化？

5. 某机械厂日产 10 000 只标准件，现在要求标准件的一级品率的抽样极限误差不超过 5%，问：以 95.45% 的概率保证程度需要抽取多少只进行产品检验？（提示：缺少一级品率，此时可用 $p=0.5$ 代替）

6. 某种零件的寿命服从正态分布，现在测得 16 只零件的寿命如下：

159，280，101，212，224，379，179，264，222，362，168，250，149，260，485，170

问：是否有理由认为零件的平均寿命大于 225 小时？

情境七

相关与回归分析

世界是普遍联系的有机整体，现象之间存在着相互依存、相互制约的关系，每一个现象的运动、变化和发展，都与其周围的现象相互联系和相互影响着。比如销售规模扩大了，相应地会降低产品的销售成本；价格的上升将导致供应量的增加，但与此同时可能会压制消费水平；适当地增加土地耕作深度、施肥量，有利于农作物产出的提高，投入的学习时间与取得的成绩一般呈现出正向关系；数学课学得好则计算机也会学得好一些；身材高的父母，他们的子女的身高也相对较高；降低储蓄的利率，可能会引起存款量的减少；一个人接受教育的程度，与他的劳动效率有着千丝万缕的联系。通过对现象间的这些关系的研究，可以帮助人们找到现象变化内在与外在的影响因素及其发生机制，进而达到认识规律的目的。如果能够准确地把握住这些规律，借以估计、预测和控制，就可以对决策活动和科学研究给予帮助与指导。相关与回归分析是统计学中最有应用价值的一个分支，在科学研究、社会经济管理等若干方面都能够发挥重要的作用。

在本情境中，主要需要掌握相关分析及一元线性回归分析，能够用 Excel 进行相关分析及回归分析的操作并进行相应的回归检验，能够在日常学习和生活中进行基本的统计分析工作。

子情境一 相关分析

情境引例

阳光超市位于山东省某市，是该市的一个较大型的连锁超市。超市的总经理希望了解超市的总销售额受哪些因素的影响，进而决定应采取哪些措施来提高超市的销售额，提高超市的竞争力，达到战胜竞争对手的目的。总经理组织人员收集了该超市的各个连锁营业点在某周六的销售额、该营业点经营面积及上周花费的促销费用等信息。总经理希望数据分析人员通过对这些数据的分析，找到该超市销售额的影响因素，为今后的决策提供必要的帮助。收集的各个营业点的数据如表7-1所示。

表7-1 阳光超市各营业点的数据

营业点编号	销售额/万元	促销费用/万元	面积/百平方米
1	2	0.8	1.2
2	2.5	1	1.5
3	5	2.2	1.3
4	5	2	1.3
5	10	2	1.5
6	10	2.3	1.5
7	22	2.5	2
8	22	2.5	2.5
9	21	2.4	2
10	21	2.6	2
11	28	2.5	3
12	22	2.5	2.6
13	41	4	4
14	42	4.1	3.5
15	44	4	3.5
16	45	4.3	3.5
17	48	4.5	5.5
18	46	4.4	5
19	47	4	6
20	48	4.1	7

根据收集到的阳光超市各个营业点的数据，数据分析人员应当分析这些数据间的关系，建立数学模型，进而帮助总经理进行决策。首先需要完成的工作如下：

1. 绘制散点图，初步了解各个变量间的关系。
2. 通过相关分析描述各个变量间的关系。

案例思考

要解决经理的需求，我们首先就要搞清楚销售额、销售费用及销售面积之间的关系，这是我们进行决策的基础。如果搞不清楚这三个变量之间的关系，那么后期的统计分析也无从谈起。要明确变量之间的关系，首先就要进行相关分析。相关分析是变量间最重要的分析方式之一，它对于我们明确日常生活中事物之间的联系有举足轻重的作用。

知识目标

1. 掌握相关关系的定义。
2. 了解不同的相关关系类型。
3. 掌握判定变量之间相关关系的指标。

能力目标

1. 能够判定变量之间的相关程度。
2. 学会用 Excel 做相关分析。
3. 能够对现实数据进行相关分析的操作。

知识阐述

相关关系又称作统计关系，它指的是现象之间客观存在的相互依存关系。这种关系只是大致的、从总体上而言的，并不是说某一现象的每一变化，都一定会引起与它有联系的另一现象的同样的变化，换句话就是：一个现象发生了变化，另一现象可能暂时无反应；或者该现象没变，但另一现象却有些变化。可是如果从更大的截面上观察，似乎又存在着某些必然的联系。比如生产规模与经济效益有联系，但有可能的情况是，规模小的企业不见得单位产品成本就一定比规模大的单位成本高，父母身材高的小孩他的身高不会肯定就比父母身材矮的小孩的身材高。规模和效益、高身材与低身材父母的遗传关系的规律，不过是从普遍的事实中概括出来的。

统计学是从数量角度研究现象间的相互依存关系，需要把它们转化为变量的描述和处理。因此统计相关分析也可以说就是研究变量与变量之间的关系。变量间的关系可分为两大类，一类是确定性关系，可以用数学上的函数表达式来说明，例如，圆的面积与圆的半径其函数式为 $S = \pi r^2$，一旦半径 r 给出了，圆的面积就得到了确定。除了这类确定性关系外，变量间的另一类关系为不确定性关系，如果用 X 表示产量、价格、利息率、身高、工龄等，用 Y 表示单位成本、供应量、储蓄存款余额、体重、劳动生产率，则 X 与 Y 间的关系，是不好用一个确定的数学表达式加以刻画的。因此，有时人们也把相关关系解释成变量间表现出来的不确定性关系。

相关分析的主要内容包括首先确定相关分析中的自变量与因变量之间有无相关关系、相关关系的表现形式以及密切程度，然后选择合适的数学模型，测定变量估计值的可靠程度，并对计算出的相关系数进行显著检验。

一、确定自变量与因变量

数据分析员：总经理提供的阳光超市各营业点的统计数据，有销售额、促销费用、营业面积三个变量，它们之间是什么关系呢？

项目组长：只是看这些数据找不到准确的答案，需要采用一定的方法对这些数据进行定量分析，寻找这三个变量之间的关系。

数据分析员：从数据看，好像都是增大的趋势。我感觉这些数据之间是有关系的，怎样才能分析出它们之间的关系呢？

项目组长：首先要明确分析的目的。

数据分析员：按照总经理的要求，我们要分析销售额受哪些因素的影响。

项目组长：这样的话，可以分别选择促销费用与销售额、营业面积与销售额，然后绘制散点图，初步看一下销售额同这两个因素之间的关系，再计算相关系数进行定量的判定与分析。

1. 相关分析方法

商品的销售量与商品的价格、商品的质量以及消费者的收入水平等因素有关。因此要研究该经济行为就应从事物变化的因果关系出发，寻找它与其他因素之间的内在联系，这就是因果关系分析法。在因果关系分析法中最常用的方法之一就是回归分析法。回归分析法就是从各种经济现象之间的相互关系出发，通过对与预测对象有联系的现象变动趋势的分析，推算预测对象未来状态数量表现的一种分析方法。

而相关分析对这些对等的经济数列，用相关系数测定反映它们之间变动的联系程度和联系方向。正确确定相关关系对回归分析具有决定性作用。

2. 确定相关变量

这项工作的难点和重心是确定自变量，即确定影响和制约分析目标（因变量）的因素。确定自变量，既要对历史资料和现实调查资料进行分析，又要充分运用分析人员的经验和知识，进行科学的定性分析。要充分注意事物之间联系的复杂性，用系统思维的方式对复杂的关系进行系统分析，确定主要的影响因素。

在分析人员进行的阳光超市分析工作中，阳光超市的总经理要求分析该超市的销售额受哪些因素的影响，其因变量无疑就是该超市的销售额。而分析影响阳光超市的销售额的主要因素是促销费用和营业面积，这两个因素就是自变量。

二、确定变量间相关类型

1. 相关关系的类型

相关指两个或两个以上变量间相互关系的程度或强度，相关关系按强度分为：

（1）完全相关，变量间存在函数关系。

（2）强相关，变量间近似存在函数关系。

（3）弱相关，变量间有关系但不明显。

(4) 零相关，变量间不存在任何关系。

具有相关关系的变量之间的关系不能用函数关系精确表达，一个变量的取值不能由另一个变量唯一确定。

相关关系按变量个数分为：

(1) 简单相关，即两个变量间相关。按形式分为线性相关、非线性相关；按符号分为正相关、负相关、零相关。

(2) 复相关，又称为多重相关和偏相关，是指三个或三个以上变量间相关。

2. 确定相关关系的方法

确定变量之间相关的类型一般可通过绘制相关图直观地看出。相关图是指将自变量和因变量的数值对应地描绘在直角坐标系中形成的图形，有些教材也称之为散点图或散布图。根据散点图的形状，大致可以认识变量之间是否相关，是正相关还是负相关，是线性相关还是非线性相关。

数据分析员：变量选定之后，我们怎样才能进行相关分析？可以利用软件的函数命令直接计算相关系数吗？

项目组长：不行。因为只有当变量间是线性相关关系的时候，才能用这种方法计算相关系数，计算结果的数值大小才反映两个变量之间的关系。

数据分析员：哦，也就是说需要首先判定变量间的相关关系的类型。我已经学会了用 Excel 软件来绘制散点图了，从散点图来直观地判定行吗？

项目组长：当然可以，实际中都是这样做的。

数据分析员：组长，还有个问题，散点图是根据两个变量来绘制的，现在影响销售额的因素有两个，该怎样来绘制呢？

项目组长：我们可以分别绘制销售额与这两个因素的散点图，也就是说用两个散点图来描述它们之间的关系。

三、确定变量之间相关的密切程度

数据分析员：散点图呈现了线性关系，但是相关程度的大小仅仅通过图形是很难确切知道。但是，相关系数的计算公式很复杂，手工计算不可能，怎么办呢？

项目组长：相关系数的计算公式的确是比较复杂，也不容易记忆，所以我们不必记住公式，我们只需知道相关系数的特性，根据相关系数的大小会判断变量之间的关系就可以了，具体相关系数的计算可以利用 Excel 软件来完成。

数据分析员：那就太好了，我很头疼的就是记公式，这样就简单了。

1. 变量密切程度的界定

确定变量之间线性相关的密切程度，通常可通过计算相关系数来衡量。相关系数 r 的计算公式为：

$$r = \frac{\sum_{i=1}^{n}(x_i-\bar{x})(y_i-\bar{y})}{\sqrt{\sum_{i=1}^{n}(x_i-\bar{x})^2 \cdot \sum_{i=1}^{n}(y_i-\bar{y})^2}} = \frac{n\sum_{i=1}^{n}x_iy_i - \sum_{i=1}^{n}x_i \cdot \sum_{i=1}^{n}y_i}{\sqrt{n\sum_{i=1}^{n}x_i^2-(\sum_{i=1}^{n}x_i)^2}\sqrt{n\sum_{i=1}^{n}y_i^2-(\sum_{i=1}^{n}y_i)^2}}$$

r 具有以下特性：

(1) 相关系数取值范围为 -1 到 1。

（2）相关系数 r 反映变量间的相关方向。当 r 为正值时，变量间的线性相关关系为正相关，这时 y 随着 x 增加而线性增加；当 r 为负值时，变量间的线性相关关系为负相关，这时 y 随着 x 增加而线性减少。

（3）若相关系数 $|r|$ 愈接近 1 时，两个变量间的线性相关程度愈高；若相关系数 $|r|$ 愈接近 0 时，两个变量间的线性相关程度愈低。通常当 $|r|=0$ 时，变量间无线性相关关系，但可能存在其他非线性关系；当 $|r|=1$ 时，变量之间存在完全确定的线性相关关系。

也就是说，当 $0<|r|<1$ 时，称 x 与 y 存在一定的线性相关关系，其线性相关的密切程度由 $|r|$ 的大小说明。一般 $|r|>0.7$ 为高度线性相关密切程度；$0.3<|r|\leqslant 0.7$ 为中度线性相关密切程度；$|r|\leqslant 0.3$ 为低度线性相关密切程度，如图 7-1 所示。

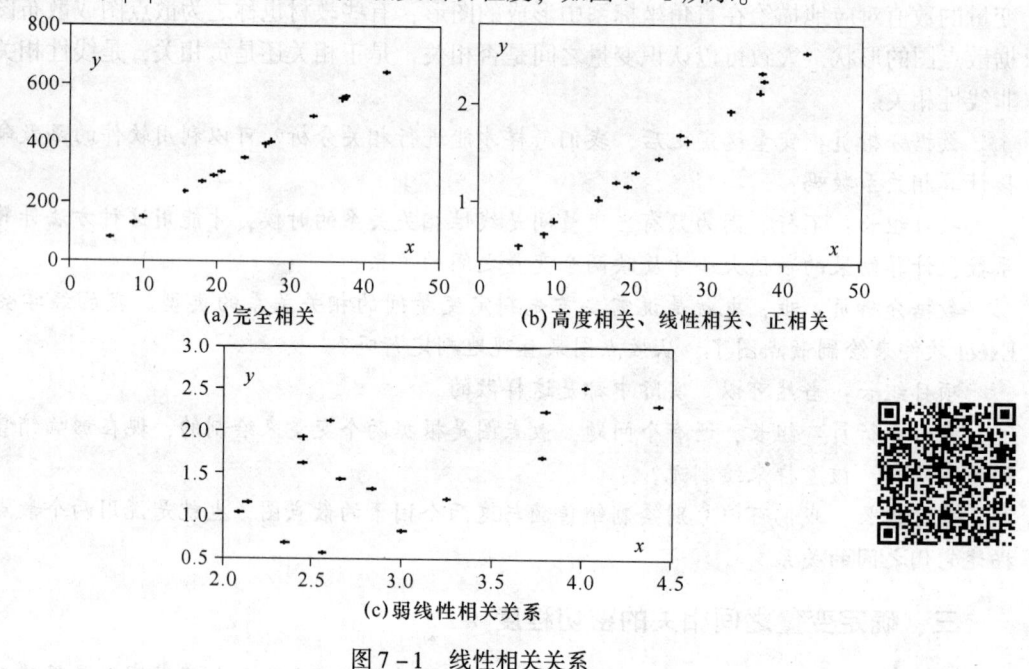

图 7-1 线性相关关系

如果能够确定变量之间存在相关关系，那么就可以进一步进行回归分析，为得到变量之间的明确关系奠定基础。

问题解决

本情境讲述了如何进行相关分析，那么利用 Excel 如何进行操作呢？

（1）做变量相关的散点图。

对阳光超市统计数据的分析，利用 Excel 软件绘制销售额与促销费用的散点图、销售额与营业面积的散点图。

第一步，选中表中"销售额"一列与"促销费用"一列。

第二步，选择"插入"中的"图表"一栏，单击"所有图表"中的"散点图"，单击"确定"按钮，如图 7-2 所示。结果如图 7-3 所示。

第三步，选中销售额与营业面积一列，步骤同第二步，结果如图 7-4 所示。

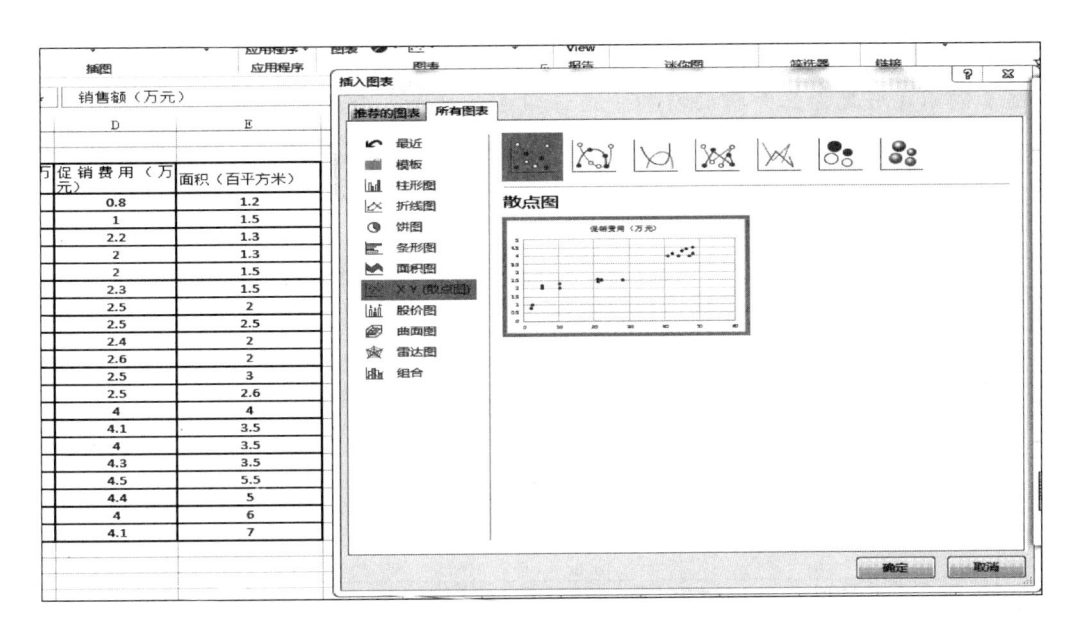

图 7-2　绘制散点图

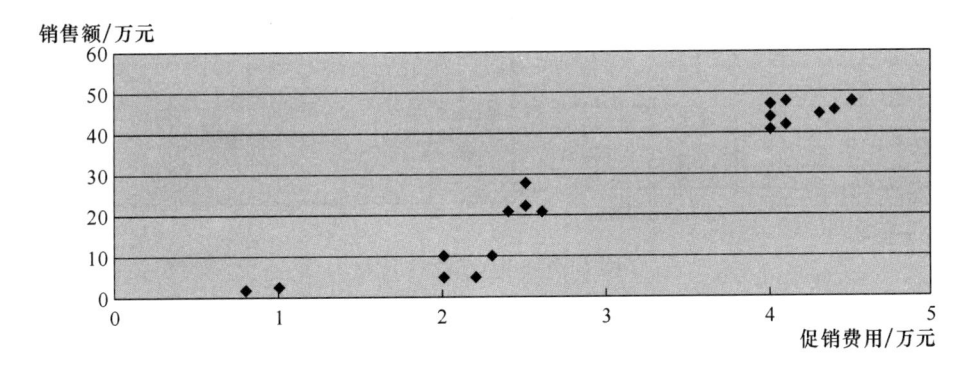

图 7-3　销售额与促销费用的散点图

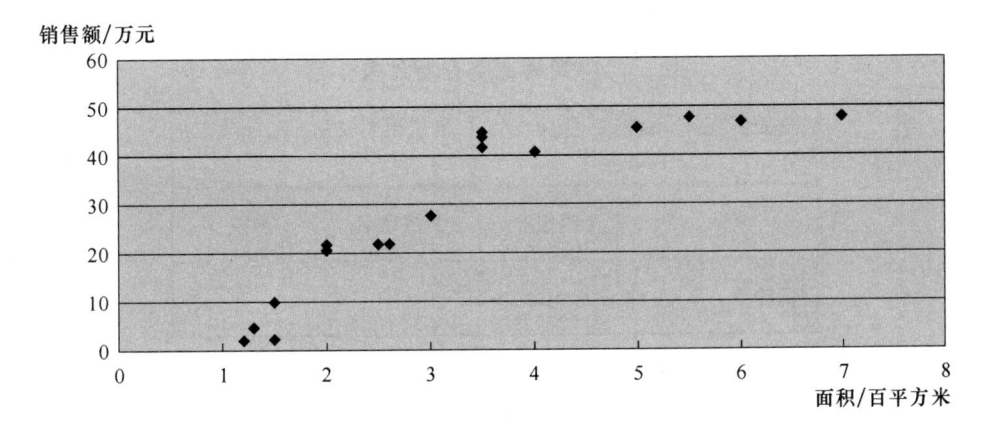

图 7-4　销售额与营业面积的散点图

从图7－3、图7－4中可以看出销售额与促销费用、营业面积之间是存在相关关系的：随着促销费用及营业面积的增加，销售额也在增加。而且散点图基本呈现了线性的变化趋势。通过Excel制图，我们可以确定营业额与促销费用及营业面积之间可以进行相关分析。

(2) 确定变量间的密切程度。

影响阳光超市销售额的有两个自变量：促销费用与营业面积。下面分析它们与因变量销售额的相关性。

第一步，选择工具菜单中的“数据分析”命令，弹出“数据分析”对话框。如果没有该命令，需要通过安装Excel的加载宏之后，对它们进行调用，然后该命令才可以在编辑窗口的菜单中出现。

第二步，在分析工具列表框中，选“相关系数”工具。这时将出现“相关系数”对话框，如图7－5所示。

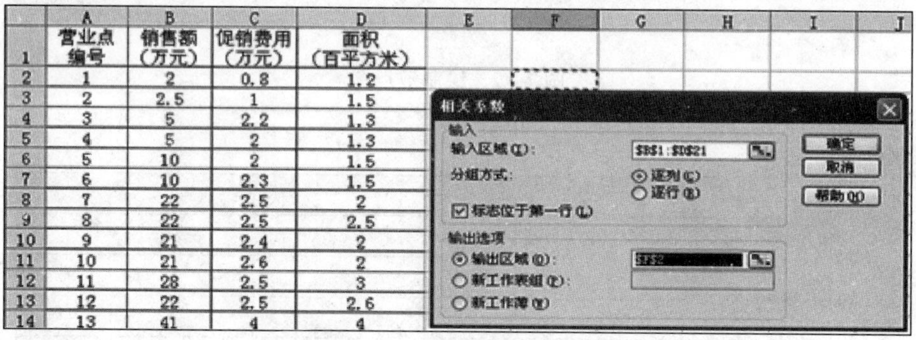

	A	B	C	D
1	营业点编号	销售额(万元)	促销费用(万元)	面积(百平方米)
2	1	2	0.8	1.2
3	2	2.5	1	1.5
4	3	5	2.2	1.3
5	4	5	2	1.3
6	5	10	2	1.5
7	6	10	2.3	1.5
8	7	22	2.5	2
9	8	22	2.5	2.5
10	9	21	2.4	2
11	10	21	2.6	2
12	11	28	2.5	3
13	12	22	2.5	2.6
14	13	41	4	4

图7－5　相关系数对话框

第三步，在输入框中输入参数。在“输入区域”指定数据所在的单元格区域B1：D21；因输入数据是以每列进行排列的，所以在“分组方式”中选择“逐列”；因指定的输入区域包含标志行，所以选中“标志位于第一行”复选框。在“输出选项”框中指定输出选项，我们选择“输出区域”，并指定输出到当前工作表以F2为左上角的单元格区域。

第四步，单击“确定”按钮，所得到的相关分析结果如图7－6所示。

F	G	H	I
	销售额(万元)	促销费用(万元)	面积(百平方米)
销售额(万元)	1		
促销费用(万元)	0.96016334	1	
面积(百平方米)	0.896928625	0.837078961	1

图7－6　相关分析结果

从图7－6中给出的相关系数可以看出，促销费用、营业面积和销售额的相关系数分别为0.96与0.89，都有较强的正相关性。

另外，也可以运用函数 CORREL 求出相关系数，CORREL 函数的语法格式如下：

Array1 是第一组数值单元格区域，Array2 是第二组数值单元格区域。输入数据区域后可以得到参数计算结果，如图 7-7 所示。

图 7-7　CORREL 函数

子情境二　线性回归分析

情境引例

在子情境一中，我们确定了该超市中销售额与促销费用及销售面积之间都存在正相关关系，不过这还不足以解决经理的需求，我们仅仅是判断出了三者之间存在一种相关关系。为了进一步搞清三个变量之间的关系，还需要研究它们之间的因果关系，把其中一些因素作为控制变量，把另一些因素作为因变量，利用适当的数学模型描述它们的关系。回归分析正是关于变量间客观存在的相关关系描述模型及其性质讨论和应用的一种有效的统计方法。于是接受阳光超市统计数据分析的工作人员，面对具有线性相关关系的两组变量，又运用线性回归分析技术展开了进一步的数据分析。

为了能够确切地用数据来描述销售额与促销费用和营业面积之间的变动关系，我们需要解决以下问题：
1. 通过回归分析建立相应的数学模型来描述各个变量间的关系。
2. 帮助总经理进行决策。

案例思考

确定相关关系对于搞清三个变量之间的联系奠定了基础，同时相关关系的存在也为我们做回归分析奠定了理论基础。回归分析是确定两种或两种以上变量间相互依赖的定量关系的一种统计分析方法，运用十分广泛。回归分析按照涉及的变量的多少，分为一元回归和多元回归分析。按照自变量和因变量之间的关系类型，可分为线性回归分析和非线性回归分析。如果在回归分析中，只包括一个自变量和一个因变量，且二者的关系可用一条直线近似表示，这种回归分析称为一元线性回归分析。如果回归分析中包括两个或两个以上的自变量，且自变量之间存在线性相关，则称为多元线性回归分析。本情境主要是对一元线性回归分析与多元线性回归进行介绍。

知识目标

1. 掌握回归分析的定义。
2. 掌握回归分析的理论基础。
3. 掌握回归分析的步骤。
4. 了解回归分析的检验方法。

能力目标

1. 能够建立一个基本的回归模型。
2. 能够对建立的模型进行检验。
3. 能使用现实的数据进行回归建模。

> **知识阐述**

一、回归分析概述

1. 回归分析与相关分析

回归分析是在相关分析的基础上进行的进一步统计分析，两者存在千丝万缕的联系，具体而言，回归分析与相关分析之间有以下几个不同之处：

（1）相关分析说明的是两个变量之间的相互依存关系，因而它只是变量间相关关系的反映和描述性解释；而回归分析带有平均、期望的含义。举个例子，父辈的身高会影响子女的身高，究竟二者的关系有多大，计算相关系数就可以得到说明。回归的意思是指，高个子父辈其子女的身材也高，但高过父辈身高的情况普遍比较少，矮个子父辈的子女的身高相对较低，但他们的子女的身高又有普遍超过他们身高的倾向，人的身高总是趋向某个平均数。据此不难看出，相关与回归的原始含义是不同的。

（2）相关分析一般要求变量 x 与 y 的地位对等，而且都是随机变量；可是回归分析中，需要根据现象之间客观存在的依存关系的逻辑顺序，区分哪一个是解释变量（自变量），哪一个是被解释变量（因变量），即探究自变量对于因变量的影响。

（3）在相关分析中，要求变量 x 和变量 y 皆服从正态分布；可是在回归分析中，仅要求给定 x 时，y 的条件分布是正态分布。

（4）进行相关分析时，一般要求对 x 的所有取值，y 的方差或标准差相同，对 y 的所有取值，x 的方差或标准差也要相同；但在经典的回归分析中，只要求 y 的条件分布的方差保持同一，即所谓等方差性问题。

（5）相关分析仅限于两个变量间的相关关系的场合，回归分析可以对多个变量之间的关系进行分析。

当然回归分析与相关分析也存在着联系，表现为：

（1）相关分析是回归分析的前提和基础。通常在确定了现象之间存在的相关关系及其形式后，才好有针对性地进入回归分析。如果相关关系不显著，就没有必要进行回归分析，即使勉强进行回归分析，其实际意义也不大。

（2）回归分析是相关分析的继续和深入。相关分析的结果仅能说明现象之间相关关系的大小和有无，了解这一点还远远不够。在相关分析的基础上进行回归分析，可以进行估计、预测和控制，二者结合起来，才能够发挥相关分析更大的作用。

（3）回归分析与相关分析存在数量上的等价关系。利用回归分析求出相关关系，是相关系数的一种计算方法；反之，从相关系数出发也可方便地计算出回归系数。在统计检验方面，凡是回归模型代表性强的，相关系数就显著；若是回归模型代表性差，相关关系就不显著。如果相关系数通过了显著性检验，那么回归方程的代表性就好，相关系数的值越大，回归分析的效果越理想；否则回归方程的代表性和回归分析的效果就较差，甚至毫无价值可用。

以上所述的相关分析和回归分析的关系，主要是从狭义的相关与回归概念方面来讲的，而且仅着眼于现象之间简单的线性关系。

2. 一元线性回归模型

如果影响市场变化的因素虽然是多方面的，但存在一个因素是最基本的、起决定作用的，而且自变量与因变量之间的数据分布成线性（直线）趋势，那么就可以运用一元线性回归模型进行预测。模型的数学表达式为：$\hat{y} = a + bx$。

其中 $\hat{y}$ 是因变量的估计值，x 是自变量的观测值。b 为回归系数，由因变量和自变量的观测数据估计得到。b 表示当自变量 x 每增加一个单位时，因变量的估计值 $\hat{y}$ 的平均增加数量。

当因变量、自变量间变化呈现线性关系时，我们就可以用一条直线来表示它们的线性关系，以便于分析预测。但对于这种线性关系，我们可以用很多条的直线来描述，每条线对变量之间关系的拟合程度是不同的，我们要从所有直线中找到一条最具有"代表性"的直线，常用的确定直线方程的方法是最小二乘法，也就是说用最小二乘法估计模型的参数。它是指使因变量的观测值与估计值之间的离差平方和达到最小来估计参数系数，因此也称为参数的最小二乘估计。

3. 多元线性回归模型

实际上一元回归只不过是回归分析中的特例，是对客观经济现象的高度抽象与简化。然而在复杂的经济现象中，某一个经济变量的主要影响因素通常不止一个。例如，消费总额和货币供应量以及国民生产总值等都有关；某种商品的销售量不仅与居民的收入水平有关，而且与该商品的价格、替代品的价格或互补品的价格以及储蓄金额等有关。这就涉及了多元回归问题。

多元回归分析是利用统计资料，建立起多元回归模型，以已知两个或两个以上的自变量代入方程，来估测另一个因变量（预测目标）的定量分析方法。多元是指两个或两个以上自变量对因变量有影响。多元回归模型是用来表达一个因变量与多个自变量之间的相关关系及其变动规律性的一种数学模型。若经过定性分析，影响因素自变量 $x_i(1 \leqslant i \leqslant m)$ 与预测目标因变量之间确实存在线性因果关系，则多元线性回归方程式为：

$$\hat{y} = b_0 + b_1 x_1 + b_2 x_2 + b_3 x_3 + \cdots + b_m x_m$$

式中，因变量 $\hat{y}$ 即预测目标。自变量 x_1，x_2，x_3，$\cdots$，x_m 是影响预测目标的诸因素；b_0，b_1，b_2，b_3，$\cdots$，b_m 为参数，统称待定回归参数。

二、回归分析步骤

回归模型的建立过程，需要经历以下几个步骤：

（1）在定性和定量分析的基础上，确定变量以及它们之间的相关关系。

定性分析是指根据相关学科的理论、专业知识和经验，对现象与现象之间的内在联系所作的研究。定量分析是指依据大量的统计数据，对现象之间客观存在的数量关系和数量表现规律，进行反映和发现。现象之间的联系往往是比较复杂的，那么通过定性和定量研究能够帮助人们对问题有深入的了解和掌握，从而有利于正确地提出合适的数学模型。

（2）建立回归分析模型。

利用模型进行研究，是许多学科经常用到的方法。模型是对客观现象的本质特征及其变化规律的一种描述、模仿或抽象。模型的种类很多，回归分析模型属于数学模型，而且是一个随机数学模型，形式上表现为函数方程式，结构上由变量和参数组成。建立回归模型，需要处理好两个方面的问题：一是模型描述的精确性；二是模型描述的简洁性。追求模型的精确性，势必要引进许多变量，这将导致模型的复杂化和表述上的困难；如果追求模型的简洁性，虽然有利于求解，但由此会造成模型精确度的降低。好的回归分析模型，需要将二者兼顾起来。

（3）数的求解。

对模型中的参数进行求解，是模型进一步具体化的过程。对于同类性质的问题，都可以用一个一般的回归方程来描述，只有在根据特定问题的资料，求出模型的参数之后，该模型才适用对这个问题的研究。回归分析中，模型求解常用的方法包括最小二乘估计、极大似然估计等。

（4）回归模型的显著性检验。

回归模型初步确立后，在利用它进行估计、预测和控制之前，还需要对它的代表性强弱程度进行分析。如果解释变量与被解释变量的相关关系不明显，实际中的解释变量与被解释变量的关系形式与提出的模型存在较大的差异等，表明回归模型的代表性不理想。用这样的模型进行估计、预测和控制，效果肯定不会太好。回归模型的显著检验，主要是对回归模型中的参数以及模型的相关关系进行显著性推断。

（5）回归模型的修正和改进问题。

如果回归模型没有通过显著性检验，说明拟定的模型存在着问题，因而要重新回过头来，查找原因并进行妥善的修改，直至能确立较为满意或最优的回归模型为止。

建立回归分析模型，不是最终的目的，关键是利用已建立起来的模型达到估计、预测和控制的意图。因此，回归分析模型的应用问题，构成回归分析的另一大内容。

①回归估计。

回归估计的含义是，根据回归分析模型，对于给定的解释变量 x 的值，去推测被解释变量 y 的可能取值。经常人们不加区分地使用"估计"与"预测"。事实上细细比较一下，这两个词的词义还是有差别的。一般地，对于横截面样本资料和时间序列的内插问题，要用"估计"一词。回归分析的统计估计，主要研究解释变量的均值估计和点值估计，其中又可细分为均值的点估计和区间估计，点值的点估计和区间估计。

②回归预测。

时间序列的外推问题，称为回归预测。进行回归预测时，解释变量的值一般在样本数据的范围之外。回归模型主要依据样本确定，因此如果解释变量的值与样本的时间范围相差较大，那么预测结果的可靠性和合理性将大大降低。这是作回归预测研究时，必须要注意的问题。

③控制分析。

回归控制是回归估计和回归预测的反问题，它主要研究给定解释变量的值，确定解释变量取值的变化范围。

三、回归建模注意要点

一元线性回归模型建立要依据一定数量的观察值 (x_i, y_i)，$(i = 1, 2, \cdots, n)$，首先绘制散点图，判定变量间存在线性相关关系，然后根据给出的数据资料估计参数，参数的估计是用最小二乘法，也就是选择一条直线，使其残差平方和达到最小值的方法。

当求出模型参数 a,b 之后,就可以建立一元线性回归分析模型。在统计分析软件中,一般都设定了回归系数的最小二乘估计法的计算,选择相应的功能后就可以迅速地得到分析结果。

建立一个具有良好预测效果的多元回归模型,必须慎重地筛选自变量。如果不加鉴别,把所有自变量选入回归模型,不但会加大工作量,而且会出现自变量之间高度线性相关的情况,以至降低预测结果的准确性。筛选自变量应当注意掌握好以下几点:

①所选自变量必须对因变量有显著的影响;②所选自变量应该具有完整的统计数据资料,而且自变量本身的变动有一定的规律性,能够取得准确性较高的预测值,难以定量的因素在多元回归方程中一般不宜选入;③所选的自变量与因变量之间具有较强的相关性,具有经济意义和内在因果联系,而不是形式上的相关;④所选的自变量之间的相关程度不应高于自变量与因变量之间的相关程度。应当尽可能避免自变量之间高度线性相关,不致发生多重共线性问题。

数据分析员:通过上面相关系数的计算,我发现销售额与促销费用的线性相关程度是比较高的,销售额和营业面积线性相关程度要稍微差一些,我们怎么定量地说明这两个因素对销售额的影响程度呢?

项目组长:既然销售额与促销费用的线性相关程度比较高,说明促销费用对销售额的影响是比较大的,那么我们首先通过建立一元线性回归模型来分析促销费用对销售额的影响。

数据分析员:一元线性回归分析呀,需要计算两个参数,我记得是最小二乘法,计算起来很麻烦的。

项目组长:我们不必去深究最小二乘法的原理,但要记住散点图是线性变化趋势,相关系数的绝对值和1又比较接近,变量之间就是线性相关关系,就可以建立一元线性回归模型了。

数据分析员:是呀,这点记住了,但是不用最小二乘法的公式,我们怎么求解模型参数呢?

项目组长:可以利用 Excel 软件来完成,软件中既有专门的回归分析工具,还有许多函数命令可以用。

数据分析员:这太好了,操作简单吗?会不会像专门的统计软件那样,还需要专门学习才行呀?

项目组长:只要熟悉 Excel 软件的基本操作,就可以直接进行。

数据分析员:我们前面已经分析出阳光超市的销售额受到促销费用和营业点面积两个因素的影响,是不是需要建立多元线性回归模型呢?

项目组长:是的,分析方法和一元线性回归模型建立基本相似,都是利用最小二乘法求解模型参数,进而建立模型。

数据分析员:参数的计算是不是更复杂一些呢?

项目组长:多元回归分析法在因素分析和计算上都比较复杂,一般都通过专门统计软件来完成,也仍然可以使用常用的办公软件 Excel 来进行多元回归的数据分析。

四、回归分析模型的检验方法

通过以上的介绍和步骤,我们对回归分析及建模步骤有了初步的认知,但是回归模型建立以后，并不可以马上就用来解释变量之间的关系。这是因为回归分析的结果必须通过检验，检验符合要求后才能确定模型的解释程度。

数据分析员：模型参数计算出来以后，就可以直接用于预测吗？

项目组长：不行，还需要进行多方面的检验。比如模型是不是符合经济准则要求，模型能不能通过统计检验要求，选用的描述变量是不是存在一些不符合模型建立的前提条件的问题，等等。

数据分析员：看来，模型的检验工作内容也很丰富呀。

项目组长：当然了，不进行检验，怎么证明模型的正确性呢？又怎能让阳光超市的总经理相信我们提供的分析结果呢？

数据分析员：模型是不是符合经济准则要求，直观地就可以看出来，比如随着价格上涨商品的需求量应当是下降的，支出的增加一般不能超过收入增加。问题是你说的后两种检验都比较专业，怎么做呢？

项目组长：检验用的统计量的计算利用软件都可以完成，我们只要了解了检验的方法，能够进行检验结果的判定就行了。

在进行一元线性回归分析时，求得分析模型后，我们需要判定该模型是否能解释自变量和因变量的实际关系，模型对实际数据的拟合程度是否达到要求，模型能否适用于预测的要求。这都需要我们就模型拟合的"优良性"进行检验。

模型检验是说明模型能否用于预测的分析方法，人们利用各种统计检验方法来检验以下两个问题：模型能否解释预测对象变量之间的实际关系、拟合的程度。常用的检验有：标准离差检验、拟合程度检验、F 检验、t 检验和 $D-W$ 检验。

1. 标准离差检验

标准离差 S 表示因变量的各个观测值与估计值的绝对离差数额，用于检验回归模型的估计精度。标准离差 S 愈小，实际值与估计值的平均误差愈小，估计的精度也就愈高。同时，为了不同模型的精度进行比较，往往计算离散系数或标准离差系数 V，一般希望 V 不超过 $10\% \sim 15\%$。

2. 拟合程度的检验

因变量的各个观测值点聚集在回归直线 $\hat{y} = a + bx$ 周围的紧密程度，称作回归直线对观测数据点的拟合程度，通常用决定系数 r^2 来表示。决定系数是检验回归方程拟合优度的一个重要指标，r^2 的取值范围是：$0 \leq r^2 \leq 1$。

决定系数一般用来测定回归直线对各观测值点的拟合程度。若全部观测值点 y_i（$i = 1, 2, \cdots, n$）都落在回归直线上，则 $r^2 = 1$；若自变量的观测值完全无助于解释因变量的变差，则 $r^2 = 0$。

显然，r^2 越接近于 1，用自变量 x 的变化解释因变量 y 的变差的部分就越多，表明回归直线与各观测值点越接近，回归直线的拟合度越高。相反地，r^2 值较小，说明了回归方程所引入的自变量不是一个好的解释变量，它所能解释的变差占总变差的比例较低。

回归直线拟合优度的另一个测度是线性相关系数 r。在一元线性回归中，线性相关系数实际上是决定系数 r^2 的平方根，即 $r = \pm\sqrt{r^2}$。$|r|$ 越接近于 1，表明回归直线拟合优度越高。

在多元线性回归模型中，为消除自变量数目对 r^2 的影响，常采用调整的（修正）$\bar{r}^2$ 即复决定系数进行检验，数据取值意义与决定系数类似。

3. 模型整体的显著性检验

模型整体的显著性检验是用以考察回归模型拟合效果是否显著的方法，一般使用 F 统计量，计算出 F 检验值后，按照显著水平 α 查 F 分布表（第一自由度为 m，第二自由度为 $n-m-1$），得到临界值 F_α。若统计量的值 $F>F_\alpha$，则认为回归效果显著；否则即认为回归效果不显著。

4. 单个系数的显著性检验

单个系数的显著性检验用来考查每一个自变量对于因变量的影响程度，有的时候方程的显著性并不意味每个自变量对因变量的影响都是重要的。如果某个自变量并不重要，则应该从方程中把它剔除，重新建立更为简单的方程。

一般使用 t 统计量，t 检验的实质是检验每个自变量对因变量的影响是否显著。计算出 t 检验值后，在给定的显著性水平 α 下，若 $|t|>t_{\frac{\alpha}{2}}(n-m-1)$，则拒绝原假设 H_0，说明自变量对因变量有显著影响；反之，接受原假设 H_0，说明自变量对因变量无显著影响，则应删除该因素。

在一元线性回归分析模型的检验中，F 检验和 t 检验的功效是相同的。但是多元回归问题中，两种检验各有用途。

5. 序列相关检验

实际经济关系中会存在这样的现象，国内生产总值、国民收入等，宏观经济从谷底开始上升时，一般会持续增大；从高涨的峰顶开始紧缩下降时，一般会持续减小或增幅持续减小。这类现象称为序列自相关现象。当存在此类问题时，用回归模型来分析变量间的关系，会造成估计的误差较大，也就是说当采用最小二乘法建立回归模型时，a、b 的估计不再具有最小方差。

因此，需要进行经济时间序列是否存在自相关现象的检验，这种检验称为序列相关检验。通常使用 $D-W$ 检验，即 Durbin—Watson 检验方法。在实际应用中，对于给定的显著性水平以及自变量个数 m、样本个数 n，使用 $D-W$ 值进行检验，从 $D-W$ 检验表中查得相应的临界值下限 d_l 和上限 d_u，然后利用表 7-2 判别检验结论。

表 7-2 给出了检验判别结果。$D-W$ 检验存在无结论区域，即当计算的 $D-W$ 统计量落到无结论区域时，决策者就不能做出回归模型是否存在自相关现象的结论。通常当 $D-W$ 统计量的值在 2 左右时，则无须查表检验即可判定回归模型不存在自相关，此时回归模型有效。

表 7-2 $D-W$ 检验判别结果

$D-W$ 值	检验结果
$4-d_l<D-W<4$	否定假设，存在负自相关
$0<D-W<d_l$	否定假设，存在正自相关
$d_u<D-W<4-d_u$	接受假设，不存在自相关
$d_l<D-W<d_u$	检验无结论（不能确定）
$4-d_u<D-W<4-d_l$	检验无结论（不能确定）

事实上，在线性回归模型的检验中，拟合程度检验、F 检验、t 检验都是检验变量间是否存在线性关系。如果模型没有通过上述检验，应分析其原因，重新加以处理。其原因可能有以下几种：

（1）影响因变量 y 的因素除了 x 之外还有其他不可忽略的因素。
（2）变量 y 与 x 的关系不是线性的，可能是曲线关系。
（3）变量 y 与 x 根本没有关系。

五、进行预测分析

回归分析技术一个主要的应用是经济预测。回归模型通过各种检验后，说明它是可信的，也就可以用于预测了。利用回归模型进行预测有两种方法，一是点预测法，二是置信区间预测法。

点预测法将自变量的预测值 x_0 代入预测模型 $\hat{y} = a + bx$，求出因变量的预测值 $\hat{y}_0$。

考虑到实际情况，可以使用置信区间预测法。在实际工作中，预测对象的实际值不一定恰好就等于预测值 $\hat{y}_0$，随着实际情况的变化和各种环境因素的影响，并且由于自变量与因变量是相关关系，对于自变量的每一个值 x_i，因变量的值 y_i 并不一定等于回归模型计算的预测值 $\hat{y}_0$，它一般在 $\hat{y}_i$ 的附近。在实际应用中，我们希望估计出一个取值范围，掌握实际值落在该范围中的可靠程度，这个取值范围我们称为置信区间。

若在预测过程中只希望获得置信区域的近似估计，则利用预测点估计值 y_0 和回归分析的标准差 S_x，做出下述不同置信度的结论：

预测值 y_0 的置信度为 68.3% 的近似置信区域为：$[\hat{y}_0 - S, \hat{y}_0 + S]$
预测值 y_0 的置信度为 95.4% 的近似置信区域为：$[\hat{y}_0 - 2S, \hat{y}_0 + 2S]$
预测值 y_0 的置信度为 99.7% 的近似置信区域为：$[\hat{y}_0 - 3S, \hat{y}_0 + 3S]$

问题解决

我们已经在本情境完成了对于回归分析的学习，下面我们利用 Excel 对"情境引例"中的回归建模问题进行解决。

一、一元回归分析应用

数据分析员：线性回归模型检验的方法真多呀，需要认真记住各种检验方法的作用才能进行回归分析。

项目组长：确实这样。只要记住了检验的统计量和作用，就能根据软件求解的结果进行分析了。

数据分析员：那么，我们都使用哪些工具呢？

项目组长：Excel 中的回归分析工具。回归分析的函数，比如 LINEST 函数，可以用于线性估计最小二乘法参数计算，FORECAST 函数用于线性趋势预测等。

数据分析员：数据分析的结果怎样表示呢？

项目组长：需要写出估计的模型，陈述检验的结果，计算并分析预测结果。

数据分析员：预测的结果用一个具体的数值表示吗？

项目组长：可以像你说的那样，也可以用一个区间来表示。

下面给出利用回归工具进行预测分析的实例：建立阳光超市销售额与促销费用的回归模型，并对其进行检验，然后利用模型进行预测。具体步骤如下：

第一步，选择工具菜单中的"数据分析"命令，弹出"数据分析"对话框。在分析工具列表框中，选“回归”工具，这时将弹出“回归”对话框，如图 7－8 所示。

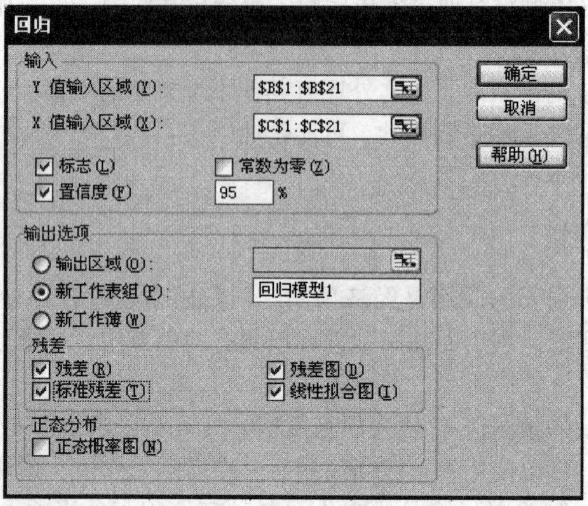

图 7－8 “回归”对话框

第二步，指定输入参数。在“Y 值输入区域”“X 值输入区域”，指定相应数据所在的单元格区域，我们分别指定为“B1：B21”和“C1：C21”。选定“标志”复选框，在“置信度”框内键入 95%。对于一些特殊的回归模型，可以根据需要指定“常数为零”（即 $a=0$），如图 7－8 所示。

第三步，指定输出选项。这里选择输出到“新工作表组”，并指定工作表名称为“回归模型 1”，选定“残差”中的所有输出选项，以观察相应的结果，如图 7－8 所示。

第四步，单击“确定”按钮，得到回归分析的计算结果。图 7－9 是有关回归分析的统计量、方差分析表和回归系数及其 t 检验、预测区间等数据；图 7－10 给出了预测值、残差值以及所计算的 $D-W$ 统计值；图 7－11 给出了自变量 x（促销费用）的残差分析图；图 7－12 给出了自变量与因变量的最佳适配回归线图。

	A	B	C	D	E	F	G	H	I
1	SUMMARY OUTPUT								
2									
3	回归统计								
4	Multiple	0.960163							
5	R Square	0.921914							
6	Adjusted	0.917576							
7	标准误差	4.925606							
8	观测值	20							
9									
10	方差分析								
11		df	SS	MS	F	gnificance F			
12	回归分析	1	5155.929	5155.929	212.514	2.08E-11			
13	残差	18	436.7087	24.2616					
14	总计	19	5592.638						
15									
16		Coefficien	标准误差	t Stat	P-value	Lower 95%	Upper 95%	下限 95.0%	上限 95.0%
17	Intercept	-15.8077	3.108968	-5.08456	7.73E-05	-22.3394	-9.27604	-22.3394	-9.27604
18	促销费用（万元）	14.44046	0.990574	14.57786	2.08E-11	12.35934	16.52158	12.35934	16.52158

图 7－9 回归分析结果

	A	B	C	D	E	F	G
22	RESIDUAL OUTPUT						
23							
24	观测值	预测 销售额（万元）	残差 (e_i)	标准残差		$(e_i - e_{i-1})^2$	e_i^2
25	1	-4.25537	6.255374	1.304771			39.1297
26	2	-1.36728	3.867283	0.806653		5.70298	14.95588
27	3	15.96126	-10.9613	-2.28634		219.8858	120.1493
28	4	13.07317	-8.07317	-1.68393		8.341071	65.17613
29	5	13.07317	-3.07317	-0.64101		25	9.444395
30	6	17.40531	-7.40531	-1.54463		18.76741	54.83862
31	7	20.2934	1.706598	0.355969		83.02688	2.912478
32	8	20.2934	1.706598	0.355969		0	2.912478
33	9	18.84936	2.150644	0.44859		0.197177	4.62527
34	10	21.73745	-0.73745	-0.15382		8.341071	0.543828
35	11	20.2934	7.706598	1.607473		71.30191	59.39166
36	12	20.2934	1.706598	0.355969		36	2.912478
37	13	41.95409	-0.95409	-0.19901		7.079241	0.91028
38	14	43.39813	-1.39813	-0.29163		0.197177	1.954772
39	15	41.95409	2.045914	0.426745		11.86145	4.185765
40	16	46.28622	-1.28622	-0.26829		11.10314	1.654369
41	17	49.17431	-1.17431	-0.24494		0.012524	1.379013
42	18	47.73027	-1.73027	-0.36091		0.309085	2.993829
43	19	41.95409	5.045914	1.052497		45.91665	25.46125
44	20	43.39813	4.601869	0.959876		0.197177	21.17719
45					合计	553.2408	436.7087
46					DW=	1.266842	

图 7-10　D-W 检验

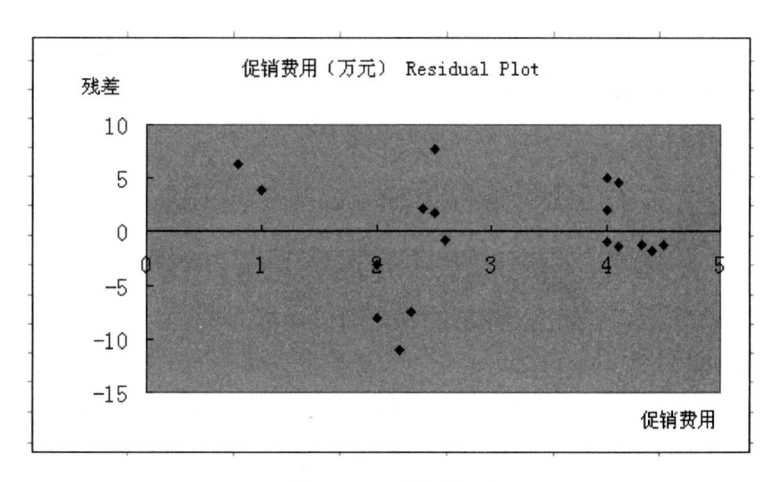

图 7-11　残差分析

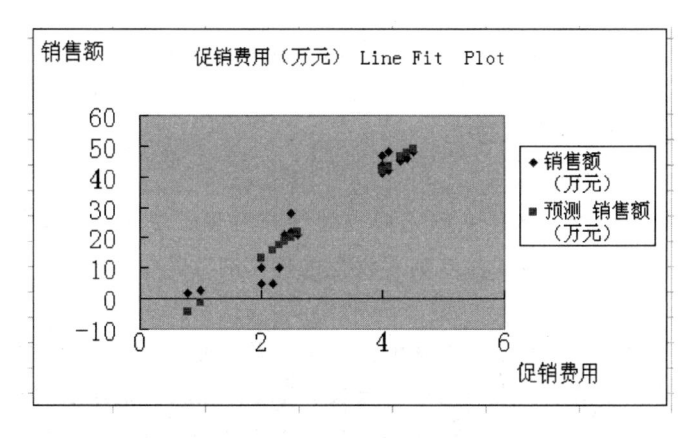

图 7-12　自变量与因变量的最佳适配回归线

本例中，样本个数 $n=20$，解释变量个数 $m=1$，给定的显著水平为 $\alpha=0.05$。从图 7-9 和图 7-10 的计算结果，可得下述检验结论：

（1）拟合程度检验：在回归分析区域 A3：B8 中给出的判定系数 r^2 为 0.921 9，比较接近 1，说明促销费用与销售额的关系十分密切。

（2）F 检验：在方差分析区域 A10：F14 中，给出了 F 检验值为 212.514。查 F 分布表得到临界值为 $F_{0.05}(1,20-1-1)=4.41$，F 检验值远远大于临界值，说明促销费用作为自变量与销售额作为因变量建立的回归方程是显著的。

（3）t 检验：在回归模型区域 A16：A18 中给出了 t 检验值，回归系数 b 的 t 检验值为 14.577 9，查 t 分布表得到临界值为 $t_{0.025}(20-2)=2.101$，t 检验值远远大于临界值，说明促销费用对销售额有显著影响。

（4）D-W 检验：在 Excel 软件中，回归分析结果没有 D-W 检验值，因此要自行按公式计算。如图 7-10 所示，先要利用公式分别求出 $(e_t-e_{t-1})^2$ 和 e_t^2 之值，再单击工具栏上的求和按钮进行求和计算，最后将两个求和值相除，便求得 D-W=1.266 8。查 D-W 检验表，表中样本容量 n 为 20 时临界值 $d_l=1.20$ 和 $d_u=1.41$。可见 D-W 统计值在 $d_l<D-W<4-d_u$ 之间，所以该回归模型不存在序列自相关，通过检验。实际上如果不是时间序列数据，此检验可以省略。对于本例中我们取的数据为阳光超市同一时间不同营业点的数据，不是时间序列数据，可以不进行 D-W 检验。

综合上述计算结果和检验结果，确定回归模型如下：

$$\hat{y}=-15.81+14.44x$$
$$r^2=0.921\ 9 \quad n=20$$
$$F=212.514 \quad S=4.925\ 6 \quad D-W=1.266\ 8$$

这是一个较为优良的回归模型。现在利用该回归模型，就可以根据预测期的促销费用预测销售额。假定第 20 营业点准备花费 5 万元促销费用，则其销售额预测值为：

$$\hat{y}=-15.81+14.44x=-15.81+14.44\times 5=56.39（万元）$$

图 7-9 还给出了回归系数 a、b 的估计值极其标准误差、回归系数估计区间的上下限等。因标准误差 $S=4.925\ 6$，则在显著水平 $\alpha=0.05$ 下，第 20 营业点销售额的预测区间计算如下：

$$\hat{y}\pm t_{\alpha/2}(n-m-1)\cdot S=56.39\pm 2.101\times 4.9256=56.39\pm 10.35$$

当第 20 营业点投入促销费用为 5 万元时，在显著水平 $\alpha=0.05$ 下，其销售额预测区间为 46.04 万~66.74 万元。

二、多元线性回归分析应用

下面我们利用数据分析工具建立阳光超市销售额与促销费用和营业点面积的回归模型，并对其进行检验，然后利用模型进行预测。具体操作与一元线性回归分析基本相同。

输入相关参数如图 7-13 所示，系统输出计算结果如图 7-14 所示。图 7-14 显示了有关回归分析的统计量、方差分析表和回归系数及 t 检验、预测区间等数据。由于我们取的数据为阳光超市同一时间不同营业点的数据，不是时间序列数据，所以可以不进行 D-W 检验。

图 7 – 13 "回归"对话框

图 7 – 14 回归分析结果

本例样本个数 $n=20$，解释变量个数 $m=2$，据分析图 7 – 14 的计算结果，可得下述检验结论：

（1）拟合程度检验：在回归统计区域 A3：B8 中给出的 r^2 为 0.950 9，调整后的 r^2 为 0.945 2，均很接近 1，说明阳光超市销售额与促销费用和营业点面积的关系很密切。

（2）F 检验：在方差分析区域 A10：F14 中给出的 F 检验值为 164.733 1，$F_{0.05}$（2，20 – 2 – 1）= 3.59，F 检验值远远大于临界值，说明阳光超市销售额与促销费用和营业点面积的回归方程显著。

（3）t 检验：在回归模型区域 A16：I19 中给出了回归系数 b_0、b_1、b_2 的估计值及其标准误差、t 检验值和回归系数估计区间的上下限等。$b_0 = -13.69$、$b_1 = 10.52$、$b_2 = 3.11$，两个回归系数检验值分别为 7.12 和 3.17，$t_{0.025}$（20 – 2 – 1）= 2.11，t 检验值大于临界值，故拒绝原假设，可以断言促销费用和营业点面积对销售额有显著影响。

综合上述计算结果和检验结果，可得如下的回归模型：

$$\hat{y} = -13.69 + 10.52x_1 + 3.11x_2$$

$$r^2 = 0.950\,9 \quad \bar{r}^2 = 0.945\,2 \quad n = 20$$

$$F = 164.733\,1 \quad S = 4.017\,7$$

通过以上分析我们可以得出结论，在营业面积不变的情况下，每增加 1 万元的促销费用，则会增加 10.52 万元的营销收入；在促销费用固定的情况下，每增加 1 百平方米的营业面积,营业额则会相应增加 3.11 万元。通过相关分析和回归建模,调查人员很好地为超市经理解决了需求。

三、利用 Excel 函数工具进行回归分析

Excel 软件的数据分析工具的功能很强大,除了可以利用数据分析工具来进行回归分析外,还可以利用 Excel 软件提供的函数来进行回归分析。Excel 软件提供的回归分析函数包括:LINEST 函数用于线性估计最小二乘法参数计算,TREND 函数用于趋势分析,FORECAST 函数用于线性趋势预测,LOGEST 函数用于曲线估计的回归分析。

LINEST 函数建立回归模型方法

利用 LINEST 函数的语法格式为:LINEST (known_y's, known_x's, const, stats)。其中:known_y's 是关系表达式 $\hat{y}=a+bx$ 中已知的 $\hat{y}$ 值集合,Known_x's 是关系表达式 $\hat{y}=a+bx$ 中已知的可选 x 值集合。

const 为一逻辑值,指明是否强制使常数 a 为 0。如果 const 为 TRUE 或省略,常数将被正常计算;如果 const 为 FALSE,常数将被设为 0,并同时调整 b 值使 $\hat{y}=bx$。

stats 为一逻辑值,指明是否返回附加回归统计值。如果 stats 为 FALSE 或省略,函数 LINEST 只返回系数 b 和常数项 a;如果 stats 为 TRUE,函数 LINEST 返回各个回归系数及附加回归统计值,LINEST 函数返回的数据格式如表 7-3 所示。

表 7-3 LINEST 函数返回的数据格式

计算结果	数据含义
β_m β_{m-1} $\cdots$ β_1 β_0	回归系数
SE_m SE_{m-1} $\cdots$ SE_1 SE_0	回归系数的标准误差
R^2 S	复可决系数 r^2、因变量标准误差
F df	F 统计量、自由度 df
$S_回$ $S_残$	回归平方和 $S_回$、残差平方和 $S_残$

具体步骤如下:

第一步,为输出数据指定足够的存储区域,单击"插入"菜单,选择"函数",打开"插入函数"对话框,在"选择类别"中选择"统计";在"选择函数"中选择"LINEST",单击"确定"按钮后,出现相应对话框。

第二步:在 Array1 中输入第 1 组数据区,在 Array2 中输入第 2 组数据区,即可在对话框下方显示出计算结果,如图 7-15 所示。

图 7-15 LINEST 函数

第三步，按下组合键 Ctrl + Shift 键后，再按回车键，系统输出如图 7 - 16 所示。

	A	B	C	D	E	F	G
1	营业点编号	销售额（万元）	促销费用（万元）	面积（百平方米）			
2	1	2	0.8	1.2			
3	2	2.5	1	1.5		LINEST函数计算结果	
4	3	5	2.2	1.3		14.44046	-15.8077
5	4	5	2	1.3		0.990574	3.108968
6	5	10	2	1.5		0.921914	4.925606
7	6	10	2.3	1.5		212.514	18
8	7	22	2.5	2		5155.929	436.7087

图 7 - 16　LINEST 函数计算结果

从图 7 - 16 中可以看到，利用 LINEST 函数计算的结果与前面利用数据分析工具计算的结果是一样的。

拓展阅读

"回归"的由来

"回归"是由英国著名生物学家兼统计学家高尔顿（Francis Galton，1822—1911，生物学家达尔文的表弟）在研究人类遗传问题时提出来的。为了研究父代与子代身高的关系，高尔顿搜集了 1 078 对父亲及其儿子的身高数据。他发现这些数据的散点图大致呈直线状态，也就是说，总的趋势是父亲的身高增加时，儿子的身高也倾向于增加。但是，高尔顿对试验数据进行了深入的分析，发现了一个很有趣的现象——回归效应。因为当父亲高于平均身高时，他们的儿子身高比他更高的概率要小于比他更矮的概率；父亲矮于平均身高时，他们的儿子身高比他更矮的概率要小于比他更高的概率。它反映了一个规律，即这两种身高父亲的儿子的身高，有向他们父辈的平均身高回归的趋势。对于这个一般结论的解释是：大自然具有一种约束力，使人类身高的分布相对稳定而不产生两极分化，这就是所谓的回归效应。

1855 年，高尔顿发表《遗传的身高向平均数方向的回归》一文，他和他的学生卡尔·皮尔逊（Karl Pearson，1857—1936）通过观察 1 078 对夫妇的身高数据，以每对夫妇的平均身高作为自变量，取他们的一个成年儿子的身高作为因变量，分析儿子身高与父母身高之间的关系，发现父母的身高可以预测子女的身高，两者近乎一条直线。当父母越高或越矮时，子女的身高会比一般儿童高或矮，他将儿子与父母身高的这种现象拟合出一种线形关系，分析出儿子的身高 y 与父亲的身高 x 大致可归结为以下关系：

$\hat{y} = 33.73 + 0.516x$（单位为英寸）根据换算公式 1 英寸 = 0.025 4 米，1 米 = 39.37 英寸。单位换算成米后：

$\hat{y} = 0.856\ 7 + 0.516x$（单位为米）；

假如父母辈的平均身高为 1.75 米，则预测子女的身高为 1.759 7 米。

这种趋势及回归方程表明父母身高每增加一个单位时，其成年儿子的身高平均增加 0.516 个单位。这就是"回归"一词最初在遗传学上的含义。

有趣的是，通过观察，高尔顿还注意到，尽管这是一种拟合较好的线形关系，但仍然存在例外现象：矮个父母所生的儿子比其父要高，身材较高的父母所生子女的身高却回降到多数人的平均身高。换句话说，当父母身高走向极端，子女的身高不会像父母身高那样极端化，其身高要比父母们的身高更接近平均身高，即有"回归"到平均数去的趋势，这就是统计学上最初出现"回归"时的含义，高尔顿把这一现象叫作"向平均数方向的回归"。虽然这是一种特殊情况，与线形关系拟合的一般规则无关，但"线形回归"的术语却因此沿用下来，作为根据一种变量（父母身高）预测另一种变量（子女身高）或多种变量关系的描述方法。

统计学家的故事之戈赛特

据说，戈赛特同时拥有数学和化学两个学位。与许多学者一样，他当时并没有直接从事统计学的研究，毕竟在 100 多年前，统计学还算不上一门学科。他当时从事的是啤酒酿造行业，然后就在这一似乎与统计无关的行业里，他做了一项研究，想弄清楚发酵时需要加多少酵母最合适。当时戈赛特得出了研究结果并准备将其发表，可惜他所在的是酿酒行业，贸然发表的话会引起泄露机密之嫌。但戈赛特又确实想发表这一文章，因此采取了折中的办法：匿名发表。他采用了一个笔名，也就是现在我们仍可以在统计学课本上见到的"student"。

戈赛特与卡尔·皮尔逊是好朋友，当年曾专门脱产一年跟随卡尔·皮尔逊学习统计学，所以当他写好文章后，首先就想到在《生物统计》上发表。后来据说戈赛特所在的公司发现了他偷偷发文章，不过戈赛特的这些研究为公司带来了不少效益，他们可以生产质量更为稳定的啤酒。所以戈赛特并没有因此而被开除，反而职位有所升迁。但这也仅限于大家心知肚明而已。

戈赛特最重要的一个贡献就是提出了小样本的检验思想。现在我们看起来似乎并无任何出奇。但在当时，统计学几乎就是大样本的科学，一提起统计学，就想到大样本。当时卡尔·皮尔逊所有的工作都是基于大样本的假设。但戈赛特根据自己的经验认为，有的情况下，大样本对于研究者来讲太过于奢侈了，必须专注于小样本。但是一旦用小样本分析，就无可避免地会牵扯到误差的问题。在大样本情况下，你可以假定没有误差或者误差很小可以忽略不计，而小样本必须考虑到这一问题。那么小样本情况下，误差有多大呢？这就是戈赛特所关注的。

戈赛特通过自己的不断演算，最终于 1908 年发表了一篇极为重要的文章 The Probable Error of The mean，提出了 t 分布，这也是至今我们仍在广泛应用的 t 检验（也叫 student t 检验）的基础。考虑一下当时的条件，戈赛特做出了无数次的计算才得出这一结论。他需要一次一次地计算均数、标准误差，再把二者相除，以确定相关数据的概率分布。在现在的条件下，通过计算机模拟可能很快出来结果，但当时显然是很复杂的。但不管如何，通过戈赛特的努力，最终发现了小样本的分析规律，并奠定了小样本分析的基础。现在的人通常称戈赛特为小样本理论的鼻祖。

有了戈赛特提出的分布，统计学界突然发现很多事情变得简单了。原来卡尔·皮尔逊提出的四参数的分布过于烦琐，而通过戈赛特的分布，一切都变得简单多了，它提供了几乎每一个学统计的人都会使用的工具。

后来费希尔在研究一个天文学问题时，也提出了类似的理论，结果发现原来戈赛特早已在1908年发表过了。当时费希尔显然还是比较年轻气盛，他把论文给戈赛特看，结果戈赛特指出了其中一个小错误。然后费希尔给戈赛特寄了满满的2页数学论证，证明他的结果的可靠性。尽管如此，戈赛特还是很欣赏费希尔的才华。

戈赛特是一个非常谦逊的人，当时卡尔·皮尔逊和费希尔之间的矛盾很深，而戈赛特作为二者之间的调和人，协助他们在各自领域里做出了不少贡献，而且做了很多穿针引线的事情，保持几位统计学大家的关系。这在以后也是很为人所称道的。

任务实训

根据本情境所讲述的相关分析与回归分析，要求学生在课下实地进行回归分析。

以班级为单位，进行问卷调查，收集500份（男女各250份）不同专业学生的月生活费用的支出情况（以元为单位）。完成以下任务：

1. 对性别和专业是否与月生活费存在相关关系进行检验。
2. 以月生活费为因变量，建立一元线性回归模型，考察专业对于生活费支出的影响。
3. 建立性别、专业与消费支出的多元线性回归模型，考察性别与所学专业对于大学生月生活费的影响情况。

综合训练

一、单项选择题

1. 当自变量的数值确定后，因变量的数值也随之完全确定，这种关系属于（　　）。
   A. 相关关系　　　　　　　　B. 函数关系
   C. 回归关系　　　　　　　　D. 随机关系
2. 现象之间的相互关系可以归纳为两种类型，即（　　）。
   A. 相关关系和函数关系　　　B. 相关关系和因果关系
   C. 相关关系和随机关系　　　D. 函数关系和因果关系
3. 相关系数的取值范围是（　　）。
   A. $0 < r < 1$　　　　　　　B. $r > 1$
   C. $0 < |r| < 1$　　　　　　D. $0 <= |r| <= 1$
4. 变量之间的相关程度越低，则相关系数的数值（　　）。
   A. 越小　　　　　　　　　　B. 越接近于0
   C. 越接近于 -1　　　　　　　D. 越接近于1
5. 在价格不变的条件下，商品销售额和销售量之间存在着（　　）。
   A. 不完全的依存关系　　　　B. 不完全的随机关系
   C. 完全的随机关系　　　　　D. 完全的依存关系
6. 下列哪两个变量之间的相关程度高？（　　）
   A. 商品销售额和商品销售量的相关系数是0.9
   B. 商品销售额与商业利润率的相关系数是0.84
   C. 平均流通费用率与商业利润率的相关系数是 -0.94
   D. 商品销售价格与销售量的相关系数是 -0.91

7. 回归分析中的两个变量（　　）。
   A. 都是随机变量　　　　　　　　　B. 关系是对等的
   C. 都是给定的量　　　　　　　　　D. 一个是自变量，一个是因变量
8. 配合回归方程对资料的要求是（　　）。
   A. 因变量是给定的数值，自变量是随机的
   B. 自变量是给定的数值，因变量是随机的
   C. 自变量和因变量都是随机的
   D. 自变量和因变量都不是随机的
9. 相关关系是（　　）。
   A. 现象之间客观存在的依存关系
   B. 现象之间客观存在的关系数值是固定的依存关系
   C. 现象之间客观存在的关系数值是不固定的依存关系
   D. 函数关系
10. 判断现象之间相关关系密切程度的主要方法是（　　）。
    A. 对客观现象作定性分析　　　　B. 编制相关表
    C. 绘制相关图　　　　　　　　　D. 计算相关系数
11. 当变量 x 按一定数额变化时，变量 y 也随之近似地按固定的数额变化，那么，这时变量 x 和 y 之间存在着（　　）。
    A. 正相关关系　　　　　　　　　B. 负相关关系
    C. 直线相关关系　　　　　　　　D. 曲线相关关系
12. 两个变量间的相关关系称为（　　）。
    A. 单相关　　　B. 无相关　　　C. 复相关　　　D. 多相关
13. 不计算相关系数，是否也能计算判断两个变量之间相关关系的密切程度（　　）。
    A. 能够　　　　　　　　　　　　B. 不能够
    C. 有时能够，有时不能　　　　　D. 能判断但不能计算出具体数值
14. 每吨铸件的成本 y（元）与每一个工人劳动生产率 x（吨）之间的回归方程为 $\hat{y} = 270 - 0.5x$，这意味着劳动生产率每提高一个单位（吨），成本就（　　）。
    A. 提高 270 元　　　　　　　　　B. 提高 269.5 元
    C. 降低 0.5 元　　　　　　　　　D. 提高 0.5 元
15. 一位母亲记录了儿子 3～9 岁的身高，由此建立的身高与年龄的回归直线方程为 $\hat{y} = 5x + 95.83$，据此可以预测这个孩子 10 岁时的身高，则正确的叙述是（　　）。
    A. 身高一定是 145.83 cm　　　　B. 身高超过 146.00 cm
    C. 身高低于 145.00 cm　　　　　D. 身高在 145.83 cm 左右

二、多项选择题

1. 直线回归分析中（　　）。
   A. 自变量是可控制量，因变量是随机的
   B. 两个变量不是对等的关系
   C. 利用一个回归方程，两个变量可以互相推算
   D. 根据回归系数可判定相关的方向

2. 下列属于正相关的现象是（　　　）。
   A. 家庭收入越多，其消费支出也越多
   B. 某产品产量随工人劳动生产率的提高而增加
   C. 流通费用率随商品销售额的增加而减少
   D. 生产单位产品所耗工时随劳动生产率的提高而减少
3. 计算相关系数时（　　　）。
   A. 相关的两个变量是对等的关系
   B. 相关的两个变量一个是随机的，一个是可控制的量
   C. 相关系数有正负号，可判断相关的方向
   D. 可以计算出自变量和因变量两个相关系数
4. 在回归分析中，就两个相关变量 x 与 y 而言，变量 y 为因变量 x 的回归和变量 x 为因变量 y 的回归所得的两个回归方程是不同的，这种不同表现在（　　　）。
   A. 方程中参数估计的方法不同
   B. 方程中参数的数值不同
   C. 参数表示的实际意义不同
   D. 估计标准误差的计算方法不同
5. 现象之间相互联系的类型有（　　　）。
   A. 函数关系   B. 回归关系
   C. 相关关系   D. 随机关系
6. 相关关系种类（　　　）。
   A. 从相关方向分为正相关和负相关
   B. 从相关形态分为线性相关和非线性相关
   C. 从相关程度分为完全相关、不完全相关和零相关
   D. 从相关的影响因素多少可分为单相关和复相关
7. 下列现象属于相关关系的是（　　　）。
   A. 家庭收入越多，则消费也增长
   B. 圆的半径越长，则圆的面积越大
   C. 产量越高，总成本越多
   D. 施肥量增加，粮食产量也增加
8. 据统计资料证实，商品流通费用率的高低与商品销售额的多少有依存关系，即随商品销售额的增加，商品流通费用率有逐渐降低的变动趋势，但这种变动不是均等的。可见这种关系是（　　　）。
   A. 函数关系   B. 相关关系
   C. 正相关   D. 负相关
9. 直线回归分析的特点是（　　　）。
   A. 两个变量不是对等关系
   B. 回归系数只能取正值
   C. 自变量是给定的，因变量是随机的
   D. 可求出两个回归方程

10. 直线相关分析与直线回归分析的区别在于（　　　　）。
    A. 相关的两个变量都是随机的，而回归分析中自变量是给定的数值，因变量是随机的
    B. 回归分析中的两个变量都是随机的，而相关中的自变量是给定的数值，因变量是随机的
    C. 相关的两个变量是对等关系，而回归分析中的两个变量不是对等关系
    D. 相关分析中根据两个变量只能计算出一个相关系数，而回归分析中根据两个变量可以求出两个回归方程

三、判断题
1. 正相关指的就是自变量和因变量变动方向都是上升的。（　　）
2. 相关系数是测定变量之间相关密切程度的唯一方法。（　　）
3. 只有当相关系数接近于 +1 时，才能说明两变量之间存在高度相关关系。（　　）
4. 若变量 x 的值减少时变量 y 的值也减少，说明变量 x 与 y 之间存在正相关关系。（　　）
5. 回归系数 b 和相关系数 r 都可用来判断现象之间相关的密切程度。（　　）
6. 若直线回归方程 $y = 170 - 2.5x$，则变量 x 和 y 之间存在负的相关关系。（　　）
7. 由变量 y 作为因变量而 x 作为自变量的回归模型和由变量 x 作为因变量 y 作为自变量的回归所得到的回归方程之所以不同，主要是因为方程中参数表示的意义不同。（　　）
8. 在相关分析中，要求两个变量都是随机的；在回归分析中，要求两个变量都不是随机的。（　　）
9. 当变量 x 按固定数额增加时，变量 y 按大致固定数额下降，则说明变量之间存在负直线相关关系。（　　）
10. 相关系数数值越大，说明相关程度越高；相关系数数值越小，说明相关程度越低。（　　）

四、填空题
1. 现象之间的相关关系按相关的程度分有＿＿＿＿＿相关、＿＿＿＿＿相关和＿＿＿＿＿相关；按相关的方向分有＿＿＿＿＿相关和＿＿＿＿＿相关；按相关的形式分有＿＿＿＿＿相关和＿＿＿＿＿相关。
2. 完全相关即是＿＿＿＿＿关系，其相关系数为＿＿＿＿＿。
3. 当变量 x 值增加，变量 y 值也增加，这是＿＿＿＿＿相关关系；当变量 x 值减少，变量 y 值也减少，这是＿＿＿＿＿相关关系。
4. 在回归分析中，两变量不是对等的关系，其中因变量是＿＿＿＿＿变量，自变量是＿＿＿＿＿变量。
5. 当变量 x 按一定数额变动时，变量 y 也按一定数额变动，这时变量 x 与 y 之间存在着＿＿＿＿＿关系。

五、计算题
1. 表 7 - 4 是 7 个地区 2000 年的人均国内生产总值（GDP）和人均消费水平的统计数据。

表7-4 7个地区2000年的人均国内生产总值（GDP）和人均消费水平的统计数据

地区	人均 GDP/元	人均消费水平/元
北京	22 460	7 326
辽宁	11 226	4 490
上海	34 547	11 546
江西	4 851	2 396
河南	5 444	2 208
贵州	2 662	1 608
陕西	4 549	2 035

（1）利用 Excel 绘制散点图，并计算相关关系，说明二者之间的关系。

（2）人均 GDP 作为自变量，人均消费水平作为因变量，利用 Excel 求出估计的回归方程，并解释回归系数的实际意义。

（3）利用 Excel 计算回归方程的拟合优度，并解释其意义。

（4）如果某地区的人均 GDP 是 5 000 元，预测人均消费水平。

2. 为了研究某社区 1 500 名居民的受教育年数（x）与收入（y）的关系，随机抽取了 20 人进行调查，得到表 7-5 的结果。

表7-5 关于某社区居民的调查统计

个案编号	1	2	3	4	5	6	7	8	9	10
受教育年数（x）	10	9	12	15	14	9	16	5	6	13
收入（y）	1 000	1 000	1 300	2 000	1 900	900	2 100	600	800	1 400
个案编号	11	12	13	14	15	16	17	18	19	20
受教育年数（x）	19	12	18	7	5	10	20	11	8	12
收入（y）	3 200	1 500	3 000	800	500	1 100	3 500	1 300	950	1 100

（1）利用 Excel 画出散点图。

（2）x 与 y 之间是否呈直线关系？求出回归方程。

（3）计算 x 与 y 的拟合优度。

情境八

常用统计指数

指数是表明社会经济现象动态的相对数，运用指数可以测定不能直接相加和不能直接对比的社会经济现象的总动态；可以分析社会经济现象总变动中各因素变动的影响程度；可以研究总平均指标变动中各组标志水平和总体结构变动的作用。

指数的编制是从物价的变动产生的。18世纪中叶，由于金银大量流入欧洲，欧洲的物价飞涨，引起社会不安，于是产生了反映物价变动的要求，这就是物价指数产生的根源。有些指数，如消费品价格指数、生活费用价格指数，同人们的日常生活休戚相关；有些指数，如生产资料价格指数、股票价格指数等，则直接影响人们的投资活动，成为社会经济的晴雨表。

子情境一　统计指数概述

情境引例

《经济参考报》记者综合多方预测，2017年4月居民消费价格指数（CPI）涨幅或在1.1%左右。专家表示，食品价格走弱可能导致CPI数据保持低位。随着生产资料价格近期下滑，工业生产者出厂价格指数（PPI）或出现明显回落，CPI和PPI之间的"剪刀差"有望收窄。

商务部公布的每周食用农产品（9.130，-0.09，-0.98%）价格指数显示，4月前三周，禽类、蛋类、蔬菜及水产品类等主要农产品价格环比均持续下跌。从国家统计局公布的50个城市主要食品平均价格旬度变动情况来看，4月上中旬，主要食品价格环比下跌的品种多于上涨的品种。

"2017年一季度CPI同比涨幅只有1.4%，不但明显低于2016年全年的2%，也低于市场预期。从主要影响因素来看，虽然非食品价格的同比涨幅高于近年的平均水平，但由于食品价格出现季节性回落，拉低了CPI的同比数据。"交通银行（5.920，0.00，0.00%）首席经济学家连平表示，预计4月食品价格环比将比上月再度明显回落2.5个百分点左右。考虑到非食品价格方面，成品油价格上调且涨幅较大，或将拉高交通类价格，预计4月非食品价格同比涨幅与上月相比小幅回升至2.4%。据此初步判断，4月CPI同比涨幅可能在1%至1.2%左右，取中值为1.1%，涨幅比上月略有回升。

……

案例思考

日常生活中，我们经常听到或看到各种具体统计数字。那么到底什么是指数？指数有什么用途呢？

知识目标

1. 掌握统计指数的概念。
2. 熟悉统计指数的作用和种类。

能力目标

1. 能够说出指数的含义。
2. 能够了解不同类型的指数的计算依据。
3. 能够理解统计指数与相对数的区别。

知识阐述

一、统计指数的含义

迄今为止，统计界认为，统计指数有广义和狭义两种理解。

广义指数泛指社会经济现象数量变动的比较指标，即用来表明同类现象在不同空间、不同时间、实际与计划对比变动情况的相对数，一般都以百分数表示。其计算方法为：统计指数＝报告期水平/基期水平。

例如，某种商品今年的零售物价指数是98%，这就说明该种商品的价格今年比去年下降了2%。

狭义的统计指数是一种特殊的相对数，通常也称为总指数，它是指反映不能直接相加的复杂社会经济现象在数量上综合变动情况的相对数。例如，我们要反映市场上电视机和汽车两种商品的价格综合变动幅度，显然不能将两种商品的价格直接相加总后与上一年相比。要解决这种复杂经济总体各要素相加问题，就要编制统计指数综合反映它们的变动情况，把多种不能直接相加进行对比的现象转化为可以相加和对比。

本章所讨论的主要是狭义的指数及其在经济社会中的运用。

二、统计指数的作用

1. 综合反映社会经济现象总变动方向及变动幅度

在统计实践中，经常要研究多种商品或产品的价格综合变动情况，多种商品的销售量或产品产量的总变动，多种产品的成本总变动，多种股票价格综合变动等。这类问题由于各种商品或产品的使用价值不同、各种股票价格涨跌幅度和成交量不同，所研究总体中的各个个体不能直接相加。指数的首要任务，就是把不能直接相加总的现象过渡到可以加总对比，从而反映复杂经济现象的总变动方向及变动幅度。例如，与上年相比，今年全国商品零售价格指数为102%，这个指数就说明了今年全国各种商品零售价格比去年上涨了，涨幅为2%。

2. 分析现象总变动中各因素变动的影响方向及影响程度

利用指数体系理论可以测定复杂社会经济现象总变动中，各构成因素的变动对现象总变动的影响情况，并对经济现象变化作综合评价。任何一个复杂现象都是由多个因子构成的，如：

$$销售额 = 价格 \times 销售量$$

我们就可以从商品价格和销售量两个方面来分析和测定商品销售额的总变动是如何形成的。

又如，影响利润总额变化的各种因素有产品产量、产品销售量、产品成本、产品销售价格等。运用指数法编制商品零售价格指数和零售量指数，可分析它们的变动对商品零售总额变动的影响。编制产品产量指数、产品销售量指数、产品成本指数和产品销售价格指数等并分别对它们进行测定，根据各因素变动影响，可综合评价利润总额变动的情况。

3. 反映同类现象变动趋势

编制一系列反映同类现象变动情况的指数形成指数数列，可以反映被研究现象的变动趋势。例如，根据1990—2016年共27年的零售商品价格资料，编制26个环比价格指数，从而构成价格指数数列。经济统计中我们常用月环比价格指数，就是以上月价格水平为100的价格指数。月度环比指数反映了一个较短时期内（一个月）的价格变动，与同比、年度、定基指数相比，由于时间较短，老百姓印象更深刻，感受更强烈。例如，8月份猪肉每千克20元，9月份为22元，那么9月份猪肉价格的月环比指数为110%，即上涨了10%；如果8月份猪肉每千克价格为20元，9月份为16元，则 9 月份猪肉价格的月环比指数为 80%，下降了 20%；如果 9 月和 8 月的价格一致，则环比指数为 100%。这样，就可以揭示价格的变动趋势，研究物价变动对经济建设和人民生活水平的影响程度。

统计指数还可以进行地区经济综合评价、对比，研究计划执行情况。

三、统计指数的特点

概括地讲，指数具有以下几个特点。

1. 相对性

指数作为一种对比性的统计分析指标，具有相对数的特点。故通常以相对数的形式表示，具体表现为百分数。它表明：如果把作为对比的基准水平（基数）视为 100，则所要研究的现象水平相当于基数的百分之多少。例如，已知 2016 年全国的零售物价指数为 103%，这就表示：若将基期年份（通常为上年，即 2015 年）的一般价格水平看成是 100%，则当年全国的价格水平就相当于基年（2015 年）的 103%，或者说，当年的价格上涨了 3%。

2. 综合性

指数所反映的是一组变量在不同时间变动所形成的相对数，从这一相对数中看不出哪种变量具体变动了多少。因为它把各变量的不同变化的差异抽象掉了，用一个抽象的数值概括地反映所有变量综合变动的结果。因此，指数具有综合性的特点。例如，上例中，某地区的国内生产总值是上一年的 107.3%。我们知道，国内生产总值是许许多多生产单位所生产的不同的最终产品产值汇总的结果。但我们从这个指数当中就很难发现具体哪种产品的最终产值变化了多少。

3. 平均性

指数是一个反映复杂总体平均变动状况的统计指标。这主要是因为无论是价格指数也好，或是物量指数也好，它们都是通过将其中各个变量分别乘上各自的同度量因素后，再相加对比后取得的结果。例如，前面提到的市场上电视机和汽车的价格，我们要看一下两种商品价格综合变动了多少，就需要分别将电视机和汽车分别乘上它们各自的销售量，然后再将它们的销售额相加以后进行对比。由此可以看出，不同商品销售量的多少对价格的综合变动程度就有一个重要的影响。这就类似于以前介绍的加权算术平均数。因此，指数具有平均性的特点。

此外，指数平均性的特点也决定了它同时具有代表性的特点。

四、统计指数与相对数的区别

指数是一种表明社会经济现象动态的相对数，运用指数可以测定不能直接相加和不能直接对比的社会经济现象的总动态；可以分析社会经济现象总变动中各因素变动的影响程度；可以研究总平均指标变动中各组标志水平和总体结构变动的作用。

而一般的相对数，是两个有联系的指标的比值，它可以从数量上反映两个相互联系的现象之间的对比关系。相对数的种类很多，根据其表现形式可分为两类：一类是有名数，即凡是由两个性质不同而又有联系的绝对数或平均数指标对比计算所得的相对数，一般都是有名数，而且多用复合计量单位。另一类是无名数，无名数可以根据不同的情况分别采用倍数、成数、系数、百分数、千分数等来表示，如人口出生率、死亡率等。相对数根据相互对比的指标的性质和所能发挥的作用不同，又可分为动态相对数、结构相对数、比较相对数、强度相对数、计划完成程度相对数等五种。

因此，指数和一般的相对数的区别在于：一般的相对数是两个有联系的现象数值之比，而指数却是说明复杂社会现象经济的发展情况，并可分析各种构成因素的影响程度。

五、统计指数的分类

指数的种类很多，从不同的角度出发对指数分类，可以得到不同的指数类别。

1. 按计算范围的不同，分为个体指数和总指数

（1）个体指数是指说明个别事物数量变动的相对数，考察的是单个总体中个别现象或个别项目的数量对比关系的一类指数，如市场上某种商品的价格指数、销售量指数、成本指数等。

个体指数实质就是同一种现象的报告期指标数值与基期指标数值对比而得的指标。它是一般的相对数，包括动态相对数、比较相对数和计划完成相对数等。这些相对数的计算和分析没有形成专门的指数方法，因而仅仅属于广义的指数概念。

（2）总指数是指多种要素构成的现象总体数量综合变动的相对指数，是考察由多个复杂因素构成的总体现象的数量对比关系的一类指数，如工业总产量指数、商品零售物价总指数等。

总指数与个体指数有一定的联系，一些个体指数可以用来计算相应的总指数。

2. 按其所表明的经济指标性质不同分为数量指标指数和质量指标指数

数量指标指数简称数量指数，是根据数量指标编制的（即具有总量或绝对数的形式），反映现象的总体单位数、总规模等数量指标变动的相对数，如商品销售量指数、工业产品产量指数等。

质量指标指数简称质量指数，是根据质量指标编制的（即表现为平均数或相对数的形式），反映生产经营工作质量等质量指标变动的相对数，如物价指数、工人劳动生产率指数、职工平均工资指数等。

3. 按其采用基期的不同分为定基指数和环比指数

将不同时期的某种指数按时间先后顺序排列，形成指数数列。在同一个指数数列中，如果各个指数都以某一个固定时期作为基期，就称为定基指数。

如果各个指数都是以报告期的前一期作为基期，这样计算的一系列指数则称为环比指数。

4. 按其对比内容的不同分为动态指数和静态指数

动态指数是指由两个不同时期的同类经济变量值对比形成的指数，说明现象在不同时间上发展变化的过程和程度，如工业产量指数、商品销售量指数、劳动生产率指数、成本指数及价格指数等，多属于动态指数。

静态指数包括空间指数和计划完成情况指数两种。空间指数（地域指数）是将不同空间（如不同国家、地区、部门、企业等）的同类现象总体的数量进行对比的相对数，反映现象在不同空间的差异程度。计划完成程度指数是由同一地区、单位的实际指标值与计划指标数值对比而形成的指数，用于检查计划的执行情况或完成的程度。

5. 按照常用的计算总指数的方式不同可以分为综合指数和平均指数

综合指数是用来表明数量上不能直接相加的社会经济现象的总指数。例如，商品销售额就是一个总值指标，它可以分解成销售量和商品价格两个因素指标，即如果我们要编制销售量的总指数（数量指标指数），就可以将商品的价格加以固定（或固定在基期，或固定在报告期），只反映销售量报告期比基期变动了多少；反之，如果要编制商品价格指数，则将销售量加以固定。

综合指数的特点是，编制指数的方法采用的是先综合、后对比的方式。即首先将指数化指标分别乘以同度量因素，然后将所得总值指标数值加总，再进行对比。

平均指数是指以个体指数为基础，采取平均形式编制的总指数。先通过对比计算个别现象的个体指数，然后将个体指数进行加权平均而得到。平均指数的特点是，编制指数的方法采用的是先对比、后平均的方式。

问题解决

根据所学内容，我们来解决前面"情境引例"中出现的问题。

指数实际上就是利用社会经济现象数量变动进行比较形成的一个相对数，表明同类现象在不同空间、不同时间、实际与计划对比变动情况。它主要是用来反映社会经济现象总变动趋势及变动幅度，并对其进行分析比较，为制定各种政策、做出决策提供依据。

子情境二　经济指数应用

情境引例

数据一：2015年9月10日，国家统计局公布的8月份居民消费价格CPI同比上涨2.0%，创出去年8月以来新高；但同时公布的工业生产者出厂价格PPI却同比下降5.9%，跌幅超出预期，创六年新低，毫无悬念地第42个月处于负增长区间。CPI与PPI差值达到7.9个百分点，为1994年以来最大差值。CPI与PPI的背离走势，考验着宏观调控的智慧。业界一个基本判断是，中国经济面临的通缩风险比通胀风险更大，需要货币等调控手段导向上继续放松。且央行等部门也已经表态，不会因为单一商品价格走势影响对于整体价格水平的判断。

数据二：从北京正则大成汽车信息咨询中心提供的销量统计看，2017年一季度SUV市场同比增长了20.54%，是5年来同期增速最低的一次。然而，消费水平下降的同时，消费能力正在稳步提升。随着SUV逐步走向普及化，消费升级的趋势越加明显（图8-1）。

图8-1　2013—2017年一季度SUV市场增幅变化

案例思考

指数作为一种重要的经济分析指标和方法，在实践中获得了广泛的应用，我国目前编制的经济指数很多，这些指数分别从不同的角度综合反映了全国范围相关商品（产品）价格的变化情况。日常生活中我们都会遇见哪些统计指数呢？

知识目标

1. 理解常见经济指数的含义。
2. 熟悉常用经济指数的意义。

能力目标

1. 能够解释常见的经济指数。
2. 能够简单分析常见经济指数的变动对日常生活的影响。

> 知识阐述

一、股票价格指数

股票作为一种特殊的金融商品,也有价格。股票价格的变动是证券市场最重要的经济现象之一。广义的股票价格包括票面价格、发行价格、账面价格、清算价格、内在价格、市场价格等。狭义的股票价格,即通常所说的市场价格,也称股票行市,它完全随股市供求行情变化而涨落。股票价格指数是根据精心选择的那些具有代表性和敏感性强的样本股票某时点平均市场价格计算的动态相对数,用以反映某一股市股票价格总的变动趋势。

股票价格指数简称股价指数,是反映某一股票市场上多种股票价格变动趋势的一种相对数,其单位一般用"点"来表示,即将基期指数作为100,每上升或下降一个单位称为"1点"。计算时一般以发行量为权数进行加权综合。其公式为:

$$I_p = \frac{\sum_{i=1}^{n} p_{1i}q_i}{\sum_{i=1}^{n} p_{0i}q_i}$$

式中:P_{1i} 和 P_{0i} 分别为报告期和基期样本股的平均价格;q_i 为第 i 种股票的报告期发行量(也有采用基期的)。

股票价格指数一般由证券交易所或金融服务机构编制,用以表明股票行市变动的一种供参考的指示数字。由于股票价格起伏无常,投资者必然面临市场价格风险。对于具体某一种股票的价格变化,投资者容易了解,而对于多种股票的价格变化,要逐一了解,既不容易,也不胜其烦。为了适应这种情况和需要,一些金融服务机构就利用自己的业务知识和熟悉市场的优势,编制出股票价格指数,公开发布,作为市场价格变动的指标。投资者据此就可以检验自己投资的效果,并用以预测股票市场的动向。同时,新闻界、公司老板等也以此为参考指标,来观察、预测经济发展形势。

编制股票指数,通常以某年某月为基础,以这个基期的股票价格作为100,用以后各时期的股票价格和基期价格比较,计算出升降的百分比,就是该时期的股票指数。投资者根据指数的升降,可以判断出股票价格的变动趋势,并且为了能实时向投资者反映股市的动向,所有的股市几乎都是在股价变化的同时即时公布股票价格指数。但是,由于上市股票种类繁多,计算全部上市股票的价格平均数或指数的工作是艰巨而复杂的,因此人们常常从上市股票中选择若干种富有代表性的样本股票,并计算这些样本股票的价格平均数或指数,用以表示整个市场的股票价格总趋势及涨跌幅度。

下面介绍几种常用的股价指数。

(一)道·琼斯股票指数

道·琼斯股票指数是世界上历史最为悠久的股票指数,它的全称为股票价格平均数。它是在1884年由道·琼斯公司的创始人查理斯·道开始编制的。其最初的道·琼斯股票价格平均指数是根据11种具有代表性的铁路公司的股票,采用算术平均法进行计算编制而成,发表在查理斯·道自己编辑出版的《每日通讯》上。其计算公式为:股票价格平均数 = 入选股票的价格之和/入选股票的数量。

自1897年起，道·琼斯股票价格平均指数开始分成工业与运输业两大类，并且开始在道·琼斯公司出版的《华尔街日报》上公布。在1929年，道·琼斯股票价格平均指数又增加了公用事业类股票，使其所包含的股票达到65种，并一直延续至今。

现在的道·琼斯股票价格平均指数是以1928年10月1日为基期，因为这一天收盘时的道·琼斯股票价格平均数恰好约为100美元，所以就将其定为基准日。而以后股票价格同基期相比计算出的百分数，就成为各期的股票价格指数，所以现在的股票指数普遍用点来做单位，而股票指数每一点的涨跌就是相对于基准日的涨跌百分数。

道·琼斯股票价格平均指数最初的计算方法是用简单算术平均法求得，当遇到股票的除权除息时，股票指数将发生不连续的现象。1928年后，道·琼斯股票价格平均数就改用新的计算方法，即在计点的股票除权或除息时采用连接技术，以保证股票指数的连续，从而使股票指数得到了完善，并逐渐推广到全世界，成为目前世界上影响最大、最有权威性的一种股票价格指数。图8-2所示为2015年9月—2016年9月道·琼斯指数走势。

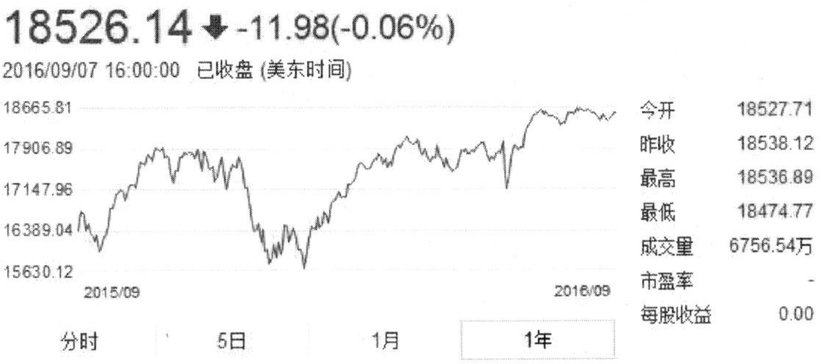

图8-2　2015年9月—2016年9月道·琼斯指数走势

（二）标准—普尔指数

标准—普尔指数是由美国最大的证券研究机构即标准—普尔公司编制的股票价格指数，该公司于1923年开始编制发表股票价格指数。最初采选了230种股票，编制两种股票价格指数。到1957年，这一股票价格指数的范围扩大到500种股票，分成95种组合。其中最重要的四种组合是工业股票组、铁路股票组、公用事业股票组和500种股票混合组。从1976年7月1日开始，改为400种工业股票，20种运输业股票，40种公用事业股票和40种金融业股票。几十年来，虽然有股票更迭，但始终保持为500种。标普指数考虑了很多影响股价变动的因素，具有很高的敏感性和广泛的代表性，在美国备受重视，美国商业部出版的《商情摘要》一直把该指数作为经济周期变化的12个先行指标之一。

（三）纳斯达克指数

由纳斯达克证券市场编制发布，是反映纳斯达克证券市场行情变化的股票价格平均指数，基本指数为100。纳斯达克的上市公司涵盖所有新技术行业，包括软件和计算机、电信、生物技术、零售和批发贸易等，主要由美国的数百家发展最快的先进技术、电信和生物公司组成，包括微软、英特尔、美国在线、雅虎这些家喻户晓的高科技公司，因而成为美国"新经济"的代名词。纳斯达克综合指数相比标准普尔指数、道·琼斯指数更具有综合性。纳斯达克综合指数包括5 000多家公司，超过其他任何单一证券市场。因为它有如此广泛的基础，已成为最有影响力的证券市场指数之一。

（四）日经指数

由日本经济新闻社编制并公布的反映日本股票市场价格变动的股票价格平均数。该指数从1950年9月开始编制。最初根据东京证券交易所第一市场上市的225家公司的股票算出修正平均股价，当时称为"东证修正平均股价"。1975年5月1日，日本经济新闻社向道·琼斯公司买进商标，采用美国道·琼斯公司的修正法计算，这种股票指数也就改称"日经道·琼斯平均股价"。1985年5月1日在合同期满10年时，经两家商议，将名称改为"日经平均股价"。

按计算对象的采样数目不同，该指数分为两种。一种是日经225种平均股价。其所选样本均为在东京证券交易所第一市场上市的股票，样本选定后原则上不再更改。1981年定位制造业150家，建筑业10家，水产业3家，矿业3家，商业12家，路运及海运14家，金融保险业15家，不动产业3家，仓库业、电力和煤气4家，服务业5家。由于日经225种平均股价从1950年一直延续下来，因而其连续性及可比性较好，成为考察和分析日本股票市场长期演变及动态的最常用和最可靠指标。该指数的另一种是日经500种平均股价。这是从1982年1月4日起开始编制的。由于其采样包括500种股票，其代表性就相对更为广泛，但它的样本是不固定的，每年4月份要根据上市公司的经营状况、成交量和成交金额、市价总值等因素对样本进行更换。

（五）香港恒生指数

香港恒生指数是香港股票市场上历史最久、影响最大的股票价格指数，由香港恒生银行于1969年11月24日开始发表。恒生股票价格指数包括从香港500多家上市公司中挑选出来的33家有代表性且经济实力雄厚的大公司股票作为成分股，分为四大类——4种金融业股票、6种公用事业股票、9种地产业股票和14种其他工商业（包括航空和酒店）股票。这些股票占香港股票市值的63.8%，因该股票指数涉及香港的各个行业，具有较强的代表性。

恒生股票价格指数的编制是以1964年7月31日为基期，因为这一天香港股市运行正常，成交值均匀，可反映整个香港股市的基本情况，基点确定为100点。其计算方法是将33种股票按每天的收盘价乘以各自的发行股数为计算日的市值，再与基期的市值相比较，乘以100就得出当天的股票价格指数。

由于恒生股票价格指数所选择的基期适当，因此，不论股票市场狂升或猛跌，还是处于正常交易水平，恒生股票价格指数基本上能反映整个股市的活动情况。

自1969年恒生股票价格指数发表以来，已经过多次调整。由于1980年8月香港当局通过立法，将香港证券交易所、远东交易所、金银证券交易所和九龙证券所合并为香港联合证券交易所。在当前的香港股票市场上，只有恒生股票价格指数与新产生的香港指数并存，香港的其他股票价格指数均不复存在。

（六）上证股票指数

系由上海证券交易所编制的股票指数，1990年12月19日正式开始发布。该股票指数的样本为所有在上海证券交易所挂牌上市的股票，其中新上市的股票在挂牌的第二天纳入股票指数的计算范围。

该股票指数的权数为上市公司的总股本。由于我国上市公司的股票有流通股和非流通股之分，其流通量与总股本并不一致，所以总股本较大的股票对股票指数的影响较大。上证指数常常就成为机构大户造市的工具，使股票指数的走势与大部分股票的涨跌相背离。

上海证券交易所股票指数的发布几乎是和股票行情的变化相同步的，它是我国股民和证券从业人员研判股票价格变化趋势必不可少的参考依据。

（七）深证综合股票指数

系由深圳证券交易所编制的股票指数，1991年4月3日为基期。该股票指数的计算方法基本与上证指数相同，其样本为所有在深圳证券交易所挂牌上市的股票，权数为股票的总股本。由于以所有挂牌的上市公司为样本，其代表性非常广泛，且它与深圳股市的行情同步发布，它是股民和证券从业人员研判深圳股市股票价格变化趋势必不可少的参考依据。在前些年，由于深圳证券所的股票交投不如上海证交所那么活跃，深圳证券交易所现已改变了股票指数的编制方法，采用成分股指数，其中只有40只股票入选并于1995年5月开始发布。

现深圳证券交易所并存着两个股票指数：一个是老指数深圳综合指数，一个是当前的成分股指数，但从当前几年来的运行势态来看，两个指数间的区别并不是特别明显。

二、居民消费价格指数（CPI）

每当统计部门发布居民消费价格指数，CPI的"大名"就会出现在各大报纸、网站以及电视上的显要位置。对于公众来说，CPI到底是什么？在他们的生活中扮演了什么样的角色呢？

居民消费价格指数（Consumer Price Index，CPI），是度量居民生活消费品和服务价格水平随着时间变动的相对数，综合反映居民家庭购买消费商品及服务的价格水平的变动情况。

居民消费价格调查内容包括城乡居民购买并用于日常生活的消费品和服务项目价格，包括食品、衣着、家庭设备用品及维修服务、医疗保健、交通和通信、娱乐教育文化用品及服务、居住8大类，262个基本分类的商品与服务价格。

通过该指数可以观察和分析消费品的零售价格和服务项目价格变动对城乡居民实际生活费支出的影响程度。一般来说，CPI的高低直接影响着国家的宏观经济调控措施的出台与力度，如央行是否调息、是否调整存款准备金率等。同时，CPI的高低也间接影响资本市场（如股票市场、期货市场、资本市场、金融市场）的变化。

我国的消费者价格指数（居民消费价格指数）是采用固定权数的加权算术平均指数方法来编制的。

计算CPI所用的权数是每一种商品或服务项目在居民所有消费商品和服务项目总支出中所占的比重，是反映各调查项目的价格变动对总指数变动影响程度的指标。权数根据居民家庭住户调查资料及相关统计资料整理得出，必要时辅以典型调查或专家评估来补充和完善。

其主要编制过程和特点是：

（1）将各种居民消费划分为八大类，包括食品、衣着、家庭设备及用品、医疗保健、交通和通信工具、文教娱乐用品、居住项目以及服务项目等，下面再划分若干个中类和小类。

（2）从以上各类中选定325种有代表性的商品项目（含服务项目）入编指数，利用有关对比时期的价格资料分别计算个体价格指数。

（3）依据有关时期内各种商品的销售额构成确定代表品的比重权数，它不仅包括代表品本身的权数（直接权数），而且还要包括该代表品所属的那一类商品中其他项目所具有的权数（附加权数），以此提高入编项目对于所有消费品的一般代表性程度。

（4）按从低到高的顺序，采用固定加权算术平均公式，依次编制各小类、中类的消费价格指数和消费价格总指数。

居民消费价格统计调查的是社会产品和服务项目的最终价格，一方面同人民群众的生活密切相关，同时在整个国民经济价格体系中也具有重要的地位。它是进行经济分析和决策、价格总水平监测和调控及国民经济核算的重要指标。其变动率在一定程度上反映了通货膨胀或紧缩的程度。一般来讲，物价全面地、持续地上涨就被认为发生了通货膨胀。

CPI 是一个滞后性的数据，但它往往是市场经济活动与政府货币政策的一个重要参考指标。CPI 稳定、就业充分及 GDP 增长往往是最重要的社会经济目标。为了解消费品的零售价格和服务项目价格变动对城市和农村居民生活的影响情况，可以把居民消费价格指数分解为城市居民消费价格指数和农村居民消费价格指数。城市居民消费价格指数，是反映一定时期内城市居民家庭所购买的生活消费品价格和服务项目价格变动趋势和程度的相对数。通过该指数可以观察和分析消费品的零售价格和服务项目价格变动对城镇居民收入和消费支出的影响。农村居民消费价格指数，是反映一定时期内农村居民家庭所购买的生活消费品价格和服务项目价格变动趋势和程度的相对数。该指数可以观察农村消费品的零售价格和服务项目价格变动对农村居民收入和生活消费支出的影响。

思考：

是不是 CPI 越低越好呢？

三、商品零售价格指数（RPI）

商品零售价格指数（Retail Price Index，RPI），是反映城乡商品零售价格变动趋势的一种经济指数。它的变动直接影响到城乡居民的生活支出和国家财政收入，影响居民购买力和市场供需平衡以及消费和积累的比例，是观察和分析经济活动的重要工具之一。

零售价格指数资料是采用分层抽样的方法取得的，即在全国选择不同经济区域和分布合理的地区、以及有代表性的商品作为样本，对市场价格进行经常性的调查，以样本推断总体。目前，国家一级抽选出的调查市、县有 226 个。

RPI 由国家统计局定期编制公布，是指反映一定时期内商品零售价格变动趋势和变动程度的相对数。商品零售价格指数分为食品、饮料烟酒、服装鞋帽、纺织品、中西药品、化妆品、书报杂志、文化体育用品、日用品、家用电器、首饰、燃料、建筑装潢材料、机电产品等十四个大类，国家规定 304 种必报商品。需要予以特别说明的是，从 1994 年起，国家、各省（区）和县编制的商品零售价格指数不再包括农业生产资料。零售物价的调整变动直接影响到城乡居民的生活支出和国家的财政收入，影响居民购买力和市场供需平衡，影响消费与积累的比例。商品零售价格的变动与国家的财政收入、市场供需的平衡、消费与积累的比例关系有关。因此，计算零售价格指数，可以从一个侧面对上述经济活动进行观察和分析。

四、生产物价指数（PPI）

生产者物价指数一般指生产价格指数（Producer Price Index，PPI），是衡量工业企业产品出厂价格变动趋势和变动程度的指数，是反映某一时期生产领域价格变动情况的重要经济指标，也是制定有关经济政策和国民经济核算的重要依据。理论上来说，生产过程中所面临的物价波动将反映至最终产品的价格上，因此观察 PPI 的变动情形将有助于预测未来物价的变化状况，这项指标受到市场重视。生产者价格指数是一个通货膨胀的先行指数，当生产原料及半制成品价格上升，数个月后，便会反映到消费产品的价格上，进而引起整体物价水平的上升，导致通胀加剧。相反，当该指数下降，即生产资料价格在生产过程中有下降的趋势，也会影响到整体价格水平下降，减弱通胀的压力。但是，该数据由于未能包括一些商业折扣，故无法完全反映真正的物价上升速度，以致有时出现夸大的效果。另外，由于农产品是随季节变化的，而且能源价格也会周期性变动，对该价格指标影响很大，所以使用该指标时须加整理或剔除食品和能源价格后才宜作分析。

一般而言，当生产者物价指数增幅很大而且持续加速上升时，通胀有上升的可能，该国央行相应的反应是采取加息对策阻止通货膨胀快速上涨，则该国货币升值的可能性增大；反之亦然。

生产者物价指数与 CPI 不同，根据价格传导规律，PPI 对 CPI 有一定的影响。由于企业最终要把它们的费用以更高的消费价格的形式转移给消费者，所以，通常认为生产物价指数的变动对预测消费物价指数的变动是有用的。PPI 反映生产环节价格水平，CPI 反映消费环节的价格水平。整体价格水平的波动一般首先出现在生产领域，然后通过产业链向下游产业扩散，最后波及消费品。

五、采购经理指数

PMI 指数的英文全称为 Purchasing Managers' Index，中文含义为采购经理指数，是通过对采购经理的月度调查汇总出来的指数，反映了经济的变化趋势。PMI 是一套月度发布的、综合性的经济监测指标体系，分为制造业 PMI、服务业 PMI，也有一些国家建立了建筑业 PMI。它涵盖了企业采购、生产、流通等各个环节，是国际上通用的监测宏观经济走势的先行性指数之一，具有较强的预测、预警作用。PMI 每项指标均反映了商业活动的现实情况，综合指数则反映制造业或服务业的整体增长或衰退。调查采用非定量的问卷形式，被调查者对每个问题只需做出定性的判断，在（比上月）上升、不变或下降三种答案中选择一种。进行综合汇总就是统计各类答案的百分比，通过各指标的动态变化来反映经济活动所处的周期状态。制造业及非制造业 PMI 商业报告分别于每月 1 号和 3 号发布，时间上大大超前于政府其他部门的统计报告，所选的指标又具有先导性，所以 PMI 已成为监测经济运行的及时、可靠的先行指标。

PMI 通常以 50% 作为经济强弱的分界点，PMI 高于 50% 时，反映制造业经济扩张；低于 50%，则反映制造业经济收缩。

PMI 指数体系无论对于政府部门、金融机构、投资公司，还是企业来说，在经济预测和商业分析方面都有重要的意义。全球已有 20 多个国家建立了 PMI 体系，有关机构已开始建立全球指数和欧元区指数，PMI 指数及其商业报告已成为世界经济运行活动的重要评价指标和世界经济变化的晴雨表。

六、工业生产指数

工业生产指数（Industrial Production Index，IPI）概括反映一个国家或地区各种工业产品产量的综合变动程度，它是衡量经济增长水平的重要指标之一。工业生产指数是用加权算术平均数编制的工业产品实物量指数，是西方国家普遍用来计算和反映工业发展速度的指标，也是景气分析的首选指标。

工业生产指数是相对指标，衡量制造业、矿业与公共事业的实质产出，衡量的基础是数量，而非金额。该指数反映的是某一时期工业经济的景气状况和发展趋势。如同其他相对指标一样，在使用工业生产指数时，必须注意资料的可比性，必须同绝对指标结合起来使用，方能比较客观、全面地说明问题。

工业生产指数有其独特的优势：符合国际惯例，可与国际接轨，能直接用于国际上统计资料的对比；能较好地满足时效性要求；有助于提高数据的抗干扰能力，提高工业发展速度的数据质量；能够提供分行业发展速度，较好地避免行业交叉现象；能够满足新国民经济核算体系的需要。

需要指出的是，工业生产指数是相对指标，仅反映短期经济的景气状况和发展趋势，当研究速度和效益问题时，不能提供绝对量指标；同时也不能提供按企业标志分组的发展速度，这些数据仍需通过其他途径取得。

问题解决

根据所学内容，我们来解决前面"情境引例"中出现的问题。

日常生活中我们会遇见各种各样的指数，在电视新闻、广播、报刊等经常会出现指数的字样，概括起来主要有：消费价格指数、工业生产指数、采购经理指数、生产物价指数、零售价格指数、各类股票价格指数等。

拓展阅读

国家统计局城市司高级统计师绳国庆解读2018年12月份CPI和PPI数据

国家统计局今天发布了2018年12月份全国居民消费价格指数（CPI）和工业生产者出厂价格指数（PPI）数据。对此，国家统计局城市司高级统计师绳国庆进行了解读。

一、CPI环比持平，同比涨幅有所回落

从环比看，CPI由上月下降0.3%转为持平。其中，食品价格由上月下降转为上涨1.1%，影响CPI上涨约0.21个百分点；非食品价格下降0.2%，降幅略有扩大，影响CPI下降约0.18个百分点。在食品中，天气转冷，鲜菜价格上涨3.7%，影响CPI上涨约0.09个百分点；猪肉、牛肉和羊肉价格分别上涨0.7%、1.7%和2.7%，鸡肉、鲜果和水产品价格分别上涨1.9%、1.9%和1.1%，上述六项合计影响CPI上涨约0.10个百分点；鸡蛋价格下降1.5%；其他食品价格保持基本平稳。在非食品中，受成品油调价影响，汽油和柴油价格分别下降10.1%和10.8%，合计影响CPI下降约0.22个百分点。

从同比看，CPI上涨1.9%，涨幅比上月回落0.3个百分点。其中，食品价格上涨2.5%，涨幅与上月相同，影响CPI上涨约0.48个百分点；非食品价格上涨1.7%，涨幅比上月回落0.4个百分点，影响CPI上涨约1.38个百分点。在食品中，鲜果和鲜菜价格分别上涨9.4%和4.2%，合计影响CPI上涨约0.26个百分点；牛肉和羊肉价格分别上涨6.6%

和12.2%，禽肉和水产品价格分别上涨5.4%和2.0%，上述四项合计影响CPI上涨约0.18个百分点；猪肉和鸡蛋价格分别下降1.5%和1.4%，合计影响CPI下降约0.05个百分点。在非食品中，居住价格上涨2.2%，影响CPI上涨约0.48个百分点；教育文化和娱乐、医疗保健价格分别上涨2.3%和2.5%，合计影响CPI上涨约0.48个百分点；汽油和柴油价格由上月分别上涨12.8%和14.2%转为下降0.5%和0.3%。扣除食品和能源价格的核心CPI同比上涨1.8%，涨幅与上月相同。

二、PPI环比降幅扩大，同比涨幅回落较多

从环比看，PPI下降1.0%，降幅比上月扩大0.8个百分点。其中，生产资料价格下降1.3%，降幅比上月扩大1.0个百分点；生活资料价格由上月微涨0.2%转为持平。从调查的40个工业行业大类看，价格上涨的有12个，持平的有5个，下降的有23个。在主要行业中，降幅扩大的有石油和天然气开采业，下降12.9%，比上月扩大5.4个百分点；石油、煤炭及其他燃料加工业，下降7.6%，扩大4.3个百分点；黑色金属冶炼和压延加工业，下降4.3%，扩大3.2个百分点；化学原料和化学制品制造业，下降1.9%，扩大1.2个百分点。涨幅回落的有非金属矿物制品业，上涨0.9%，回落0.5个百分点；非金属矿采选业，上涨0.7%，回落0.2个百分点。燃气生产和供应业价格上涨2.9%，涨幅比上月扩大2.4个百分点。

从同比看，PPI上涨0.9%，涨幅比上月回落1.8个百分点。其中，生产资料价格上涨1.0%，涨幅比上月回落2.3个百分点；生活资料价格上涨0.7%，回落0.1个百分点。在主要行业中，涨幅回落的有石油和天然气开采业，上涨4.5%，比上月回落19.9个百分点；石油、煤炭及其他燃料加工业，上涨5.7%，回落11.9个百分点；化学原料和化学制品制造业，上涨0.5%，回落3.4个百分点；非金属矿物制品业，上涨5.3%，回落2.1个百分点。黑色金属冶炼和压延加工业价格由升转降，下降2.7%。上述五大行业价格涨跌合计影响PPI同比涨幅回落约1.71个百分点。

任务实训

请同学们课后通过书籍、网络搜集如医疗、农业、工业等行业的各类指数，在课堂上向大家介绍。

综合训练

一、单项选择题

1. 统计指数是表明现象变动的（　　　）。
    A. 平均数　　　　B. 绝对数　　　　C. 相对数　　　　D. 总数
2. 甲产品报告期产量与基期产量的比值是110%，这是（　　　）。
    A. 综合指数　　　B. 总指数　　　　C. 个体指数　　　D. 平均数指数
3. 下列指数中属于数量指标指数的是（　　　）。
    A. 物价指数　　　　　　　　　　　B. 平均工资指数
    C. 销售量指数　　　　　　　　　　D. 销售额指数
4. 某企业产品物价上涨，销售额持平，则销售量指数（　　　）。
    A. 增长　　　　　B. 下降　　　　　C. 不变　　　　　D. 不能确定

5. 我国股票价格指数采用的计算方法是（　　）。
　　A. 平均指数　　　　　　　　　　B. 综合指数
　　C. 固定权数平均指数　　　　　　D. 实际权数平均指数

二、多项选择题

1. 综合指数是（　　）。
　　A. 总指数的一种形式　　　　　　B. 由两个总量指标对比形成的指数
　　C. 可变形为平均指数　　　　　　D. 由两个平均指标对比形成的指数
　　E. 一切现象的动态相对数
2. 零售物价总指数是（　　）。
　　A. 综合指数　　　　　　　　　　B. 平均指数
　　C. 固定权数物价指数　　　　　　D. 实际权数物价指数
　　E. 质量指标指数
3. 指数体系的作用有（　　）。
　　A. 对现象进行综合评价　　　　　B. 进行指数之间的相互推算
　　C. 对现象的总变动进行因素分析　D. 可以测定复杂现象的综合变动
　　E. 分析总体数量特征的长期变动趋势
4. 我国证券交易所股价指数包括（　　）。
　　A. 上证综合指数　　　　　　　　B. 深圳综合指数
　　C. 上证50指数　　　　　　　　　D. 深圳成分指数
　　E. 股价平均指数

三、填空题

（1）统计指数按其反映现象范围的不同可分为_____和_____两种。
（2）统计指数按其反映指标性质的不同可分为_____和_____。
（3）统计指数按其所采用的基期不同可分为_____和_____。
（4）总指数的编制方法有_____和_____两种。

四、简答题

1. 什么是统计指数？广义的统计指数与狭义的统计指数有何差别？
2. 统计指数的作用是什么？
3. 什么是综合指数？
4. 什么是居民消费价格指数？
5. 股票价格指数中有哪些具有代表性的指数？

附表一 正态分布概率表

t	$F(t)$	t	$F(t)$	t	$F(t)$	t	$F(t)$
0.00	0.0000	0.23	0.1819	0.46	0.3545	0.69	0.5098
0.01	0.0080	0.24	0.1897	0.47	0.3616	0.70	0.5161
0.02	0.0160	0.25	0.1974	0.48	0.3688	0.71	0.5223
0.03	0.0239	0.26	0.2051	0.49	0.3759	0.72	0.5285
0.04	0.0319	0.27	0.2128	0.50	0.3829	0.73	0.5346
0.05	0.0399	0.28	0.2205	0.51	0.3899	0.74	0.5407
0.06	0.0478	0.29	0.2282	0.52	0.3969	0.75	0.5467
0.07	0.0558	0.30	0.2358	0.53	0.4039	0.76	0.5527
0.08	0.0638	0.31	0.2434	0.54	0.4108	0.77	0.5587
0.09	0.0717	0.32	0.2510	0.55	0.4177	0.78	0.5646
0.10	0.0797	0.33	0.2586	0.56	0.4245	0.79	0.5705
0.11	0.0876	0.34	0.2661	0.57	0.4313	0.80	0.5763
0.12	0.0955	0.35	0.2737	0.58	0.4381	0.81	0.5821
0.13	0.1034	0.36	0.2812	0.59	0.4448	0.82	0.5878
0.14	0.1113	0.37	0.2886	0.60	0.4515	0.83	0.5935
0.15	0.1192	0.38	0.2961	0.61	0.4581	0.84	0.5991
0.16	0.1271	0.39	0.3035	0.62	0.4647	0.85	0.6047
0.17	0.1350	0.40	0.3108	0.63	0.4713	0.86	0.6102
0.18	0.1428	0.41	0.3182	0.64	0.4778	0.87	0.6157
0.19	0.1507	0.42	0.3255	0.65	0.4843	0.88	0.6211
0.20	0.1585	0.43	0.3328	0.66	0.4907	0.89	0.6265
0.21	0.1663	0.44	0.3401	0.67	0.4971	0.90	0.6319
0.22	0.1741	0.45	0.3473	0.68	0.5035	0.91	0.6372
0.92	0.6424	1.25	0.7887	1.58	0.8859	1.91	0.9439
0.93	0.6476	1.26	0.7923	1.59	0.8882	1.92	0.9451
0.94	0.6528	1.27	0.7959	1.60	0.8904	1.93	0.9464
0.95	0.6579	1.28	0.7995	1.61	0.8926	1.94	0.9476
0.96	0.6629	1.29	0.8030	1.62	0.8948	1.95	0.9488
0.97	0.6680	1.30	0.8064	1.63	0.8969	1.96	0.9500
0.98	0.6729	1.31	0.8098	1.64	0.8990	1.97	0.9512

续表

t	$F(t)$	t	$F(t)$	t	$F(t)$	t	$F(t)$
0.99	0.677 8	1.32	0.813 2	1.65	0.901 1	1.98	0.952 3
1.00	0.682 7	1.33	0.816 5	1.66	0.903 1	1.99	0.953 4
1.01	0.687 5	1.34	0.819 8	1.67	0.905 1	2.00	0.954 5
1.02	0.692 3	1.35	0.823 0	1.68	0.907 0	2.02	0.956 6
1.03	0.697 0	1.36	0.826 2	1.69	0.909 9	2.04	0.958 7
1.04	0.701 7	1.37	0.829 3	1.70	0.910 9	2.06	0.960 6
1.05	0.706 3	1.38	0.832 4	1.71	0.912 7	2.08	0.962 5
1.06	0.710 9	1.39	0.835 5	1.72	0.914 6	2.10	0.964 3
1.07	0.715 4	1.40	0.838 5	1.73	0.916 4	2.12	0.966 0
1.08	0.719 9	1.41	0.841 5	1.74	0.918 1	2.14	0.967 6
1.09	0.724 3	1.42	0.844 4	1.75	0.919 9	2.16	0.969 2
1.10	0.728 7	1.43	0.847 3	1.76	0.921 6	2.18	0.970 7
1.11	0.733 0	1.44	0.850 1	1.77	0.923 3	2.20	0.972 2
1.12	0.737 3	1.45	0.852 9	1.78	0.924 9	2.22	0.973 6
1.13	0.741 5	1.46	0.855 7	1.79	0.926 5	2.24	0.974 9
1.14	0.745 7	1.47	0.858 4	1.80	0.928 1	2.26	0.976 2
1.15	0.749 9	1.48	0.861 1	1.81	0.929 7	2.28	0.977 4
1.16	0.754 0	1.49	0.863 8	1.82	0.931 2	2.30	0.978 6
1.17	0.758 0	1.50	0.866 4	1.83	0.932 8	2.32	0.979 7
1.18	0.762 0	1.51	0.869 0	1.84	0.934 2	2.34	0.980 7
1.19	0.766 0	1.52	0.871 5	1.85	0.935 7	2.36	0.981 7
1.20	0.769 9	1.53	0.874 0	1.86	0.937 1	2.38	0.982 7
1.21	0.773 7	1.54	0.876 4	1.87	0.938 5	2.40	0.983 6
1.22	0.777 5	1.5S	0.878 9	1.88	0.939 9	2.42	0.984 5
1.23	0.781 3	1.56	0.881 2	1.89	0.941 2	2.44	0.985 3
1.24	0.785 0	1.57	0.883 6	1.90	0.942 6	2.46	0.986 1
2.48	0.986 9	2.66	0.992 2	2.84	0.995 5	3.20	0.998 6
2.50	0.987 6	2.68	0.992 6	2.86	0.995 8	3.40	0.999 3
2.52	0.988 3	2.70	0.993 1	2.88	0.996 0	3.60	0.999 68
2.54	0.988 9	2.72	0.993 5	2.90	0.996 2	3.80	0.999 86
2.56	0.989 5	2.74	0.993 9	2.92	0.996 5	4.00	0.999 94
2.58	0.990 1	2.76	0.994 2	2.94	0.996 7	4.50	0.999 993
2.60	0.990 7	2.78	0.994 6	2.96	0.996 9	5.00	0.999 999
2.62	0.991 2	2.80	0.994 9	2.98	0.997 1		
2.64	0.991 7	2.82	0.995 2	3.00	0.997 3		

附表二 标准正态分布表

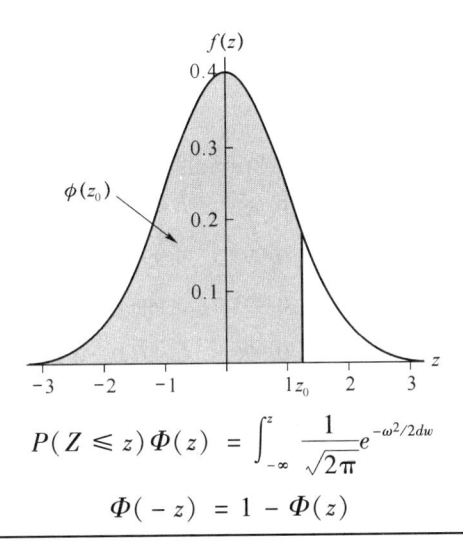

$$P(Z \leq z)\Phi(z) = \int_{-\infty}^{z} \frac{1}{\sqrt{2\pi}} e^{-\omega^2/2} dw$$

$$\Phi(-z) = 1 - \Phi(z)$$

z	0.00	0.01	0.02	0.03	0.04	0.05	0.06	0.07	0.08	0.09
0.0	0.500 0	0.504 0	0.508 0	0.512 0	0.516 0	0.519 9	0.523 9	0.527 9	0.531 9	0.535 9
0.1	0.539 8	0.543 8	0.547 8	0.551 7	0.555 7	0.559 6	0.563 6	0.567 5	0.571 4	0.575 3
0.2	0.579 3	0.583 2	0.587 1	0.591 0	0.594 8	0.598 7	0.602 6	0.606 4	0.610 3	0.614 1
0.3	0.617 9	0.621 7	0.625 5	0.629 3	0.633 1	0.636 8	0.640 6	0.644 3	0.648 0	0.651 7
0.4	0.655 4	0.659 1	0.662 8	0.666 4	0.670 0	0.673 6	0.677 2	0.680 8	0.684 4	0.687 9
0.5	0.691 5	0.695 0	0.698 5	0.701 9	0.705 4	0.708 8	0.712 3	0.715 7	0.719 0	0.722 4
0.6	0.725 7	0.729 1	0.732 4	0.735 7	0.738 9	0.742 2	0.745 4	0.748 6	0.751 7	0.754 9
0.7	0.758 0	0.761 1	0.764 2	0.767 3	0.770 3	0.773 4	0.776 4	0.779 4	0.782 3	0.785 2
0.8	0.788 1	0.791 0	0.793 9	0.796 7	0.799 5	0.802 3	0.805 1	0.807 8	0.810 6	0.813 3
0.9	0.815 9	0.818 6	0.821 2	0.823 8	0.826 4	0.828 9	0.831 5	0.834 0	0.836 5	0.838 9
1.0	0.841 3	0.843 8	0.846 1	0.848 5	0.850 8	0.853 1	0.855 4	0.857 7	0.859 9	0.862 1
1.1	0.864 3	0.866 5	0.868 6	0.870 8	0.872 9	0.874 9	0.877 0	0.879 0	0.881 0	0.883 0
1.2	0.884 9	0.886 9	0.888 8	0.890 7	0.892 5	0.894 4	0.896 2	0.898 0	0.899 7	0.901 5
1.3	0.903 2	0.904 9	0.906 6	0.908 2	0.909 9	0.911 5	0.913 1	0.914 7	0.916 2	0.917 7
1.4	0.919 2	0.920 7	0.922 2	0.923 6	0.925 1	0.926 5	0.927 9	0.929 2	0.930 6	0.931 9
1.5	0.933 2	0.954 5	0.935 7	0.937 0	0.938 2	0.939 4	0.940 6	0.941 8	0.942 9	0.944 1
1.6	0.945 2	0.946 3	0.947 4	0.948 4	0.949 5	0.950 5	0.951 5	0.952 5	0.953 5	0.954 5
1.7	0.955 4	0.956 4	0.957 3	0.958 2	0.959 1	0.959 9	0.960 8	0.961 6	0.962 5	0.963 3
1.8	0.964 1	0.964 9	0.965 6	0.966 4	0.967 1	0.967 8	0.968 6	0.969 3	0.969 9	0.970 6
1.9	0.971 3	0.971 9	0.972 6	0.973 2	0.973 8	0.974 4	0.975 0	0.975 6	0.976 1	0.976 7

续表

z	0.00	0.01	0.02	0.03	0.04	0.05	0.06	0.07	0.08	0.09
2.0	0.977 2	0.977 8	0.978 3	0.978 8	0.979 3	0.979 8	0.980 3	0.980 8	0.981 2	0.981 7
2.1	0.982 1	0.982 6	0.983 0	0.983 4	0.983 8	0.984 2	0.984 6	0.985 0	0.985 4	0.985 7
2.2	0.986 1	0.986 4	0.986 8	0.987 1	0.987 5	0.987 8	0.988 1	0.988 4	0.988 7	0.989 0
2.3	0.989 3	0.989 6	0.989 8	0.990 1	0.990 4	0.990 6	0.990 9	0.991 1	0.991 3	0.991 6
2.4	0.991 8	0.992 0	0.992 2	0.992 5	0.992 7	0.992 9	0.993 1	0.993 2	0.993 4	0.993 6
2.5	0.993 8	0.994 0	0.994 1	0.994 3	0.994 5	0.994 6	0.994 8	0.994 9	0.995 1	0.995 2
2.6	0.995 3	0.995 5	0.995 6	0.995 7	0.995 9	0.996 0	0.996 1	0.996 2	0.996 3	0.996 4
2.7	0.996 5	0.996 6	0.996 7	0.996 8	0.996 9	0.997 0	0.997 1	0.997 2	0.997 3	0.997 4
2.8	0.997 4	0.997 5	0.997 6	0.997 7	0.997 7	0.997 8	0.997 9	0.997 9	0.998 0	0.998 1
2.9	0.998 1	0.998 2	0.998 2	0.998 3	0.998 4	0.998 4	0.998 5	0.998 5	0.998 6	0.998 6
3.0	0.998 7	0.998 7	0.998 7	0.998 8	0.998 8	0.998 9	0.998 9	0.998 9	0.999 0	0.999 0
α	0.400	0.300	0.200	0.100	0.050	0.025	0.020	0.010	0.005	0.001
$z\alpha$	0.253	0.524	0.842	1.282	1.645	1.960	2.054	2.326	2.576	3.090
$z\alpha/2$	0.842	1.036	1.282	1.645	1.960	2.240	2.326	2.576	2.807	3.291

附表三 t 分布临界值表

单侧 双侧	$a = 0.10$ $a = 0.20$	0.05 0.10	0.025 0.05	0.01 0.02	0.005 0.01
$V = 1$	3.078	6.314	12.706	31.821	63.657
2	1.886	2.920	4.303	6.965	9.925
3	1.638	2.353	3.182	4.541	5.841
4	1.533	2.132	2.776	3.747	4.604
5	1.476	2.015	2.571	3.365	4.032
6	1.440	1.943	2.447	3.143	3.707
7	1.415	1.895	2.365	2.998	3.499
8	1.397	1.860	2.306	2.896	2.355
9	1.383	1.833	2.262	2.821	3.250
10	1.372	1.812	2.228	2.764	3.169
11	1.363	1.796	2.201	2.718	3.106
12	1.356	1.782	2.179	2.681	3.055
13	1.350	1.771	2.160	2.650	3.012
14	1.345	1.761	2.145	2.624	2.977
15	1.341	1.753	2.131	2.602	2.947
16	1.337	1.746	2.120	2.583	2.921
17	1.333	1.740	2.110	2.567	2.898
18	1.330	1.734	2.101	2.552	2.878
19	1.328	1.729	2.093	2.539	2.861
20	1.325	1.725	2.086	2.528	2.845
21	1.323	1.721	2.080	2.518	2.831
22	1.321	1.717	2.074	2.508	2.819
23	1.319	1.714	2.069	2.500	2.807
24	1.318	1.711	2.064	2.492	2.797
25	1.316	1.708	2.060	2.485	2.787
26	1.315	1.706	2.056	2.479	2.779
27	1.314	1.703	2.052	2.473	2.771
28	1.313	1.701	2.048	2.467	2.763
29	1.311	1.699	2.045	2.462	2.756
30	1.310	1.697	2.042	2.457	2.750

续表

单侧 双侧	$a=0.10$ $a=0.20$	0.05 0.10	0.025 0.05	0.01 0.02	0.005 0.01
40	1.303	1.684	2.021	2.423	2.704
50	1.299	1.676	2.009	2.403	2.678
60	1.296	1.671	2.000	2.390	2.660
70	1.294	1.667	1.994	2.381	2.648
80	1.292	1.664	1.990	2.374	2.639
90	1.291	1.662	1.987	2.368	2.632
100	1.290	1.660	1.984	2.364	2.626
125	1.288	1.657	1.979	2.357	2.616
150	1.287	1.655	1.976	2.351	2.609
200	1.286	1.653	1.972	2.345	2.601
∞	1.282	1.645	1.960	2.326	2.576